国学经典文库

图文珍藏版

前古未有之书　许君之所独创

说文解字

[东汉]许慎○编著　马松源○整理

綫装書局

痹

痹 痹

小篆　　楷书

【原文】

痹，湿病也。从疒，畀声。

【译文】

痹，风湿病。从疒，畀声。

【按语】

"痹"是形声字。小篆从疒，畀声。隶变以后楷书写成"痹"。

"痹"的原义是指由风、寒、湿等侵蚀肢体引起的疼痛或者麻木的症状。如嵇康《与山巨源绝交书》："危坐一时，痹不得摇。"

由麻木的症状延伸指麻木、发麻的感觉。例如"麻痹大意"，就是指粗心、疏忽，失去警惕性。

痴

癡 癡 痴

小篆　　楷书（繁体）　　楷书

【原文】

癡，不慧也。从疒，疑声。

【译文】

癡，不聪明。从疒，疑声。

国学经典文库

说文解字

《说文解字》原文释义

图文珍藏版

【按语】

"痴"是形声字。小篆从疒，疑声。隶变以后楷书写成"癡"；俗作"痴"，改为知声。现在规范化，以"痴"为正体。

"痴"的原义为呆傻、不聪敏。例如《世说新语·赏誉》："王蓝田为人晚成，时人乃谓之痴。"其中"痴"指的就是痴呆。

"痴"由呆傻延伸指发呆。例如《红楼梦》第二十七回："那边哭的自己伤心，却不道这边听的早已痴倒了。"由发呆也延伸指迷恋于某种事物而不能自拔。例如"痴儿女"指的就是沉迷于爱情的男女。

在医学上，"痴"指癫狂病、精神失常。

"痴"还是佛家用语，指的是愚昧无知、不明事理。例如"痴定"指枯坐无慧。

立 部

立

甲骨文　　金文　　小篆　　楷书

【原文】

立，住也。从大立一之上。凡立之属皆从立。

【译文】

立，站住。由"大"站立在"一"的上面会意。凡是立的部属全部从立。

【按语】

"立"是指事字。甲骨文似一个人站在地面上。金文与甲骨文大概相同。小篆线条化。隶变后楷书写成"立"。

"立"的原义为站立。如欧阳修《归田录》："卖油翁释担而立。"由站立延伸成建立、竖立。例如《商君书·更法》："各当时而立法。"

"立"也延伸成君主即位，或者确立某种名分。例如《史记·廉颇蔺相如列传》："则请立太子为王。"有了名分，便可存在，于是还可以延伸指存在、生存。例如"势不两立"。

"立"用作副词,表示立刻、马上。如杨万里《江山道中蚕麦大熟》:"晒茧摊丝立地干。"此处的"立地"是即刻、马上的意思,表示时间很短。

竟

【原文】

竟,乐曲尽为竟。从音,从人。

【译文】

竟,乐曲终止叫竟。由音、由人会意。

【按语】

"竟"是会意字。甲骨文下部是人,上部似口吹乐器的样子。小篆线条化、繁复化。隶变以后楷书写成"竟"。

"竟"的原义为演奏乐曲终止。由此延伸成完结、终了。如曹操《龟虽寿》:"神龟虽寿,犹有竟时。"意思是,神龟虽然长寿,但依然有死亡的时候。

"竟"作副词,表示终究、终于、究竟。例如"有志者,事竟成",此处的"竟"就做终于讲。

因为边界为国境的终了,所以"竟"也延伸成边境。这个意义后世均写成"境"。

竞

甲骨文　金文　小篆　楷书(繁体)　楷书

【原文】

競,强语也。一曰:逐也。从誩,从二人。

【译文】

競,强烈的争辩。另一义:角逐。由誩、由两个"人"字会意。

【按语】

"竞"是会意字。与"竟"同源。甲骨文是二"竞"相并,似两人吹乐器之状,会比赛谁吹奏得强之意。金文繁复化。隶变以后楷书写成"競"。汉字简化后写成"竞"。

"竞"的原义为比赛、角逐,相互争胜。例如《韩非子·五蠹》中"上古竞于道德"的"竞于道德",指的是用道德来衡量。

"竞"由比较、衡量延伸成争辩。如颜之推《颜氏家训》:"有山东学士与关中太史竞历(历法)。"此处的"竞"就是争辩的意思。

"竞"由原义竞争、角逐延伸指强劲。如成语"南风不竞",是说一方快要输了,也就是败局已定。后引喻竞赛的对手力量不强。

"竞"用作副词,指争着。如陆游《喜雨》:"虚檐雨竞泻,平野苗尽立。"

亲

亲 親 親 亲

金文　　小篆　　楷书(繁体)　　楷书

【原文】

親,至也。从見,亲声。

【译文】

親,密切之至。从見,亲声。

【按语】

"亲"是形声字。金文从見,辛声,表示常见。小篆改为从見,亲声。隶变以后楷书写成"親"。汉字简化后写成"亲"。

"亲"的原义为关系密切、亲近,读作 qīn。泛指有血缘关系或婚姻关系的人。又特指婚姻。例如"成亲"。也延伸指亲近、接近。如诸葛亮《出师表》:"亲贤臣,远小人。"

"亲"用作副词,表示亲自、亲身。例如《孟子·离娄上》:"男女授受不亲,礼也。"

"亲"又读作 qìng,特指两家儿女婚配的亲戚关系。最初这一称呼只流行于皇亲国戚的联姻上,尔后范围扩大,寻常婚配双方的亲戚关系也可以称为"亲家"。

妾

甲骨文　金文　小篆　楷书

【原文】

妾,有罪女子,给事之得接于君者。从产,从女。

【译文】

妾,有罪的女人,是能够被君主接触并为君主供职的女人。由产、女会意。

【按语】

"妾"是会意字。甲骨文下部是一个跪着的女人的形象,其头顶上是一把平头铲刀之形。金文和小篆全部由甲骨文演变而来。隶变以后楷书写成"妾"。

"妾"的原义为有罪的女子。古代女子有罪则罚为女奴,故延伸指女奴隶。例如《尚书·费誓》:"臣妾逋逃。"此处的"妾"即女奴隶。

因为古代陪嫁或者偏房的地位犹如奴仆,故也延伸指妻子之外另娶的女子。

由于妾被视为下贱之人,所以"妾"又可以作旧社会妇女自称的谦辞。例如"妾身"就是古代妇女常用的谦辞。

站

小篆　楷书

【原文】

无。

【按语】

"站"是形声字。小篆从立（表示人站立），占声。楷书写成"站"。

"站"的原义为两脚站立，身体直立不动。例如"站岗"。

"站"又用作蒙古语的音译，指驿站，为古时传递文书的人中途换马、食宿、休息的地方。例如《红楼梦》第十六回："贾琏这番进京，若按站走时，本该出月到家。"现在也指为某种业务而设置的机构。例如"医疗站""加油站"。

竣

竣　竣

小篆　楷书

【原文】

竣，偓竣也。从立，夋声。《国语》曰：'有司已事而竣。'

【译文】

竣，蹲伏。从立，夋声。《国语》说："有关的官员完成了工作就退伏。"

【按语】

"竣"是形声字。小篆从立，夋声。隶变以后楷书写成"竣"。

"竣"的原义为退缩、隐藏。延伸指事情完毕。例如"竣工"。例如《三国演义》第六十一回："晓夜并工，刻期告竣。"

由完毕也延伸指使完整、使圆满，在满足一切要求、需要后结束。例如"竣役"，指完成事务，结束工程。

竖

豎 豎 豎 竪

小篆　楷书（繁体）楷书（繁体）　楷书

【原文】

豎,豎立也。从臤,豆声。

【译文】

豎,竖立。从臤,豆声。

【按语】

"竖"是会意兼形声字。小篆从臤(操作)从豆(高脚食器)会意,表示如豆样坚立,豆兼表声。隶变以后楷书写成"豎";俗作"竪",改为从立。汉字简化后写成"竖"。

"竖"的原义为立、直立。延伸成纵,与"横"相对。"横竖"一词,有两层意思。一指纵横交错。如梁简文帝《明月山铭》:"霞文横竖。"二是反正,表示肯定。例如"横竖是个死"。

旧称未成年的人为"竖",即童子。由身份低微的童子也延伸成童仆。例如《列子·说符》:"又请杨子之竖追之。"因童仆地位低下,故"竖"也延伸成对人的鄙称。例如"竖子"。

靖

靖 靖

小篆　　　楷书

【原文】

靖,立竫也。从立,青声。一曰:细貌。

【译文】

靖,伫立时仪容安静。从立,青声。另一义说:靖是细小的样子。

【按语】

"靖"是形声字。小篆从立,青声。隶变以后楷书写成"靖"。

"靖"的原义为立容安静。例如《左传·昭公二十五年》:"靖以待命犹可,动必忧。"泛指平安、安定、平和。例如"靖晏",指平静安逸,太平无事。

由平定延伸指治理。例如"靖国",指安治国家。进而延伸指图谋。例如《诗经·大雅·召旻》:"溃溃回遹,实靖夷我邦。"

此外,"靖"还可以指细小。《山海经·大荒东经》:"有小人国,名曰靖人。"

"靖"又是古州名,在今湖南省靖县。

童

金文　　小篆　　楷书

【原文】

童,男有罪曰奴,奴曰童,女曰妾。从𢆶,重省声。

【译文】

童,男人有罪称为奴,奴叫作童,女人有罪称为妾。从𢆶(辛),重省声。

【按语】

"童"是会意兼形声字。金文从辛(刑刀),从目,从東(脊篓),会用刑刀刺瞎奴隶的一只眼睛之意,東兼表声。小篆省略了目,增加了土。隶变以后楷书写成"童"。

"童"的原义是古代有罪受髡刑的奴隶。由于髡刑削发,而古代小孩子不蓄发,所以延伸指未成年的奴仆。泛指小孩儿。如成语"童叟无欺"。

"童"也延伸指没有结婚的。例如"童男童女"就是指未结婚的男孩和女孩。

"童"还延伸指秃顶。草木就好似是山的头发,所以山无草木也可以称为"童"。

竭

小篆　　楷书

【原文】

竭,负举也。从立,曷声。

【译文】

竭,背举(在肩背上)。从立,曷声。

【按语】

"竭"是形声字。小篆从立,曷声。隶变以后楷书写成"竭"。

"竭"的原义为背举、用肩背负。由原义延伸指举出、亮出。例如《荀子·不苟篇》:"长短不饰,以情自竭,若是则可谓直士矣!"

"竭"后借作"渴",指(水)干涸、枯竭。如曹操《步出夏门行》:"水竭不流,冰坚可蹈。"由水枯竭义,延伸指用完、穷尽。例如"精疲力竭"。

"竭"由用尽也延伸指败坏、毁灭。例如《庄子·胠箧》:"唇竭齿寒。"大意是嘴唇没了牙齿就会外露受寒。由穷尽也延伸指停滞、遏止。如黄遵宪《人境庐诗草》:"开口如悬河,滚滚浪不竭。"

章

金文　　小篆　　楷书

国学经典文库

说文解字

《说文解字》原文释义

图文珍藏版

【原文】

章,乐竟为一章。从音,从十。十,数之终也。

【译文】

章,音乐一曲完了叫一章。由音、十会意。十,是十进位数的末尾数。

【按语】

"章"是会意字。金文从辛,从曰。小篆讹为从音,从十。隶变以后楷书写成"章"。

"章"的原义为雕制玉璧花纹。泛指花纹。如柳宗元《捕蛇者说》中说永州的蛇"黑质而白章",就是说它是黑色的身体、白色的花纹。由雕刻之意延伸指戳记,也指身上佩带的标志物。例如"印章""袖章"。

"章"特指古代臣子给天子的奏疏、奏本。法规由文字分条分节写成,故也延伸指条款、法规。如"约法三章"。进而延伸指条理。如成语"杂乱无章"。

音乐可以引喻为声音的花纹,故也延伸指乐曲的一章。

端

甲骨文　金文　小篆　　楷书

【原文】

端,直也。从立,耑声。

【译文】

端,直。从立,耑声。

【按语】

"端"是形声字。本写成"耑"。甲骨文字形似生长出地面的植物,左右两点表示水。金文、小篆全部是由甲骨文直接演化而来。隶变以后楷书写成"端"。

"端"的原义为植物发芽生长。由此延伸成开头。例如《荀子·君道》:"法者,治之端也。"意思是,法律,是治国的开端。又可以表示事物的一头或者一方面。例如"顶端"。

由开头延伸成头绪、缘由。例如"端倪"就是指事物的头绪,而"无端"就是没有缘由。

"端"还可以延伸指正。例如"端庄""端坐"。进而延伸成正直。如在形容一个人品行不好时,我们会说他"品行不端"。

"端"用作动词,指用手很平正地拿。例如"端盆""端茶"。

穴 部

穴

金文　　　小篆　　　楷书

【原文】

穴,土室也。从宀,八声。凡穴之属皆从穴。

【译文】

穴,土室。从宀,八声。凡是穴的部属全部从穴。

【按语】

"穴"是象形字。小篆似古人居住的半地下土窑之形。金文很似土室或者岩洞。小篆与金文差别不大。隶变以后楷书写成"穴"。

"穴"的原义即是洞穴。例如"虎穴""蚁穴"。延伸成墓穴,即埋棺材的坑。例如《诗·王风·大车》:"谷则异室,死则同穴。"

此外,"穴位"是中国传统医学的一项重要发现,大都分布在神经末梢密布或者较粗的神经纤维经过的地方。

"穴"是个部首字,凡由"穴"组成的字大都与房室或者窟窿有关。例如"窖""窝"等。

国学经典文库

说文解字

《说文解字》原文释义

图文珍藏版

空

金文　　　小篆　　　楷书

【原文】

空，窾也。从穴，工声。

【译文】

空，孔穴。从穴，工声。

【按语】

"空"是形声兼会意字。金文和小篆皆从穴，工声，隶变以后楷书写成"空"。

"空"的原义为孔洞。延伸指空虚、空荡荡。进而延伸指没有实质内容、不切实际的想法或者语言。例如"空想""空话"。由空也延伸指空间、天空。

用作副词，指徒然地、白白地。例如"空跑一趟"就是"白跑一趟"的意思。

还可以表示只、仅。如崔颢《黄鹤楼》："此地空余黄鹤楼。"

"空"还是佛教用语，指万物从因缘生，没有固定，虚幻不实。因此"空门"又指佛门。

现在主要用作名词，指闲暇、空闲，读作 kòng。如："你现在有空吗?"

突

金骨文　　　小篆　　　楷书

【原文】

突，犬从穴中暂出也。从犬在穴中。一曰:滑也。

【译文】

突，狗在洞中突然而出。由"犬"在"穴"中会意。另一义说:突是挑抉。

【按语】

"突"是会意字。甲骨文从犬,从穴,会狗从洞中一下子猛地窜出之意。小篆整齐化。隶变后楷书写成"突"。

"突"的原义是急速地外冲。如古书中常常出现的"突骑"一词,即冲锋陷阵的精锐骑兵。

由急速地外冲延伸成穿、破。例如《左传·襄公二十五年》:"宵突陈城。"这是说夜里攻破了陈城。

"突"用作名词,特指烟囱。例如"墨突不黔",是说墨子东奔西走,每到一地,烟囱还没有熏黑,就又到别处去了。尔后人们就用"墨突不黔"形容一个人事情繁忙,奔走不已。

"突"用作副词,指突然、猝然。例如"突如其来"。

窗

小篆　　楷书

【原文】

囱,在墙曰牖,在屋曰囱。窗,或从穴。

【译文】

囱,在墙壁上的叫牖,在屋顶上的叫囱。窗,囱的或体,从穴。

【按语】

"窗"是象形兼会意兼形声字。小篆似天窗之形,即在屋上留个洞,可以透光、出烟。由于"囱"尔后专门指烟囱,故另加义符"穴"来表示天窗。隶变以后楷书写成"窗"。

"窗"的原义是天窗,指设在屋顶上用以透光和通风的窗子。古代的窗大都有两种,一种是天窗,一种是旁窗。如王充《论衡·别通》:"凿窗启牖。"此处的"窗"指天窗,"牖"指旁窗。

此外,"窗"也泛指房屋、车船上通气透光的洞口。

穷

窮　窮　穷

小篆　　楷书（繁体）　楷书

【原文】

窮，极也。从穴，躳声。

【译文】

窮，极。从穴，躳声。

【按语】

"穷"是形声兼会意字。小篆从穴，从躳（躬），会达到洞穴尽头之意，躳兼表声。隶变以后楷书写成"窮"。汉字简化后写成"穷"。

"穷"的原义是穷尽、止境。如成语"无穷无尽"，即指没有止境。由原义延伸指行尽、推究根源。如陶渊明《桃花源记》："欲穷其林。"此处的"穷"指行尽。

"穷"也延伸指贫穷或者贫穷的人。例如《左传·昭公十四年》："分贫振穷。"由贫穷也延伸成不得志。如屈原《涉江》："固将愁苦而终穷。"意思是（我）本来就免不了要忧愁困苦，一生也不得志的。

"穷"用作形容词，指边远的。例如"穷乡僻壤"。

窟

　窟

小篆　　　　楷书

【原文】

无。

【按语】

"窟"是形声兼会意字。小篆从土，屈声。隶变以后楷书写成"窟"，从穴（表示洞穴），屈声，屈兼表屈身之意。

"窟"的原义为洞穴。例如《战国策·齐策》："狡兔有三窟。"延伸指土室。例如《礼记·礼运》："昔者先王未有宫室，冬则居营窟。"进而延伸指某种人或者物聚集之处。例如"贫民窟""石窟"。

窦

小篆　　楷书（繁体）　　楷书

【原文】

竇，空也。从穴，瀆省声。

【译文】

竇，孔穴。从穴，瀆省声。

【按语】

"窦"是形声字。小篆从穴，賣声。楷书繁体写成"竇"。汉字简化后写成"窦"。

"窦"的原义是孔穴、洞。如汉乐府《十五从军征》："兔从狗窦入，雉从梁上飞。""狗窦"就是狗洞的意思。

"窦"又指人体或者某些器官或者组织的内部凹入部分。例如"鼻窦"。

"窦"用作动词，指溃决、疏通。例如《国语·周语下》："不防川，不窦泽。"意思是不防止川洪，不疏通水泽。

"窦"又泛指简陋的门户。如冯梦龙《智囊补》云："自窦而走，至大街。"意思就是从陋门走出去，来到大街上。

"窦"还可以用作姓。

窠

窠
小篆　　楷书

【原文】

窠，空也；穴中曰窠，树上曰巢。从穴，果声。

【译文】

窠，孔穴；（鸟类）穴中居住的地方叫窠，树上的叫巢。从穴，果声。

【按语】

"窠"是形声字。小篆从穴（表示洞穴），果声。隶变以后楷书写成"窠"。是"巢"的同源字。

"窠"的原义是鸟类穴居之处。如成语"不落窠臼"中的"窠"就是指鸟兽的窝，"臼"是一种中间凹下的舂米器具，"窠臼"引喻老套子、旧框框。

由鸟巢延伸泛指动物、昆虫的栖息之所。如金代周昂《边俗》中说："鸡犬竟同窠。"意思是鸡和狗竟然能同住一窝。

"窠"也用来引喻人们聚会或者安居的处所。如辛弃疾《鹧鸪天·三山道中》中有"抛却山中诗酒窠"之句，意思是，抛弃山中诗酒逍遥的处所。

"窠"还可以指空缺。如词语"窠阙"是指空缺，特指官吏职位空缺。

窍

竅　窍
小篆　楷书（繁体）　楷书

【原文】

竅，空也。从穴，敫声。

【译文】

竅,孔穴。从穴,敫声。

【按语】

"窍"是形声字。小篆从穴（表示孔洞），敫声。隶变以后楷书写成"竅"。汉字简化后写成"窍"。

"窍"的原义是孔、洞。如苏轼《石钟山记》："有大石当中流,可坐百人,空中而多窍。"意思就是有一块巨石矗立在水流中间,可以坐得下一百人,中间是空的并且多孔。

"窍"也延伸指人或者动物耳、目、口、鼻等器官之孔。如成语"七窍生烟",意思就是人的两耳、两眼、两鼻孔和口冒烟。形容气愤或者焦急到极点。又引喻事情的关键或者要害。例如"诀窍""窍门"。

窺

窺　窺　窺

小篆　楷书（繁体）　楷书

【原文】

窺,小视也。从穴,规声。

【译文】

窺,从小孔隙中偷看。从穴,规声。

【按语】

"窥"是会意兼形声字。小篆从穴从规会意,规兼表声。隶变以后楷书写成"窺"。汉字简化后写成"窥"。

"窥"的原义是从小孔、缝隙或者隐蔽处看。例如《庄子·秋水》中有"用管窥天",是说从管子里看天。引喻眼光狭窄,见识短浅。也延伸指暗中察看。如词语"窥探"。

"窥"又泛指观看、观赏。例如《战国策

"窥"还可以表示伺机、图谋、觊觎。如姜夔《扬州慢》中有"胡马窥江"，意思就是金兵觊觎长江一带。

窑

窰　窯　窑　窑

小篆　　楷书（繁体）楷书（繁体）　楷书

【原文】

窯，烧瓦灶也。从穴，羔声。

【译文】

窯，烧制陶器的灶。从穴，羔声。

【按语】

"窑"是形声字。小篆从穴，羔声。隶变以后楷书写成"窰"和"窯"。现在规范化，以"窑"为正体。

"窑"的原义是烧制砖瓦陶器的灶。如成语"窑头土坯"，即窑灶上未经烧制的砖瓦坯。比喻土里土气、未曾受教化的人。

由烧制陶器使用的灶延伸指古代名窑烧制出来的陶器。例如"窑器"（陶瓷器）。

窖

窖　窖

小篆　　　楷书

【原文】

窖，地藏也。从穴，告声。

【译文】

窖,地下储藏物品的洞穴。从穴,告声。

【按语】

"窖"是形声字。小篆从穴,告声。隶变以后楷书写成"窖"。

"窖"的原义是贮藏物品的地穴。例如"菜窖""酒窖"。由地窖延伸泛指坑、穴。例如《吕氏春秋》:"饥狗盈窖。"意思是,饥饿的狗挤满了坑。

"窖"用作动词,指贮藏、埋藏。例如《史记·货殖列传》:"秦之败也,豪杰皆争取金玉,而任氏独窖仓粟。"意思是,秦朝败亡之际,豪杰富贾们全部争着谋取金玉,独有任氏在仓库里贮藏米粟。

窒

小篆　　楷书

【原文】

窒,塞也。从穴,至声。

【译文】

窒,填塞。从穴,至声。

【按语】

"窒"是形声兼会意字。小篆从穴,从至,会堵塞之意,至兼表声。隶变以后楷书写成"窒"。

"窒"的原义是填塞。例如《诗经·豳风·七月》上说:"穹窒熏鼠,塞向墐户。"意思就是,堵上屋里的空隙,用烟熏跑老鼠;堵上朝北的窗户,把门缝用泥涂上。还有一个成语叫"窒隙蹈瑕",意思堵塞缝隙,踩住短处。"窒"也指阻塞。

"窒"也延伸指遏止、抑制。例如《周易·损》:"君子以惩忿窒欲。"意思是君子要克制怒气,抑制贪欲。

　　"窒"用作名词,指障碍、障碍物。例如《丞相答剌罕赠谥制》:"有窒皆通。"就是有什么障碍,全部可以打通的意思。

穿

小篆　　　楷书

【原文】

穿,通也。从牙在穴中。

【译文】

穿,穿透。由"牙"在"穴"中会意。

【按语】

　　"穿"是会意字。小篆从牙在穴中,会穿通之意。隶变以后楷书写成"穿"。

　　"穿"的原义为穿破、穿通。例如"水滴石穿""百步穿杨"。也延伸指挖掘、开凿。例如"穿井"也就是指凿井。

　　"穿"还可以表示通过、插入(空隙、空间等)。如苏轼在《念奴娇·赤壁怀古》中说"乱石穿空",就是陡峭不平的石壁插入天空的意思。由此延伸指把衣服、鞋袜等套在身上。

　　"穿"用作名词,指墓穴。如词语"穿中记",指的是古代墓穴中的题志。

窃

小篆　　　楷书(繁体)　　楷书

【原文】

竊,盗自中出曰窃。从穴,从米,离、廿皆声。

【译文】

竊,偷米从穴中出来叫窃。由穴、米会意。卨和廿全部表声。

【按语】

"窃"是会意兼形声字。小篆从穴,从米,从卨(蝎子类爬虫),会钻穴盗物之意,卨兼表声。隶变以后楷书写成"竊"。汉字简化后写成"窃",从穴,切声。

"窃"的原义为偷、盗。例如《周礼·山虞》:"凡窃木者有刑罚。"延伸指偷偷地、暗地。例如"窃骂"即偷偷咒骂。

"窃"用作名词,指盗贼。例如《三国演义》第四十七回:"岂不闻背主作窃,不可定期?"

"窃"还可用作谦辞。例如"窃以为",即私下里以为。这是一种谦虚地表达自己观点的方式,表示自己的观点不一定能够得到大家认可。

窘

窘　窘

小篆　　楷书

【原文】

窘,迫也。从穴,君声。

【译文】

窘,困迫。从穴,君声。

【按语】

"窘"是形声字。小篆从穴(表限制),君声。隶变以后楷书写成"窘"。

"窘"的原义是困迫,陷于困境。如成语"捷径窘步"中的"窘步"就是指因行走太急而感到困难。

"窘"也延伸指穷困、难堪、尴尬。例如"一脸窘态"就是指一脸尴尬的表情。

"窘"还可以表示拘禁、困住。如白居易《赎鸡》:"飞鸣彼何乐,窘束此何冤!"此处的"窘束"也就是拘禁、困住的意思。

窈

窈 窈

小篆　　楷书

【原文】

窈,深远也。从穴,幼声。

【译文】

窈,深远。从穴,幼声。

【按语】

"窈"是形声字。小篆从穴,幼声。隶变以后楷书写成"窈"。

"窈"的原义是深远、幽远。也延伸指美好。如吴光《泊湘口二妃庙是潇湘二水会处》:"月华临夜空,青山窈多姿。""窈"表示美好时,往往和"窕"连用。

"窈"又通"杳",指昏暗。如司马相例如《长门赋》:"天窈窈而昼阴。"意思是,天空昏暗,连白天也是阴沉的。

窕

窕 窕

小篆　　楷书

【原文】

窕,深肆极也。从穴,兆声,读若挑。

【译文】

窕,深邃之极。从穴,兆声。音读似"挑"字。

【按语】

"窕"是形声字。小篆从穴,兆声。隶变以后楷书写成"窕"。

"窕"的原义是深邃、深远。"窈窕"一词既指美好,也指幽深的样子。如成语"目窕心与"是形容爱情发生的用语。其中"目窕"是形容目光深情款款的样子,此处指眉目传情;"心与"指内心相许。

"窕"也延伸指过分、虚浮。例如"窕名",指虚名;"窕言",指虚假不实之言;"窕货",指来路不正的货物。

窄

小篆　　楷书

【原文】

无。

【按语】

"窄"是形声字。小篆从竹,乍声。隶变以后楷书写成"窄",从穴(表示空间范围窄小),乍声。

"窄"的原义为空间狭小、狭窄。延伸指地域狭隘。如俗语"冤家路窄",即仇敌相逢在窄路上。指仇人或者不愿意见面的人偏偏相遇。

由空间狭窄延伸指范围不宽广。例如"知识涉及面比较窄"。

由空间、地域狭小也延伸指人的气量狭小不容人。例如"心胸狭窄"。

窝

窩　窩　窝

小篆　楷书（繁体）　楷书

【原文】

无。

【按语】

"窝"是形声字。楷书繁体写成"窩"，从穴，咼声。汉字简化后写成"窝"。

"窝"的原义为鸟兽昆虫的巢穴。例如"燕窝"。延伸指人居住或者隐藏避难用的窟穴。例如"安乐窝"。

"窝"用作动词，指藏匿。例如"窝藏"等。在窝栖身，不能伸展，故也延伸指弯曲、蜷缩。例如"窝在家里"。因为不能舒展，故也延伸指郁积而得不到发作或者发挥。例如"窝火"。

因为窝穴向下洼陷，故也延伸指洼陷、凹隐的地方。例如"山窝"。

窜

竄　竄　窜

小篆　楷书（繁体）　楷书

【原文】

竄，匿也。从鼠在穴中。

【译文】

竄，隐藏。由"鼠"在"穴"中会意。

【按语】

"窜"是会意兼形声字。小篆从穴，从鼠，会鼠藏入穴中藏匿之意。隶变以后楷书写成"竄"。汉字简化后写成"窜"。

"窜"的原义为躲藏。例如"窜迹"。后泛指逃匿、逃跑。例如"抱头鼠窜"。由逃匿也延伸成放逐。例如"窜投"。

放逐是重新自我确认，故也延伸指改易、修改。例如"窜改"。要使变化，就要有所增加，故延伸指掺杂、混入。例如"窜言"，意思是参与议论。此外，"窜"还有怂恿之意。例如"窜掇"。

"窜"用作动词，又指跳、往上冲。例如"窜动"，指激烈地跳动。

示 部

示

小篆　　楷书

【原文】

示，天垂象，见吉凶，所以示人也。从二（上）；三垂，日、月、星也。观乎天文，以察时变。示，神事也。凡示之属皆从示。

【译文】

示，上天垂下天文图像，体现（人事的）吉凶，（这些图像）是用来显示给人们看的东西。从二（代表天上）；三竖笔，分别代表日、月、星。（人们）观看天文图像，用来考察时世的变化。示是神的事。凡是示的部属全部从示。

【按语】

"示"是象形字。甲骨文似用两块石头搭起的简单祭台之形。金文把甲骨文的底座变为"小"，表示供桌的支架。隶变以后楷书写成"示"。

"示"的原义是古人祭祀祖先与鬼神时所使用的祭台，因为祭祀被古人当作头等大事，所以，"示"后延伸成神灵的象征。

由于古人缺乏科学知识，各种自然天象便被认为是神明显灵，向人们垂示吉凶。于是，"示"延伸成垂示。例如"上天示瑞"，指的就是上天显示出祥瑞之兆。

由垂示也延伸指把事物拿出来或者指出来让人知道。例如"表示"。

祭

甲骨文　　金文　　小篆　　楷书

【原文】

祭，祭祀也。从示，以手持肉。

【译文】

祭，祭祀鬼神。从示，用手拿着肉供奉神前。

【按语】

"祭"是会意字。甲骨文从示（祭台），从又（手），从肉，会以手持肉置于祭台上致祭之意。金文大体相同。小篆整齐化。隶变以后楷书写成"祭"。

"祭"的原义是祭祀。旧时祀神、供祖或者以仪式追悼死者全部可称"祭"。例如"祭天"。

祭祀时人们口中念念有词，所以也延伸指念咒、使用法宝。例如"祭起法宝"中的"祭"就是指使用。

祭祀要杀牲，故又泛指杀。例如《礼记·月令》："鹰乃祭鸟。"意思是老鹰于是捕杀鸟儿。

此外，"祭"还用作古国名。春秋时代有一个姬姓国叫"祭"（亦写成"郑"），读作 zhài。

禁

小篆　　楷书

【原文】

禁,凶吉之忌也。从示,林声。

【译文】

禁,指有关吉凶之事的避忌。从示,林声。

【按语】

"禁"是会意兼形声字。小篆从示(表鬼神),从林(坟地多植树,故坟地特称"林"),会令人忌讳的坟地之意,林兼表声。隶变以后楷书写成"禁"。

"禁"的原义是令人忌讳的坟地,读作 jìn。泛指忌讳、避讳。例如"百无禁忌"。由原义引申指不许、制止、阻止。例如"令行禁止"。进而也延伸指约束、控制。例如"禁欲"。

监狱用来控制人的恶念,所以"禁"又有拘囚、关押之意。例如"监禁"。

在古代,皇帝住的地方不许闲人进入,故而又特指皇帝住的地方。例如"紫禁城"。

此外,"禁"还指巫术符咒之法。例如"禁术"即禁咒之术。

"禁"读作 jīn,指胜任、承受得起。例如"禁得起"。由此又可延伸指忍住、控制住。例如"情不自禁"。

稟

  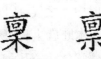

甲骨文　　小篆　　楷书(繁体)　　楷书

【原文】

稟,赐谷也。从㐭,从禾。

【译文】

稟,赐给的谷物。由㐭、由禾会意。

【按语】

"稟"是会意字。金文从米,从㐭(粮仓);或者从㐭,下从禾,会仓廪之意。小篆继承金文并整体化。隶变以后楷书写成"稟",俗作"禀"。现在规范化,以"禀"为正体。

"禀"读作 lǐng，原义为粮仓。例如《新唐书·李密传》："今禀无见粮，难以持久。"意思是，现在粮仓里已经没什么粮食了，维持不了多少时间了。

"禀"读作 bǐng 时，原义为给予谷物。例如"禀谷"，指官府给予粮食。泛指赋予、给予。例如"江山易改，禀性难移"，形容人的本性难以改变。"秉性"即本性。也延伸指领受、承受。如"禀令"，指承受命令。进而延伸指下对上报告。例如"禀陈"，指下级对上级陈述报告。

禾部

禾

禾	禾	禾	禾
甲骨文	金文	小篆	楷书

【原文】

禾，嘉谷也。二月始生，八月而孰，得时之中，故谓之禾。禾，木也。木王而生，金王而死。从木，从巫省。巫象其穗。凡禾之属皆从禾。

【译文】

禾，美好的谷子。二月开始发芽生长，到八月成熟，得四时中和之气，所以叫它禾。禾是木属。春天木旺就生长，秋天金旺就死去。由木、由巫省会意。下垂的乀似它的谷穗。凡是禾的部属全部从禾。

【按语】

"禾"是象形字。甲骨文、金文全部似一棵成熟了的谷子，沉甸甸的谷穗弯垂着。小篆线条化，与甲骨文、金文的形体大体相同。隶变以后楷书写成"禾"。

"禾"的原义是谷子。泛指庄稼。如李绅《悯农二首》之一："锄禾日当午，汗滴禾下土。"

有时，"禾"还特指禾苗，就是初生没有吐穗的水稻。

"禾"是个部首字。凡由"禾"组成的字，全部与五谷、粮食、作物等义有关。例如"稻""秧""稞"。

秃

甲骨文　　小篆　　楷书

【原文】

秃，无发也。从人，上象禾（粟）[秀]之形，取其声。凡秃之属皆从秃。

【译文】

秃，没有头发。从人，上面的禾似谷物开花吐穗的样子，又取秀表声。凡是秃的部属全部从秃。

【按语】

"秃"是象形字。金文似一个衰老的人佝偻着身子的侧面形象，头上短发萧疏。小篆的头发讹变为"禾"，表示人的头发似禾苗一样稀疏了。隶变以后楷书写成"秃"。

"秃"的原义为头发很少或者没有头发。例如"秃顶"。

由毛发少，也延伸指鸟羽毛脱落，或者物体的尖端缺损。例如"秃尾巴""秃笔"。其中，"秃笔"原义是指笔尖脱毛而不合用的毛笔，多用来引喻不高明的写成能力。

因为写成能力不强，所以很可能会出现这种现象——"文章的开头写得有点秃"，此处，"秃"表示不圆满、不周全。

秀

小篆　　楷书

【原文】

秀，上讳。

【译文】

秀，已故汉光武帝之名。

【按语】

"秀"是会意字。小篆从禾，从乃，会谷子抽穗开花如奶之意。隶变以后楷书写成"秀"。

"秀"的原义是谷物吐穗开花。例如"秀外慧中"，此处的"秀"指秀丽；"慧"通"惠"，指聪明。

"秀"由秀丽也延伸成优秀、特异等。例如《史记·屈原贾生列传》："闻其秀才，召置门下。"

还有"秀才"一词，原是一种泛称，指秀异之士。尔后才成了读书人的通称。

"秀"作为名词，"秀"指草木之花。例如《楚辞·山鬼》："采三秀兮于山间。"

和

甲骨文　　金文　　小篆　　楷书

【原文】

和，相应也。从口，禾声。

【译文】

和,相应和。从口,禾声。

【按语】

"和"是形声字。甲骨文从龠(口吹排箫),禾声。金文大体相同。小篆整齐化。隶变以后楷书写成"和"。

"和"的原义是一种笙类乐器,读作 hé。延伸成和谐、协调。例如《礼记·乐记》:"其声和以柔。"

有了音乐,便渴望歌唱,而一个人唱歌很无趣,需要有人来应和,所以"和"也表示应和,读作 hè。

此外,"和"还可以表示和解、息争而归于和平。在古代,"和平"作为一个词,多是和顺的意思。例如《礼记·乐记》:"血气和平。"

委

甲骨文　　小篆　　楷书

【原文】

委,委随也。从女,从禾。

【译文】

委,逶迤(委曲自得的样子)。由女、禾会意。

【按语】

"委"是会意字。甲骨文从女,从禾,似古代秋收时妇女钎(裁)取割倒堆在地上的谷穗的丰收景象,用以会禾谷堆积之意。小篆整齐化。隶变以后楷书写成"委"。

"委"的原义是曲折。例如《史记·天官书》上说:"委曲小变,不可胜道。"堆放之物很杂乱,有曲折意,所以"委"也延伸成堆放、存放。例如"如土委地"就是似泥土一样堆放在地上的意思。

"委"也延伸指丢弃、抛弃。例如《孟子·公孙丑下》中的"委而去之",意思是抛弃并离开了。由把某物或者某事丢给别人,延伸成委托、托付。例如"委以重

"委"用作名词,指水的下流。如成语"穷源竟委"就是引喻彻底搞清事情的始末。

香

馫 馫 香

甲骨文　小篆　楷书

【原文】

香,芳也。从黍,从甘。《春秋传》曰:'黍稷馨香。'凡香之属皆从香。

【译文】

香,芬芳。由黍、甘会意。《春秋左氏传》说:"黍、稷气味芬芳。"凡是香的部属全部从香。

【按语】

"香"是会意字。甲骨文似小麦之形,会小麦成熟后的馨香之意。小篆从黍,从甘。隶变以后楷书写成"香"。

"香"的原义是指五谷之香。尔后泛指一般的香味。

又引喻睡得好。例如"她睡得很香"。

人喜欢闻香味,所以也延伸成受欢迎的。例如"有本领的人,不管在哪里都会是香饽饽。"

"香"还可以表示亲热。例如《儿女英雄传》第二十二回:"咱们这么坐着亲香。"

"香"用作名词,指一种草木香料。

秋

甲骨文　　小篆　　楷书

【原文】

秋,禾谷孰也。从禾,爇省声。

【译文】

秋,百谷成熟。从禾,爇省声。

【按语】

"秋"是象形字。甲骨文似一个蟋蟀的形状。金文加上了义符"禾",表示庄稼。隶变以后楷书写成"秋"。

"秋"的原义是收成、收获。如范成大《颜桥道中》:"处处田畴尽有秋。"

收获的季节在秋天,所以"秋"也延伸指秋天。例如"秋收冬藏"。由秋天又可以延伸指年。例如"一日不见,如隔三秋"。

古书中常见"秋水"一词,本来是指秋天的水。又因为秋水极其清澈,所以尔后人们就用"秋水"来引喻清澈的神色和眼波。

稍

小篆　　楷书

【原文】

稍,出物有渐也。从禾,肖声。

【译文】

稍,谷物长出而渐进。从禾,肖声。

国学经典文库

说文解字

《说文解字》原文释义

图文珍藏版

【按语】

"稍"是会意兼形声字。小篆从禾，从肖（微小肉末），会禾稼的末稍之意，肖兼表声。隶变后楷书写成"稍"。

"稍"的原义是禾稼的末梢。泛指事物的末端、枝叶。例如"柳梢"就是指柳树的枝叶。

"稍"用作形容词，指逐渐。例如《史记·秦楚之际月表》："献孝之后，稍以蚕食六国。"意思是，秦国自献公和孝公之后，渐渐地开始蚕食六国。

"稍"也延伸指略微、稍微。如成语"稍纵即逝"。还可以表示程度深，等同于"颇""甚"。如董解元《西厢记诸宫调》："姐姐稍亲文墨。"意思是姐姐颇为喜爱文字笔墨。

积

小篆　　楷书（繁体）　楷书

【原文】

无。

【按语】

"积"是形声字。小篆从禾，責声。隶变以后楷书写成"積"。汉字简化后写成"积"，改为只声。

"积"的原义是积藏粮食。泛指堆积、聚积、积累。例如"厚积薄发"，意思就是多多积蓄，慢慢放出。形容只有经过长时间有准备的积累，才能大有作为。

由囤积也延伸成滞留。例如《庄子·无道》："天道运而无所积。"意思是，天道运行而不会有所滞留。

"积"还可以表示累计。如柳宗元《捕蛇者说》中"积于今六十岁矣"的"积"指累计，"岁"指年。

租

租 租

小篆　　　楷书

【原文】

租，田赋也。从禾，且声。

【译文】

租，按田亩收取谷税。从禾，且声。

【按语】

"租"是形声字。小篆从禾，且声。隶变以后楷书写成"租"。

"租"的原义为田赋。泛指税收。也延伸指租用，即付钱在一定时期内使用。例如《宋史·刘宰传》："租户于主有连姻。"也延伸指出租，即收费让人暂时使用。例如"房屋出租"。

"租"用作名词，指租金，即租用所交付或者出租所收取的钱物。例如"房租"。

稠

稠 稠

小篆　　　楷书

【原文】

稠，多也。从禾，周声。

【译文】

稠，多密。从禾，周声。

【按语】

"稠"是形声兼会意字。小篆从禾，周声，周兼表布满之意。隶变以后楷书写成

"稠"。

　　"稠"的原义为禾苗多而密。泛指多。如北齐颜之推《颜氏家训·勉学》中有"稠人广坐"之句，此处的"稠"和"广"意思相同，都是指多。"稠人广坐"意思是，人多，座位多。

　　"稠"也延伸指繁密。如白居易《杂曲歌辞·乐世》上说："管急丝繁拍渐稠，绿腰宛转曲终头。"所谓"拍渐稠"，就是指节拍渐渐繁密起来了。

　　"稠"还可以表示浓厚、浓稠，与"稀"相对。

稀

稀　稀
小篆　　楷书

【原文】

稀，疏也。从禾，希声。

【译文】

稀，稀疏。从禾，希声。

【按语】

　　"稀"是会意兼形声字。小篆从禾从希会意，希兼表声。隶变以后楷书写成"稀"。

　　"稀"的原义是稀疏。如陶渊明《归园田居》："种豆南山下，草盛豆苗稀。"意思是，(我)在南山下栽种豆苗，杂草茂密而豆苗稀疏。也延伸指少，出现得少。如我们常用的"稀客"一词，就是指少见的客人、不常来的客人。

　　"稀"还延伸成薄、不浓，与"稠"相对。

　　"稀"用作副词，指很、极，形容程度深。如鲁迅《而已集·再谈香港》："床上的铺盖已经掀得稀乱，一个凳子躺在被铺上。"此处的"稀乱"，就是很乱的意思。

移

移　移

小篆　　楷书

【原文】

移,禾相倚移也。从禾,多声。一曰:禾名。

【译文】

移,禾(从风而)婀娜摆动。从禾,多声。另一义说:移是禾名。

【按语】

"移"是会意兼形声字。小篆从禾,从多,会众禾在风中婀娜摆动之意,多兼表声。隶变以后楷书写成"移"。

"移"的原义为禾谷柔弱摆动的样子。延伸移秧,即移植秧苗。后扩大用在其他的事物上,泛指移植。例如"移花接木"。

"移"又泛指移动、改变。例如《孟子·滕文公下》上有一句著名的话,"富贵不能淫,贫贱不能移,威武不能屈,此之谓大丈夫。"此处的"移",就是指改变。

秉

甲骨文　　金文　　小篆　　楷书

【原文】

秉,禾束也。从又持禾。

【译文】

秉,禾一把。由"又"(手)持握"禾"会意。

【按语】

"秉"是会意字。甲骨文似手拿一把禾稻之形。金文中禾在右边,手在左边。小篆继承金文,手满把攥住禾稻。隶变以后楷书写成"秉"。

国学经典文库

说文解字

《说文解字》原文释义

图文珍藏版

说文解字

《说文解字》原文释义

图文珍藏版

"秉"的原义是禾把、禾束。例如《诗经·小雅·大田》："彼有遗秉。"意思是（收割后）那边田里还有遗落的禾把。

因为禾把是用手拿的,所以也延伸指手拿着、手持。例如《古诗十九首·生年不满百》："何不秉烛游?"

由拿着禾把也延伸指主持、掌握。例如《汉书·霍光传》："光秉政前后二十年。"

"秉"还可以表示坚持、拥有。例如《诗经·小雅·小弁》："君子秉心。"

秦

|甲骨文|金文|小篆|楷书|

【原文】

秦,伯益之后所封国。地宜禾。从禾、舂省。一曰:秦,禾名。

【译文】

秦,伯益的后裔所封的国名。此地适宜禾谷生长。由禾、由舂省去臼会意。另一义说:秦,禾名。

【按语】

"秦"是会意字。甲骨文从廾（双手）持午（杵）舂禾,会舂捣收打禾麦之意。金文与甲骨文大体相同。小篆继承金文,但下部只保留了一个"禾"字。隶变以后楷书写成"秦"。

"秦"的原义是粮食。尔后延伸成春秋时代的国名,即秦国。

现在的陕西省中部平原地区在春秋战国时期为秦国的地盘,所以这片地区也称"秦"。例如"秦声",指陕、甘一带的戏曲音乐。

稻

稻　稻　稻

金文　小篆　楷书

【原文】

稻,稌也。从禾,舀声。

【译文】

稻,稻谷的通称。从禾,舀声。

【按语】

"稻"是会意兼形声字。甲骨文似把收获的稻米放进器中之形。金文改为从禾。小篆继承金文并整齐化,从禾,从舀,舀兼表声。隶变以后楷书写成"稻"。

"稻"的原义是指一种一年生的草本植物,能够在温暖气候下广泛栽培,种子用作人类的主食,谷壳和其他副产品可以饲养家畜,稻秆可以用来造纸。稻分水稻和旱稻两种,通常指水稻。

我们在古书中常会遇到"稻粱谋"一词。所谓"稻粱谋",是指禽鸟寻觅稻子、高粱等食物。尔后也用来引喻人谋求衣食和基本生活必需。

黍

黍　黍　黍　黍

甲骨文　金文　小篆　楷书

【原文】

黍,禾属而黏者也。以大暑而種,故谓之黍。从禾,雨省声。凡黍之属皆从黍。

【译文】

黍,禾一类而性黏的谷物。因在大暑时成熟,所以叫作黍。从禾,雨省声。大凡黍的部属全部从黍。

【按语】

"黍"是象形字。甲骨文就似黍的形象,金文右边是禾,左边脱落的颗粒代表黍子粒。小篆把位置做了调整。隶变以后楷书写成"黍"。

"黍"的原义是黍子。是一种一年生草本植物。例如《诗经·魏风·硕鼠》:"无食我黍"。又指用黄米做成的饭。例如《论语·微子》:"杀鸡为黍而食之"。意思是说,杀鸡做饭来款待别人。

"黍"还可以表示一种量器。例如《吕氏春秋》:"操黍酒而进之。"

稚

稺 稺 稚

小篆　　楷书（繁体）　　楷书

【原文】

稺,幼禾也。从禾,犀声。

【译文】

稺,幼禾。从禾,犀声。

【按语】

"稚"是形声字,小篆从禾,犀声。隶变以后楷书写成"稺"。异体作"稚",从佳声。现在规范化,以"稚"为正体。

"稚"的原义为幼禾。例如"稚稼",指迟期种植的稻谷。泛指年小、幼小。例如"稚态"。由幼小,也延伸指儿童、孩子。例如"稚儿"。

由幼禾也延伸指迟、晚。例如《管子》:"后稚逢殃"。其中"后稚"指日暮时。由迟、晚进一步延伸指骄傲放纵、傲慢。例如《管子·重令》"菽粟不足,末生不禁,民必有饥饿之色,而工以雕文刻镂相稚也,谓之逆。"意思是:粮食不足,奢侈品生产不禁止,人们必定要挨饿,而工匠们还以雕木镂金相夸耀,这就叫作"逆"。

穆

金文　小篆　楷书

【原文】

穆，禾也。从禾，㣇声。

【译文】

穆，禾名。从禾，㣇声。

【按语】

"穆"是象形字。金文似一棵向下弯垂的禾，禾穗饱满，已经成熟。小篆发生了伪变。隶变后楷书写成"穆"。

"穆"的原义是一种禾谷的名称。

五谷丰登是一件美好的事，"穆"由此延伸指美好、和谐。例如"穆如清风"。

"穆"还可以表示恭敬、严肃的意思。例如《礼记·曲礼下》："天子穆穆。"

"穆"还是周代一种划分辈分的方法。

穗

小篆　小篆　楷书

【原文】

无。

【按语】

"穗"是形声兼会意字。小篆从爪（覆手），从禾，会手掐禾穗之意。隶变以后楷书写成"穗"。现在规范化，以"穗"为正体。

"穗"的原义是庄稼所长出的穗子。也延伸指形状似穗子的东西。如烛花、灯花形状似庄稼的穗子，所以"穗"也指灯花、烛花。

"穗"又用作广州市的别称。相传在远古的时候,曾经有五位仙人,穿着五色的衣服、骑着嘴衔稻穗的五色仙羊降临此处,把稻穗赠给此处的百姓,祝愿此处平安祥和,永远没有饥荒。尔后广州就有了"穗城"的美称,简称为"穗"。

稷

稷　稷
小篆　　楷书

【原文】

稷,斋也。五谷之长。从禾,畟声。

【译文】

稷,粟米。是五谷的首领。从禾,畟声。

【按语】

"稷"是形声字。小篆从禾,畟声。隶变以后楷书写成"稷"。

"稷"的原义是谷子。如陶渊明《桃花源诗》:"菽稷随时艺。"由原义也延伸指谷神。如"社稷","社"指土地神,"稷"指谷神。

因为土地和谷子是百姓和国家的根本,所以古人认为"社稷"是最神圣的,尔后就把"社稷"作为国家的代名词了。

稼

稼　稼
小篆　　楷书

【原文】

稼,禾之秀实为稼,茎节为禾。从禾,家声。一曰:稼,家事也。一曰:在野曰稼。

【译文】

稼，禾的穗实叫稼，秸秆叫禾。从禾，家声。一说：稼，就像嫁女之事。一说：在田野中的作物叫稼。

【按语】

"稼"是形声字。小篆从禾，夏声。隶变以后楷书写成"稼"。

"稼"的原义是成熟的禾穗。例如《诗经·豳风·七月》："十月纳禾稼。"后泛指庄稼、田中的作物。由成熟的庄稼延伸指种植，从事农业劳动。

成语"不稼不穑"，意思是不种植也不收割，泛指不参加农业劳动。常用来讽刺那些不参加农业劳动的人。例如"他那人不稼不穑，迟早要坐吃山空的。"

稔

小篆　　楷书

【原文】

稔，谷孰也。从禾，念声。《春秋传》曰：'鲜不五稔。'

【译文】

稔，百谷成熟。从禾，念声。《春秋左氏传》说："少不止五年。"

【按语】

"稔"是形声字。小篆从禾，念声。隶变以后楷书写成"稔"。

"稔"的原义是庄稼成熟。例如"恶稔贯盈"，此处的"稔"是指成熟，"贯盈"是指穿满了绳索，指到了极点。这个成语意思是罪恶积蓄成熟，似钱串已满。形容作恶多端，末日来临。

"稔"还可以表示熟悉、知道。例如"熟稔"，就是十分熟悉。

国学经典文库

说文解字

《说文解字》原文释义

图文珍藏版

秆

秆　秆

小篆　　楷书

【原文】

无。

【按语】

"秆"是形声兼会意字。小篆从禾,干声,干兼表茎之意。隶变以后楷书写成"秆"。异体作"稈",从旱声。现在规范化,以"秆"为正体。

"秆"的原义为庄稼或者某些植物能直立的茎。例如《春秋传》中说:"或取一编菅焉,或取一秉秆焉,国人投之。"

"秆"和"杆"这两个字全部是指细长而直的东西,但用法存在细微区别。"杆"是个多音字。读 gǎn 时,指器物上细长的棍状部分。例如"笔杆"。读 gān 时,指细长的棍状物。例如"旗杆"。而"秆"只有一个读音 gǎn,指麦、稻、玉米等植物的茎。例如"麦秆儿"。

私

私　私

小篆　　楷书

【原文】

私,禾也。从禾,厶声。北道名禾主人曰私主人。

【译文】

私,禾名。从禾,厶声。北方叫禾主人作私主人。

【按语】

"私"是形声字。小篆从禾,厶声。隶变以后楷书写成"私"。

"私"的原义是一种禾名。尔后借指男女阴部。如汉·伶玄《赵飞燕外传》:"早有私病。"

"私"延伸指秘密的、不公开的。例如"走私"。进而延伸指私人的、个人的。例如"私塾"。

"私"用作名词,指私田、私产。进而延伸指私下的生活言行。例如《论语·为政第二》:"退而省其私。"

"私"也延伸指偏爱。如诸葛亮《出师表》:"不宜偏私。"

科

小篆　　　楷书

【原文】

科,程也。从禾,从斗。斗者,量也。

【译文】

科,程品等级。由禾、由斗会意。斗,是量器。

【按语】

"科"是会意字。小篆从禾,从斗,会以斗量谷物之意。隶变以后楷书写成"科"。

"科"的原义是衡量谷物。

经过衡量就能分出等级,故延伸指等级、品类。也延伸成条目、学术或者业务等的分类。如医院的"内科"。

"科"也延伸指官署或者机关中按工作性质分设的部门。例如"人事科"。也延伸指生物分类系统的第五级,在目之下、属之上。例如"猫科"。

"科"又为戏剧专用名称,指古代戏曲剧本中指示角色表演动作、情态的用语。例如"插科打诨"。也延伸指旧时培养戏曲演员的教学组织。例如"科班出身"。

秘

秋 祕 秘

小篆　　楷书（繁体）　楷书

【原文】

无。

【按语】

"秘"是形声字。小篆从示（代表神灵），必声。隶变以后楷书写成"祕"。汉字简化后写成"秘"。

"秘"的原义是一种香草。

"秘"又借作"祕"，表示神。延伸指神秘莫测的、隐蔽不公开的、不让人知道的。例如"隐秘""秘方"。也延伸指稀有的、罕见的。例如"秘籍""秘宝"。

"秘"用作动词，指保守秘密，不公开，不让人知道。例如"秘而不宣"。

种

欈 種 種 种

小篆　　楷书（繁体）楷书（繁体）　楷书

【原文】

種，先种后孰也。从禾，重声。

【译文】

種，早种晚熟的禾类。从禾，重声。

【按语】

"种"是形声字。小篆从禾，重声，表示早种晚熟的禾类。隶变以后楷书写成"穜"和"種"。现在规范化，以"种"为正体。

"种"的原义为种植，读作 zhòng。如谚语"种瓜得瓜，种豆得豆"。

"种"读作 zhǒng 时，指植物的种子。由传代的种子延伸指宗族、种族，即具有共同遗传特征的人群。例如《史记·外戚世家》："女不必贵种，要之贞好。"也延伸指事物的类别。例如《汉书·艺文志》："序六艺为九种。"也延伸指生物分类系统的基本单位、物种，在属之下。例如"变种"。也延伸指胆量、骨气。例如"孬种"。

程

程　程

小篆　楷书

【原文】

程，品也。十发为程，十程为分，十分为寸。从禾，呈声。

【译文】

程，程品。十根毛发并排起来叫一程，十程叫一分，十分叫一寸。从禾，呈声。

【按语】

"程"是形声字。小篆从禾（表示与谷物有关），呈声。隶变以后楷书写成"程"。

"程"的原义为一根头发直径的长度为一程，后用作度量衡的总称。

"程"用作动词，指称量、计量。例如"计日程功"。

由称量也延伸指事物发展的经过或者步骤。例如"进程"。也延伸指（旅行的）道路、路途。如李白《菩萨蛮》："何处是归程。"也延伸指距离。例如"里程碑"。

"程"也延伸指一段时间。例如"一程子"。

秩

秩　秩

小篆　楷书

【原文】

秩，积也。从禾，失声。《诗》曰：'稷之秩秩。'

【译文】

秩，聚积，从禾，失声。《诗经》说："聚积已经收割的禾，是那样众多。"

【按语】

"秩"是形声字。小篆从禾，失声。隶变以后楷书写成"秩"。

"秩"的原义是积聚禾谷。例如《管子·国蓄》："故人君御谷物之秩相胜。"古代官员的俸禄用粮食计算，由此延伸指俸禄。例如"厚秩"。官员的俸禄分等级，故也延伸指官吏的官阶、品级。例如"权重秩卑"，指权力大而官品低。

由等级进而延伸指次序。也延伸指整齐、有条理。例如"秩序井然"。

古代大治之国，积九年之粮，至十年而更新，故也延伸指年份，十年为一秩。

税

粮 税

小篆　　楷书

【原文】

税，租也。从禾，兑声。

【译文】

税，按田亩征收谷物。从禾，兑声。

【按语】

"税"是形声字。小篆从禾，兑声。隶变以后楷书写成"税"。

"税"的原义为田租。如班固《汉书·刑法志》："有税有赋，税以足食，赋以足兵。"泛指赋税，即国家按规定征收的货币或者实物。

"税"用作动词，指征收或者交纳赋

税。例如《韩非子·显学》：“耕者则重税。”也延伸指租赁、买卖。如袁宏道《月夜归来与长孺道旧》：“税花莫计池”。

“税”也延伸指利息。如范晔《后汉书》：“收税与封君比入。”也延伸指赠予、馈赠。例如《礼记·檀弓上》：“未仕者不敢税人，如税人则以父兄之命。”

秧

秧 秧

小篆　楷书

【原文】

秧，禾若秧穰也。从禾，央声。

【译文】

秧，禾苗叶多的样子。从禾，央声。

【按语】

“秧”是形声字。小篆从禾，央声。隶变以后楷书写成“秧”。

“秧”的原义是水稻密集的幼苗。例如“稻秧”。在田间插秧时唱的劳动歌曲叫“秧歌”，也指流行于北方农村的一种用锣鼓伴奏的歌舞活动。

“秧”由水稻的幼苗延伸指植物的幼苗。例如“树秧”。还指某些植物的茎。例如“西瓜秧”。

“秧”又指某些饲养的初生小动物。例如“鱼秧”。

秤

秤 秤

小篆　楷书

【原文】

无。

【按语】

"秤"是会意兼形声字。楷书写成"秤",从禾从平会意,平兼表声。

"秤"读作 chèng,原义为称量物体轻重用的器具。如诸葛亮在《与人书》:"吾心如秤,不能为人作轻重。"

由秤组成的成语也大都与称量有关。例如"秤不离砣"就引喻事物有连带关系。也形容两人关系亲密,经常不离开。

"秤"用作量词时,指古代重量单位,十五斤为一秤。

"秤"用作动词时,读作 chēng,指称量。例如"秤量"。也延伸指权衡。

稿

稿　槀　稿

小篆　　楷书（繁体）　楷书

【原文】

无。

【按语】

"稿"是会意兼形声字。小篆从禾从高会意,高兼表声。隶变以后楷书写成"槀",俗作"稿"。现在规范化,以"稿"为正体。

"稿"的原义是谷类植物未经处理的茎秆。例如《资治通鉴》:"今又盛寒,马无稿草。"

"稿"延伸指还需加工的诗文、图案草底。例如"草稿"。现在也指写成的文章或者画成的画图等。如"投稿"。

"稿"也延伸指样子、模样。如汤显祖《牡丹亭》:"再消详邈入其中妙,则女孩家怕漏泄风情稿。"意为想把梦中的青年画在上面,又只怕泄漏了秘密。

穑

穑　穡　穑

【原文】

无。

【按语】

"穑"是会意兼形声字。小篆从禾从嗇(仓库)会意,嗇兼表声。隶变以后楷书写成"穡"。汉字简化后写成"穑"。

"穑"的原义为成熟可收割的庄稼。延伸泛指耕种、农事。例如《尚书·盘庚上》:"若农服田力穑,乃亦有秋。"意思是说如果农民尽力耕作,就会有丰收的秋季。

"穑"又特指谷类植物的穗。如宋应星《天工开物》:"凡苗吐穑之后,暮夜'鬼火'游烧,此六灾也。"

"穑"还表示相互勾连。如刘向《管子·度地》:"树以荆棘,上相穑著者,所以为固也。"

稳

穩　穩　稳

【原文】

无。

【按语】

　　"稳"是形声兼会意字。小篆从禾,悥声,悥兼表筑捣之意。隶变以后楷书写成"穩"。汉字简化后写成"稳"。

　　"稳"的原义为捣谷时扬弃秕糠留下的一堆谷实。由此延伸指安定、不晃动。例如"任凭风浪起,稳坐钓鱼船"。

　　"稳"延伸指妥帖、妥当。如杜甫《长吟》:"赋诗歌句稳。"也延伸指可靠、有把握。例如"稳操胜券"。也延伸指(情绪、时局等)安定无波。如陈师道《示三子》:"忽忽心未稳"。

　　"稳"还延伸指沉着,不鲁莽、轻浮。如杜甫《韦讽录事宅观曹将军画马图》:"顾视清高气深稳。"

　　"稳"作动词,指使稳定、安定。例如"稳住阵脚"。

　　"稳"也延伸指人体匀称、适度。如杜甫《丽人行》:"珠压腰衱稳称身。"

矢 部

甲骨文　　金文　　小篆　　楷书

【原文】

　　矢,弓弩矢也。从入,像镝栝羽之形。古者夷牟初作矢。凡矢之属皆从矢。

【译文】

　　矢,弓弩用的箭。从入,像箭头、箭末扣弦处、箭羽的样子。古时候,名叫夷牟的人最早制作箭。凡是矢的部属全部从矢。

【按语】

　　"矢"是象形字。甲骨文、金文就似箭的样子。小篆线条化,形象已经变得抽象。隶变以后楷书写成"矢"

　　"矢"的原义是箭。延伸指直。"矢口否认"是说不含糊地一口否认。

　　在古代,"矢"通"誓"。古代军队出师之前,将士们常以手持箭在神灵的面前起誓,以此祈求神灵保佑他们获取战争的胜利。

雉

雉

| 甲骨文 | 小篆 | 楷书 |

【原文】

雉,有十四种。从隹,矢声。

【译文】

雉,有十四种。从隹,矢声。

【按语】

"雉"是会意兼形声字。甲骨文从隹
(鸟),从矢,会用箭射取野鸡之意,矢兼表
声。小篆整齐化。隶变以后楷书写成
"雉"。

"雉"的原义为雉科部分鸟的通称,形
状似鸡,种类很多。

在古代,"雉"还借为计算城墙面积的
单位,长三丈、高一丈为一雉。

矫

矫 矫 矫

| 小篆 | 楷书(繁体) | 楷书 |

【原文】

矫,揉箭箝也。从矢,乔声。

【译文】

矫,把箭揉直的箝子。从矢,乔声。

【按语】

"矫"是形声字。小篆从矢(表示与箭有关),乔声。隶变以后楷书写成"矯"。汉字简化后写成"矫"。

"矫"的原义为使箭竿变直的钳子。泛指使弯曲的物体变直。进而延伸指纠正、匡正。例如"矫正"。

由矫正延伸指假托、诈称。例如"矫命"。

矫正往往要用强力,故也延伸指强壮、勇武。例如"矫捷"。

"矫"还表示拂逆、违背。例如"矫情干誉",指故意违背常情以求得美誉。

短

短　短

小篆　　　楷书

【原文】

短,有所长短,以矢为正。从矢,豆声。

【译文】

短,有所测量,用箭作标准。从矢,豆声。

【按语】

"短"是会意字。小篆从矢,从豆;古人度量长短常以矢为尺度,高脚食器"豆"又短于矢,以此会不长之意。隶变以后楷书写成"短"。

"短"的原义为两点之间的距离小。例如"短刀"。延伸指时间不长。例如"短期"。

"短"也延伸指不足、缺少、欠。如杜甫《春望》:"白首搔更短。"进而延伸指缺点、过失。如"护短"。

"短"还延伸指不擅长。如徐珂《清稗类钞·战事类》:"西人长火器而短技击。"

矩

砆 橾 矩

甲骨文　　小篆　　楷书

【原文】

无。

【按语】

"矩"是会意字。金文似一成年人一手持筑杵之形,表示用力夯筑。隶变以尔后楷书分别写成"巨"和"榘","榘"或者省作家"矩"。汉字简化后只保留了"巨"和"矩",二字表意有分工,"榘"废而不用。

"矩"的原义为一成年人一手持筑杵用力夯筑。建筑有一定的法规,故延伸指法规、规则。如颜之推《颜氏家训·序致》:"规行矩步,安辞定色。"墙要先用木板围成长方形,故又延伸表示画直角或者方形的工具。例如《荀子·赋》:"圆者中规,方者中矩。"

"矩"也延伸表示方形。在几何中特指长方形。例如"矩形"。

物理学中表示力和力臂的乘积。例如"力矩"。

衤 部

初

切 剙 衸 初

甲骨文　　金文　　小篆　　楷书

【原文】

初,始也。从刀,从衣。裁衣之始也。

【译文】

初,开始。由刀、由衣会意。裁割衣服的开始。

【按语】

"初"是会意字。甲骨文从刀,从衣,会裁衣开始之意。金文和小篆全部是由甲骨文演变而来。隶变以后楷书写成"初"。

"初"的原义为裁衣之始。泛指开始、第一个。例如"年初"。

又指开始的一段时间。例如"初生"。也延伸指最低的等级。例如"初级读本"。

"初"用作副词时,表示往昔、当初。例如《左传·隐公元年》:"初,郑武公娶于申。"意思是,当初,郑武公从申国娶来妻子。又表示时间、频率,等同于"才""刚刚"。如李渔《芙蕖》:"用叶者取叶初长足时。"

袖

袖　褎　袖

小篆　楷书（繁体）　楷书

【原文】

褎,袂也。从衣,釆声。

【译文】

褎,衣袖。从衣,釆声。

【按语】

"袖"是形声兼会意字。小篆从衣,由声,由兼表手之所由出入之意。隶变以后楷书写成"褎"。汉字简化后写成"袖"。

"袖"的原义是衣袖。例如《韩非子》:"长袖善舞,多钱善贾。"

"袖"用作动词,表示藏物于袖中。

跟"袖"有关的成语有"袖手旁观""两袖清风"等。其中,"袖手旁观"就是把手笼在袖子里,在一旁观看。引喻置身事外,既不过问,也不协助别人。例如"对有难的朋友袖手旁观是不对的"。

袍

小篆　　楷书

【原文】

袍,襺也。从衣,包声。《论语》曰:'衣弊缊袍。'

【译文】

袍,有夹层、中装丝绵的长衣。从衣,包声。《论语》说:"穿着破烂的旧丝绵袍子。"

【按语】

"袍"是形声字。小篆从衣,包声。隶变以后楷书写成"袍"。

"袍"的原义是有夹层、中间絮有丝绵的长衣。泛指衣服。

"袍"又特指战袍。例如《木兰诗》:"脱我战时袍,着我旧时裳。"

"黄袍",是古代帝王的袍服,被视为帝王的象征。"黄袍"作为帝王专用衣着源于唐朝。

补

补　補　补

小篆　楷书(繁体)　楷书

【原文】

補,完衣也。从衣,甫声。

【译文】

補,把衣服完全補好。从衣,甫声。

【按语】

"补"是形声字。小篆从衣,甫声。隶变以后楷书写成"補"。汉字简化后写成"补"。

"补"的原义为加上材料把破损的衣服缝缀好。例如"补丁"。泛指整修破旧的东西。例如"补牙"。

"补"又指把缺少的东西加上,把不足的部分添上。例如"多退少补"。也指弥补、补救,救济。如"将功补过"。

"补"也延伸指官职有缺位,选员补充。例如"补外"。还延伸指用处、益处。例如"补益"。也延伸指补品,促进身体健康的营养品。

"补"还用作春秋时的地名,在今河南省氾水县境。

裸

裸 嬴 裸

小篆　楷书(繁体)　楷书

【原文】

嬴,袒也。从衣,嬴声。

【译文】

嬴,赤身露体。从衣,嬴声。

【按语】

"裸"是形声兼会意字。小篆从衣,嬴声,嬴(蜗牛)兼表光滑之意。隶变以后楷书写成"嬴"。汉字简化后写成"裸"。

"裸"的原义为赤身裸体,光着身子。例如"裸戏"。也延伸指露出的身体。例如《左传·僖公二十三年》:"及曹,曹共公闻其骈胁。欲观其裸。"后泛指无毛、羽、鳞、甲的动物。如"裸虫",指没有羽、毛、鳞、甲的动物。包括有人类、蚯蚓等。

褂

褂　褂
小篆　楷书

【原文】

无。

【按语】

“褂”是形声字。是明清时期出现的方言字。楷书写成“褂”，从衣，卦声。

“褂”的原义为罩在外面的长衣。例如“大褂”。古代也指有罩甲的短袖戎衣。明武宗正德年间，军人武士中间流行一种“罩甲”，即一种穿在铠甲之外的褂子。清代指加在长袍外的短礼服。现在大都指中式单上衣。例如“穿了一件小白褂儿”。

袄

襖　襖　袄
小篆　楷书（繁体）　楷书

【原文】

无。

【按语】

“袄”是形声字。小篆从衣，奥声。隶变以后楷书写成“襖”。汉字简化后写成“袄”，改为夭声。

“袄”的原义是皮衣。延伸指有衬里的上衣。例如“夹袄”。也延伸指皮衣之类的御寒衣服。例如《红楼梦》第三回：“身上穿着银红撒花半旧大袄。”

词语“黄绵袄子”，引喻冬天的太阳。

褐

小篆　楷书

【原文】

褐,编枲袜。一曰:粗衣。从衣,曷声。

【译文】

褐,编织粗麻而成的袜子。一说:褐是用兽毛或者粗麻织成的衣服。从衣,曷声。

【按语】

"褐"是形声字。小篆从衣,曷声。隶变以后楷书写成"褐"。

"褐"的原义为粗麻编的袜子。泛指粗麻或者粗毛编织成的粗布或者粗布衣服。例如"褐衫"就是指粗布衣。

古代穷人多穿褐衣,故延伸指贫贱的人。例如《老子》第七十章:"知我者希,则我者贵,是以圣人被褐怀玉。""被褐怀玉"即指身穿粗布衣服而怀抱美玉。引喻虽然出身贫寒,但有真才实学。

"褐"也延伸指黑黄色,即茶色。例如"褐煤""褐藻"。

衫

小篆　楷书

【原文】

无。

【按语】

"衫"是形声字。小篆从衣,彡声。隶变以后楷书写成"衫"。

"衫"的原义是短袖的单衣。例如《西洲曲》:"单衫杏子红。"泛指衣服。

"青衫",是唐代品级最低的文官的官服。如白居易《琵琶行》:"座中泣下谁最多,江州司马青衫湿。"意思是,座位上谁流下的眼泪最多?江州司马(白居易)的青衫官服被泪水沾湿了。

袜

袜 韈 韈

小篆　楷书(繁体)　楷书

【原文】

无。

【按语】

"袜"是形声字。小篆从韦,蔑声。隶变以后楷书写成"韈"。汉字简化后写成"袜"。

"袜"的原义是袜子。如曹植《洛神赋》:"凌波微步,罗袜生尘。"其中,"尘"引喻水雾。这句话的意思是,在水波上细步行走,脚下生起蒙蒙水雾。

"袜"用作动词,指穿袜子。如清代魏禧《大铁椎传》:"不冠不袜。"是说不戴帽冠也不穿袜子。

有一个成语叫"鞋弓袜小",意思是鞋子弓弯而袜子小。旧时用来引喻女子的小脚。

衬

衬 襯 衬

小篆　繁体楷书　楷书

【原文】

无。

【按语】

"衬"是形声兼会意字。楷书繁体写成"襯",从衣,親(亲)声,親兼表亲近之意。汉字简化后写成"衬"。

"衬"的原义为外衣内的单衫。例如"衬袍",指元代仪卫服饰名。衬在裲裆甲里面的长衣。延伸指附在衣服鞋帽里的布。例如"袖衬"。也延伸指垫、衬垫。例如"钢衬"。

"衬"用作动词,指施舍、布施。例如"衬钱",指做佛事时施舍给和尚的钱。又指搭配上别的东西。例如"衬托"。还指相帮。例如"帮衬"。

裕

金文　　小篆　　楷书

【原文】

裕,衣物饶也。从衣,谷声。《易》曰:'有(罔)孚,裕无咎。'

【译文】

裕,衣物富余。从衣,谷声。《易经》说:"没有见信于人,暂且宽裕待时,就没有祸害。"

【按语】

"裕"是形声兼会意字。金文从衣,谷声,谷(山谷)兼表容纳多之意。小篆整齐化。隶变后楷书写成"裕"。

"裕"的原义是富饶、富足。例如"富裕"。也延伸成宽宏。如贾谊《新书·道术》:"包众容物谓之裕。"意思是能包含众多的东西就叫作宽宏。大度之人行事从容,所以"裕"还表示从容。如成语"措置裕如"就是形容处理事情从容不迫。

被

被 被

小篆　　楷书

【原文】

被,寝衣,长一身有半。从衣,皮声。

【译文】

被,被子,长度为身体的一又二分之一。从衣,皮声。

【按语】

"被"是会意兼形声字。小篆从衣从皮会意,皮兼表声。隶变以后楷书写成"被"。

"被"原义是睡眠时用以覆体的夹被、被子。

"被"用作动词,指覆盖、遮盖。如阮籍《咏怀》:"凝霜被野草。"由覆盖延伸成蒙受、遭受。例如《战国策·燕策》:"秦王复击轲,被八创。"意思是,秦王又砍击荆轲,荆轲遭受了八处创伤。

裙

帬 帬 裙

小篆　　楷书(繁体)　　楷书

【原文】

帬,下裳也。从巾,君声。

国学经典文库

说文解字

《说文解字》原文释义

图文珍藏版

【译文】

帬,下裳。从巾,君声。

【按语】

"裙"是形声字,小篆从巾,君声。隶变以后楷书写成"帬"。汉字简化后写成"裙"。

"裙"的原义是下裳,即古人穿的下衣。古代男女全部有下裳。例如"布裙荆钗",意思是粗布做的裙,荆条做的钗,常用来形容旧时贫家女子服饰俭朴。

"裙"又指帽缘周围下垂的薄纱细网。例如"裙帽"。

鸟部

鸟

| 甲骨文 | 金文 | 小篆 | 楷书(繁体) | 楷书 |

【原文】

鳥,长尾禽总名也。象形。鳥之足似匕,从匕。凡鳥之属皆从鳥。

【译文】

鳥,长尾飞禽的总名。象形。鳥的脚似"匕"字之形,从匕。凡是鸟的部属全部从鳥。

【按语】

"鸟"是象形字。甲骨文似一只侧立的鸟的形状。金文似一只羽毛丰满的鸟正在向天高歌。小篆与金文相似,线条愈加整齐均匀。隶变以后楷书写成"鳥"。汉字简化后写成"鸟"。

在古代,描述禽类的字大概有两个:一个是"鸟",一个是"隹"。"鸟"是"长尾禽总名",即长尾巴的禽类的总名;"隹"则是"短尾禽总名",即短尾巴的禽类的总名。现在,"鸟"已经作为飞禽的总称,不再按尾巴长短划分。

鸟在高空中自由地飞翔时,能俯视地面上的一切,故延伸成从高处俯视地面的景物。例如"鸟瞰"。也延伸成狭窄陡峻的山间小道。例如"鸟道"。

鸡

甲骨文　　金文　　小篆　　楷书（繁体）　楷书

【原文】

雞,知时畜也。从隹,奚声。

【译文】

雞,知道时辰的家畜。从隹,奚声。

【按语】

"鸡"是象形字。甲骨文、金文全部似一只公鸡的形象。小篆变成了从隹（鸟）、奚声的形声字。隶变以后楷书写成"雞"。汉字简化后写成"鸡"。

"鸡"的原义是一种家禽。大都指普通家鸡。如孟浩然《过故人庄》:"故人具鸡黍,邀我至田家。"

鸩

小篆　　楷书（繁体）　楷书

【原文】

无。

【按语】

"鸩"是形声字。小篆从,尤声。隶变以后楷书写成"鴆"。汉字简化后写成"鸩"。

"鸩"的原义为传说中的一种毒鸟。延伸指用鸩的羽毛泡的毒酒,即"鸩毒"。例如"饮鸩止渴"。是说喝毒酒来解渴,引喻用错误的方法解决眼前困难而不顾后果。

"鸩"用作动词,指用毒酒害人。例如"鸩杀"。

鸢

金文　　　小篆　　楷书(繁体)　楷书

【原文】

无。

【按语】

"鸢"是会意兼形声字。从鸟,从弋,会鸟飞之意,弋兼表声。楷书繁体写成"鳶"。汉字简化后写成"鸢"。

"鸢"是一种小型的鹰,以善于在天上做优美持久的翱翔著称。尔后鸢被用于军事通信。

"纸鸢",特指风筝。

鸦

𪅛　　　鴉　　　鸦

小篆　　楷书(繁体)　楷书

【原文】

无。

【按语】

"鸦"是形声字。繁体楷书写成"鴉",从鸟,牙声。汉字简化后写成"鸦"。

"鸦"的原义为乌鸦。例如"鸦雀无声"。延伸引喻色黑如鸦。例如"鸦青",指鸦羽的颜色,即黑而带有紫绿光的颜色。

"涂鸦"引喻书法拙劣或者胡写乱画,常用作谦辞。

鹰

鷹　鷹　鹰

小篆　　楷书（繁体）楷书

【原文】

无。

【按语】

"鹰"是后起字，为会意兼形声字。楷书繁体写成"鷹"，从鸟从雁会意，雁兼表声。汉字简化后写成"鹰"。

"鹰"的原义为鹰科部分猛禽的统称。如白居易《放鹰》："鹰翅疾如风，鹰爪利如锥。"

鹰可以在人打猎时帮助追捕禽兽，故延伸引喻爪牙、帮凶。例如"鹰犬"，引喻爪牙、帮凶。又形容凶狠、贪戾。例如《三国演义》中说司马懿"鹰视狼顾"，这是引喻目光锐利，为人狠戾。

鸣

 　　　　　鳴　鸣

甲骨文　金文　小篆　楷书（繁体）楷书

【原文】

鳴，鸟声也。从鸟，从口。

【译文】

鳴，鸟的叫声。由鸟、由口会意。

【按语】

"鸣"是会意字。甲骨文右边是一只正在鸣叫的鸟，左边从口，会鸟叫之意。金文变化较大。小篆从鸟，从口。隶变以后楷书写成"鳴"。汉字简化后写成"鸣"。

"鸣"的原义是鸟叫。泛指发声。例如"鸣石"，指撞击会发出声响的石头。

"鸣"也延伸成闻名、著称。例如"以文鸣江东"。

成语"一鸣惊人"，意思是一声鸣叫就使人震惊。引喻平时没有突出的表现，一下子就做出了惊人的成绩。

石 部

石

石　石　石　石

甲骨文　金文　小篆　楷书

【原文】

石，山石也。在厂之下；口，象形。凡石之属皆从石。

【译文】

石，山上的石头。在"厂"之下；口，似石头的形状。凡是石的部属全部从石。

【按语】

"石"是象形字。甲骨文左边似岩角，右下角的"口"形表示石块。金文中，岩角之形省为"厂"。小篆同于金文。隶变以后楷书写成"石"。

"石"的原义就是石头。引喻坚固、坚硬。例如"石心"，指坚定的心志。也延伸成碑石。

"石"还可以作重量单位，一百二十市斤为一石，此时应读 dàn。

斫

甲骨文　小篆　楷书

【原文】

无。

【按语】

"斫"是会意字。甲骨文从石,从斤(斧),会以斧砍击石头之意。小篆从甲骨文演化而来。隶变以后楷书写成"斫"。

"斫"的原义为砍击、敲击。泛指用刀、斧等砍、削。例如"斫柴",指砍柴。也延伸指攻打。例如《三国志·吴书·甘宁传》:"受敕(chì)出斫敌前营。"就是奉命出击攻打敌人的前营。

磬

甲骨文　小篆　楷书

【原文】

磬,乐石也。从石、殸。象县虡之形。殳,击之也。古者毋句氏作磬。

【译文】

磬,可奏打击乐的石器。由石、殸会意。(殸)似悬挂石磬的架子的样子。殳,表示用器具敲击石磬。古时候毋句氏制作了石磬。

【按语】

"磬"是会意字。甲骨文从殳(手持槌),从声(上是悬绳,下是悬磬)。小篆继承甲骨文,并另加义符"石"。隶变以后楷书写成"磬"。

"磬"是我国古代的一种乐器,用美石或者玉雕成。例如《荀子·乐论》:"磬似水。"意思是磬声如流水。

碴

礛　碴

小篆　　楷书

【原文】

无。

【按语】

"碴"是后起字,为形声字。楷书写成"碴",从石,查声。

"碴"读作 chā,原义为剃后残余或者复生的短毛发。例如"胡子拉碴",即满脸胡子的样子。

"碴"还读作 chá,指小碎块。例如"冰碴"。

"碴"特指器物破口上的残缺部分。如老舍《骆驼祥子》:"崭新黑漆的车,把头折了一段,秃碴碴的露着两块白木碴儿,非常的不调和,难看。"

"碴"用作动词,指皮肤被碎玻璃、瓷片等划破。例如"别让碎玻璃碴了手"。

碌

碌　碌

小篆　　楷书

【原文】

无。

【按语】

"碌"是形声字。小篆从石,录声。隶变以后楷书写成"碌"。

"碌"读作 lù,原义为石头多的样子。石头大都很普通,所以延伸指平凡、无所作为。如"碌碌无为"。

平庸之人多劳繁,故延伸指繁忙。例如"忙碌""劳碌"。

"碌"又特指矿物,即碌石。光泽似金刚石。色翠绿,故也叫石绿,即孔雀石。可制作装饰品,粉末可制作颜料。

碎

碎　碎

小篆　楷书

【原文】

碎,䃺也。从石,卒声。

【译文】

碎,破碎。从石,卒声。

【按语】

"碎"是形声字。小篆从石,卒声。隶变以后楷书写成"碎"。

"碎"的原义是破碎。例如"宁为玉碎,不为瓦全"。

破碎的东西是零散的,所以也延伸成零碎、不完整。如文天祥《过零丁洋》:"山河破碎风飘絮"。

"碎"用作形容词,指琐细、繁杂。如白居易《南湖早春》:"乱点碎红山杏发"。

"碎"还可以表示说话唠叨、絮烦。例如"碎碎叨叨"。

研

研　研

小篆　楷书

【原文】

研,䃺也。从石,开声。

国学经典文库

说文解字

《说文解字》原文释义

图文珍藏版

【译文】

研，磨。从石，开聲。

【按语】

"研"是形声字。小篆从石，开声。隶变以后楷书写成"研"，声符开变为开。

"研"的原义是细磨。例如《齐民要术》："打取杏仁，以汤脱去黄皮，熟研，以水和之，绢滤取汁。"

"研"用于抽象意义，指反复、仔细地分析琢磨、探求。例如"研究""钻研"。跟"研"有关的成语大多取的是它的抽象意义，指研究探讨。

"研"在古代也通"妍"，指妍好。例如"研和"是美好温和，"研艳"是妍丽华美。

磨

靡 磨

小篆 楷书

【原文】

礳，石硙也。从石，靡声。

【译文】

礳，石磨。从石，靡声。

【按语】

"磨"是形声兼会意字。小篆从石，从靡（表细密），会磨制石器之意，靡兼表声。隶变以后楷书写成"磨"。

"磨"的原义是磨制石器。延伸成用磨料磨物体使光滑、锋利或者达到其他目的。如成语"磨刀不误砍柴工"。用于抽象意义时，指研究探讨。例如"琢磨"。也延伸成拖延。例如"磨磨蹭蹭"。

"磨"还可以表示磨灭、泯灭。

碍

礙　礙　碍

小篆　楷书（繁体）　楷书

【原文】

礙，止也。从石，疑声。

【译文】

礙，阻止。从石，疑声。

【按语】

"碍"是形声字。小篆从石，疑声，隶变以后楷书写成"礙"。汉字简化后写成"碍"。

"碍"的原义是阻挡、障碍。如成语"辩才无碍"中的"碍"指滞碍，说话不畅。本是佛教用语，指菩萨为人说法，义理通达，言辞流利。尔后泛指口才好，能辩论。

"碍"也延伸成牵挂。例如"一身无碍"，就是一身没有牵挂的意思。

磊

磊　磊

小篆　楷书

【原文】

磊，众石也。从三石。

【译文】

磊，众多的石头累积在一起。由三个"石"字会意。

【按语】

"磊"是会意字，小篆从三"石"，会众石累积之意。隶变以后楷书写成"磊"。

"磊"的原义是石头多。例如《离骚·山鬼》："石磊磊兮葛蔓蔓"。意思是，石头累累啊葛藤四处缠绕。"磊磊",形容石头很多的样子。

"磊"用于抽象意义,指心地光明坦白。如成语"光明磊落"。

确

小篆　　楷书

【原文】

确,磬石也。从石,角声。

【译文】

确,坚硬的石头。从石,角声。

【按语】

"确"是形声字。小篆从石,角声,隶变以后楷书写成"确"。

"确"的原义为坚硬、坚固。也延伸指土地多石而贫瘠。例如《淮南子·人间训》:"有寝丘者,其地确石而名丑。"

"确"用于抽象意义,指确定、坚定、坚决。也延伸成真实、符合事实。如成语"千真万确""确然不群"。

"确"用作副词时,主要用在"的确"这个词中。

砌

小篆　　楷书

【原文】

砌,阶甃也。从石,切声。

【译文】

砌,台阶。从石,切声。

【按语】

"砌"是形声字,小篆从石,切声。隶变以后楷书写成"砌"。

"砌"的原义是台阶。如李煜《虞美人》:"雕栏玉砌应犹在,只是朱颜改。"此处的"雕栏"指雕绘的栏杆,"玉砌"指玉石装饰的台阶。

"砌"用作动词,指用和好的灰浆把砖石粘结垒起来。例如"砌墙"。

"砌"由此也延伸成拼凑堆叠。例如"堆砌辞藻"就是指把华丽的词语罗列、拼凑在一块儿。

碗

鉴　盌　盌　碗

金文　小篆　楷书　楷书

【原文】

无。

【按语】

"碗"是形声字。金文从金,夗声,表明"碗"是用金属制成的。小篆把义符"金"换成了"皿"。隶变以后楷书写成"盌"。汉字简化后写成"碗"。

"碗"的原义是一种用来盛食品的圆形凹心的器具,在形式上通常接近半球形,大都比盘子深,比茶杯大、重。

"碗"作量词时,用来计量用碗装的饮食。

古书中常见"碗脱"一词,意思是很多人就似脱于同一模型之碗,个个如此。例如《朝野金载》中有"碗脱校书郎"之句,意思是,唐代那些校书郎好似全部是一个模子做的。

础

礎 礎 础

小篆　　楷书（繁体）　　楷书

【原文】

礎,硕也。从石,楚声。

【译文】

礎,石墩。从石,楚声。

【按语】

"础"是形声字。小篆从石,楚声。隶变以后楷书写成"礎"。汉字简化后写成"础"。

"础"的原义是垫在柱下的石墩。例如《淮南子·说林训》:"山云蒸,柱础润。"又例如"月晕而风,础润而雨",意思是,月晕出现,就要刮风;础石湿润,就要下雨。引喻从某些征兆可以推知将会发生的事情。

"础"延伸指事物的起点或者根基。例如"基础教育""础石"。

碧

瑻 碧

小篆　　楷书

【原文】

无。

【按语】

"碧"是会意兼形声字。小篆从石,从珀(琥珀),会似琥珀的玉石之意,珀兼表声。隶变后楷书写成"碧"。

"碧"的原义是青绿色的玉石。例如《山海经·西山经》上说:"高山,其下多青碧。"青碧"就是指青绿色的玉石。绿水和青绿色的玉石颜色相似,所以"碧"延伸指绿水。还指青绿色。

成语"苌弘化碧",讲的是一个叫苌弘的士大夫,一生忠于朝廷,充满了浩然正气。但由于得罪了朝中权贵,蒙冤被害。传说他被杀时,有人收集他的血液藏在家里,三年之后,这些干血块全都化为碧玉。尔后人们就用"苌弘化碧"来形容为正义事业而流血献身。

硕

金文　　小篆　　楷书(繁体)　　楷书

【原文】

硕,头大也。从頁,石声。

【译文】

硕,头大。从頁,石声。

【按语】

"硕"是形声字。金文从頁(头),石声。小篆继承金文并整齐化。隶变以后楷书写成"碩"。汉字简化后写成"硕"。

"硕"的原义为头大。泛指大。如成语"硕大无朋",意思是大得没有可以与之相比的,形容极大。

"硕"延伸指学识渊博。如宋濂《送东阳马生序》:"又患无硕师名人与游,尝趋百里之外从乡之先达执经叩问。"其中的"硕师"即是指大师,学问渊博的人。

碰

小篆　　楷书

【原文】

无。

【按语】

"碰"是形声兼会意字。小篆从手,並声,並兼表相并之意。隶变以后楷书写成"碰"。

"碰"的原义为两物突然相触或者相撞。例如"鸡蛋碰石头"。延伸指用手、脚或者器械触及。如"碰触"。

"碰"又指偶然相遇,正好赶上。例如"碰着",指遇见。由原义延伸指通过接触进行试探。例如"碰运气"。也延伸指触犯。如:"他正在气头上,别去碰他。"

碉

小篆　　楷书

【原文】

无。

【按语】

"碉"是形声字。小篆从石,周声。隶变以后楷书写成"碉"。

"碉"的原义为石屋。如李新《答李丞用其韵》:"顽云垂翼山碉暗,荞麦饶花雪岭开。"

"碉"延伸指碉堡,是用木、铁或者混凝土筑成的军事防御建筑物。

碑

小篆　　楷书

【原文】

碑,竖石也。从石,卑声。

【译文】

碑,竖立的石头。从石,卑声。

【按语】

"碑"是形声字。小篆从石,卑声。隶变以后楷书写成"碑"。

"碑"的原义为竖石。泛指刻有文字、图画,竖起来作为标志或者纪念物的石块,也用以刻文告。秦代称"刻石",汉以后称"碑"。

"魏碑"是北朝碑刻的统称,其特点是笔力、字体强劲,是后世书法的楷模。

龙 部

龙

甲骨文　　金文　　小篆　　楷书（繁体）　　楷书

【原文】

龍,鳞虫之长。能幽,能明;能细,能巨;能短,能长;春分而登天,秋分而潜渊。从肉,飞之形,童省声。凡龍之属皆从龍。

【译文】

龍,有鳞甲的动物的首领。能使天地幽暗,也能使天地光明;能变得细小,也能变得粗大;能变短,也能变长。春分登上天空,秋分潜入深渊。⺼表示肉,⺼似飞的形状,⺼是童省去里为声。凡是龍的部属全部从龍。

【按语】

"龙"是象形字。甲骨文形象地表

现出了龙的形体。金文的龙有角。小篆由金文演变而来,并线条化了。隶变以后楷书写成"龍"。汉字简化后写成"龙"。

"龙"的原义是指古代传说中一种能呼风唤雨的神奇动物,它是中华民族共同崇拜的图腾,象征着慈善、力量、丰收和变化。尔后也象征皇权。例如"真龙天子"。

龙常与虎搭配,用来比拟不凡之人、豪杰之士。例如"龙虎风云",即引喻英雄豪杰际遇得时。

罒 部

罗

甲骨文　　小篆　　楷书(繁体)　　楷书

【原文】

羅,以丝罟鸟也。从网,从维。

【译文】

羅,用丝网缚鸟。由网、由维会意。

【按语】

"罗"是会意字。甲骨文的上部是个"网",网下是一只"鸟",表示鸟被网扣住,有翅难飞。隶变以后楷书写成"羅"。汉字简化后写成"罗"。

"罗"的原义就是用网捕鸟。也指捕鸟的网。例如"天罗地网"。由布下罗网也延伸成排列、分布。例如"星罗棋布"。尔后也延伸成搜罗或者招致。也延伸成囊括。例如"包罗万象"即囊括了所有的现象。

因为罗是丝织的,所以又可以指轻软的丝织品。例如"罗绮",就是指有花纹的丝织品。

　　"罗"又指一种密孔的筛子。例如"面罗"。还指似罗样的螺形或者环状物。例如"罗盘"。

蜀

| 甲骨文 | 金文 | 小篆 | 楷书 |

【原文】

蜀,葵中蚕也。从虫,上目象蜀头形,中象其身蜎蜎。《诗》曰:'蜎蜎者蜀。'

【译文】

蜀,桑木中形状似蚕一样的害虫。由虫会意,上面的"目"似蜀虫的头,中间的ㄅ似它的体形蜎蜎屈曲的样子。《诗经》说:"身躯蜎蜎屈曲的是蜀虫。"

【按语】

　　"蜀"是象形字。甲骨文似蚕蠢蠢蠕动的样子,头部(即"目")显得非常突出,下面是卷曲的身体。金文已经不大似蚕的形象,便另加"虫"以示意。隶变以后楷书写成"蜀"。

　　"蜀"的原义为蚕。泛指蛾、蝶类的幼虫。又用作朝代名:一指三国时期的蜀国,二指五代十国时期的前蜀,三指五代十国时期的后蜀。

　　"蜀"今为四川省的别称。

署

| 小篆 | 楷书 |

【原文】

署,部署,有所网属。从网,者声。

【译文】

署,按部居处,各有联系、分属的地方。从网,者声。

【按语】

"署"是形声字。小篆从网(罒),者声,表示布置网罟以捕鸟。隶变以后楷书写成"署"。

"署"的原义为布置网罟以捕鸟。泛指布置、安排。例如《汉书·项籍传》:"部署豪杰为校尉、侯、司马。"

罹

小篆　　楷书

【原文】

罹,心忧也。

【译文】

罹,(遭受苦难而)心中忧愁。

【按语】

"罹"是会意兼形声字。小篆从心,从罹(鸟被网住),会鸟儿进入罗网,内心百般忧愁之意,罹兼表声。隶变以后楷书写成"罹"。

"罹"的原义为忧愁、苦难之事。如给父母增添忧患叫"遗罹"。

"罹"也延伸指遭受。如常用的"罹难",就是遭受灾难的意思,也延伸指触犯。

在古籍中,"罹"字在"遭遇"的意义上可以被"离"字所替代。

罢

罷　罷　罢

【原文】

罷,遣有罪也。从网、能,言有贤能而入网,而贳(赦免)遣之。

【译文】

罷,放遣有罪的人。由网、能会意,说的是有贤能的人陷入法网,而赦免放遣他。

【按语】

"罷"是会意字。小篆从网,从能(熊类野兽),会以网捉熊之意。隶变以后楷书写成"罷"。汉字简化后写成"罢"。

"罢"的原义为以网捉熊。延伸指疲惫。也延伸指完毕、终了。例如"说罢""曲罢"。

"罢"也延伸指免去、免职、废除。例如"罢免""罢黜"。进而延伸指停止。例如"罢休"。

"罢"还延伸指返回、遣返、遣归。例如"罢出",指退回;"罢散",指遣散。

置

置　置

【原文】

置,赦也。从网、直。

【译文】

置,赦免。由网、直会意。

【按语】

"置"是形声兼会意字。小篆从网（罒，法网），直声，直兼表搁放之意，用放弃刑罚会释放之意。隶变以后楷书写成"置"。

"置"的原义为释放、赦免。例如《三国志·吴书·吴主传》："若罪在难除，必不见置。"

"置"延伸指放弃、废弃。例如《史记·项羽本纪》："沛公乃置车骑，脱身独骑。"

罪

| 金文 | 小篆 | 楷书（繁体） | 楷书 |

【原文】

辠，捕鱼竹网。从网、非。秦以罪为辠字。

【译文】

辠，捕鱼的竹网。由网、非会意。秦始皇用"罪"字替代"辠"字。

【按语】

"罪"是会意兼形声字。金文从辛（刑刀），从自（鼻子），会割鼻的酷刑之意。小篆整齐化。隶变以后楷书写成"辠"。汉字简化后写成"罪"。

"罪"的原义是指捕鱼的竹网。

"罪"借作"辠"，指犯法或者作恶的行为。例如"罪魁祸首"。又指罪人。例如"罪犯"。延伸指过失、错误。也延伸指判定的刑罚。

"罪"用作动词，指惩罚、治罪。例如"罪人不孥"，意思是，治罪止于本人，不累及妻子和子女。也延伸指归罪、谴责。例如"怪罪"。

由惩罚治罪延伸指祸殃。例如"罪孽"。受惩罚是痛苦的，故也延伸指苦难、痛苦。例如"遭罪"。

羁

羈 羂 羈 羁

小篆　楷书（繁体）楷书（繁体）　楷书

【原文】

羂,马络头也。从网,从羂。羈,或从革。

【译文】

羂,马络头。由网、由羂会意。羈,羂的或体,从革。

【按语】

"羁"是会意字。小篆从网,从羂;或者另加义符"革",表示马络头是皮革制成的。隶变以后楷书写成"羂"和"羈"。汉字简化后写成"羁"。

"羁"的原义为马络头。进而延伸指用笼头系住马头。

由络马头延伸成束缚。例如"放荡不羁"。进而延伸指停留。如方苞《狱中杂记》:"不羁晷刻。"是说一点时间也不停留。

"羁"又特指寄居,停留在外不能返乡。例如"羁旅"。

罩

 罩

小篆　　　楷书

【原文】

罩,捕鱼器也。从网,卓声。

【译文】

罩,捕鱼的竹笼。从网,卓声。

【按语】

"罩"是会意兼形声字。小篆从网(罒)从卓(表示网鸟)会意,卓兼表声。隶变以后楷书写作"罩"。

"罩"的原义为捕鱼的竹笼。延伸指捕鸟的竹笼或掩网。又指养家禽的竹笼。例如"鸡罩"。

"罩"泛指似罩的覆盖物。例如"灯罩"。

"罩"还特指套在其他衣服外面的单衣。例如"外罩""罩衣"。

"罩"用作动词,指覆盖,套在外面。例如"罩袖",指套在衣袖外面的套袖。

皿 部

皿

甲骨文　　金文　　小篆　　楷书

【原文】

皿,饭食之用器也。象形。与豆同样。凡皿之属皆从皿。

【译文】

皿,盛饭食的用器。象形。与"豆"字构形同样。凡是皿的部属全部从皿。

【按语】

"皿"是象形字。甲骨文形似古代有底座的盘、盂等饮食用的器皿之形。金文基本上与甲骨文相同。小篆继承甲骨文、金文,并整齐化。隶变以后楷书写成"皿"。

"皿"的原义为碗碟杯盘之类的饮食用器具。如司马光《训俭示康》:"臣家贫,客至无器皿、肴、果,故就酒家觞之。"

盇

小篆　　楷书

【原文】

无。

【按语】

"盔"是后起字，为形声字。楷书写成"盔"，从皿(表示与容器有关)，灰声。

"盔"的原义为钵盂一类的容器。例如"瓦盔""瓷盔"。

由于这种器皿扣着的样子类似先秦将士保护头部的胄，中古也称兜鍪，故近代称之为"头盔"。例如《三国演义》第三十回："三通鼓罢，袁绍金盔金甲，锦袍玉带，立马阵前。"现在也指矿工或者消防人员等用来保护头部的帽子。

盂

| 甲骨文 | 金文 | 小篆 | 楷书 |

【原文】

盂，饭器也。从皿，于声。

【译文】

盂，盛饭的器皿。从皿，于声。

【按语】

"盂"是形声字。甲骨文从皿，于声。金文和小篆全部是从甲骨文演变而来。隶变以后楷书写成"盂"。

"盂"的原义指盛饮食或者其他液体的敞口器皿。泛指食器。

在古代，"盂"还可以用来盛酒。"盂兰盆"，是梵语译音，盂兰是倒悬的意思，盆指供品的盛器。佛法认为供此具可解救已逝去父母、亡亲的倒悬之苦。

盆

金文	小篆	楷书

【原文】

盆,盎也。从皿,分声。

【译文】

盆,盎类器皿。从皿,分声。

【按语】

"盆"是会意兼形声字。金文和小篆皆从皿,从分,会底小口分张而大的器皿之意,分兼表声。隶变以后楷书写成"盆"。

"盆"的原义为盛放东西或者洗涤用的器皿,通常为口大、底小、有帮,比盘深。

"盆"在上古时是一种量器名。一盆大概等同于六斗四升。

益

甲骨文	金文	小篆	楷书

【原文】

益,饶也。从水、皿。皿,益之意也。

【译文】

益,富饶有余。由"水"在"皿"上会意。皿,是水满溢出来的意思。

【按语】

"益"是会意字。甲骨文从皿,"皿"上有很多"水",会水太多而流出盆外之意。金文与甲骨文基本相同。小篆整齐化。隶变以后楷书写成"益"。

"益"的原义为水满溢出、流出,此义后加义符"水"(氵),写成"溢"。

"益"泛指水涨,延伸指增加、增长。例如"益寿延年"。

"益"用作名词,指好处、利益。例如"权益"。

"益"用作副词,指愈加、渐渐。例如"老当益壮"。

监

甲骨文　金文　小篆　楷书（繁体）　楷书

【原文】

監,临下也。从臥,衉省声。

【译文】

監,居上视下。从臥,衉 省声。

【按语】

"监"是会意字。甲骨文会人利用皿中之水照自己的容颜之意。金文更突出照视之意。小篆继承金文并整齐化。隶变以后楷书写成"監"。汉字简化后写成"监"。

"监"的原义为用盆水照视容颜。延伸指镜子。也延伸指借鉴。例如《论语·八佾》:"周监于二代。"意思是,周朝的礼仪制度借鉴夏、商两代而制定的。也延伸指视察、考察。例如《诗经·大雅·皇矣》:"监观四方。"

"监"也延伸指古代负责视察的官府名。

盘

甲骨文　金文　小篆　楷书（繁体）　楷书

【原文】

无。

【按语】

"盘"是形声兼会意字。金文从皿，般声。小篆另加义符"木"。隶变以后楷书写成"盤"。汉字简化后写成"盘"。

"盘"的原义为古代盛水供盥洗用的器皿，大都为圆形或者长方形，大口、平底、浅腹；用青铜制成，盛行于商周时代。泛指扁浅圆形的器皿、盘子。也延伸指形状或者功用似盘子的东西。

"盘"用作动词，指回旋、环绕。如韩愈《雉带箭》："盘马弯弓惜不发。"其中"盘马"指骑着马绕圈跑。进而延伸指徘徊、逗留。例如"盘桓"。

盥

| 甲骨文 | 金文 | 小篆 | 楷书 |

【原文】

盥，澡手也。从臼水临皿。

【译文】

盥，洗手。由表示两手的"臼"承"水"临于"皿"（盘）上会意。

【按语】

"盥"是会意字。甲骨文的字形似一只手伸向器皿中，手上还有水点，会在盆中洗手之意。金文改为双手，但意义不变。小篆直接由金文演化而来，并整齐化。隶变以后楷书写成"盥"。

"盥"的原义为在盘上承水洗手。又特指古代洗手的器皿。如庾信《周安昌公夫人郑氏墓志铭》："承姑奉盥，训子停机。"

"盥"泛指洗、洗涤。如白居易《冷泉亭记》："眼耳之尘，心舌之垢，不待盥涤，见辄除去。"

盟

甲骨文　　金文　　小篆　　楷书

【原文】

无。

【按语】

"盟"是会意兼形声字。甲骨文似在一器皿中盛血之形。金文变成了从皿、明声的形声字。小篆继承甲骨文、金文并整齐化。隶变以后楷书写成"盟"。

"盟"的原义为古代诸侯在神前盟誓缔约。泛指国家、集团之间盟誓缔约。例如"城下之盟",指在敌方兵临城下时被迫签订的屈辱性和约。

"盟"后延伸指个人向天发誓,永不变心。例如"山盟海誓"。也延伸指结拜为朋友。如文天祥《生日》:"交朋说畴昔,惆怅鸡豚盟。"

蛊

甲骨文　　小篆　　楷书（繁体）　　楷书

【原文】

蠱,腹中虫也。《春秋传》曰:'皿虫为蠱。''晦淫之所生也。'枭桀死之鬼亦为蠱。从虫,从皿。皿,物之用也。

【译文】

蛊,腹内中了虫蚀的毒。《春秋左氏传》说:"'皿'上有'虫'是'蛊'字。""这种蛊毒是在夜晚淫乱的时候产生的。"斩首倒悬而死的鬼、分裂肢体而死的鬼,也会变成蛊。由虫、由皿会意。皿,是使用的器物。

【按语】

"蛊"是会意字。甲骨文下部是"皿",皿中有两条虫子。小篆从皿,从蟲。隶变以后楷书写作"蠱"。汉字简化后写成"蛊"。

"蛊"的原义为古籍中说的一种人工培养的毒虫。延伸指害人的邪术。也延伸指诱惑、迷惑。例如"蛊惑"。

盖

鑫　葢　盖

小篆　楷书（繁体）　楷书

【原文】

无。

【按语】

"盖"是会意兼形声字。小篆从艸（艹）从盍（覆）会意,盍兼表声。隶变以后楷书写成"葢"。汉字简化后写成"盖"。

"盖"的原义为用草编成的苫等覆盖物。例如"苫盖",指茅草覆盖物。泛指器物上有遮蔽作用的篷。例如"锅盖"。又特指车船上起遮蔽作用的篷子。延伸指动物背部的甲壳,或者人体中有类似作用的骨骼。例如"乌龟盖儿"。

"盖"用作动词,指用东西从上边蒙覆住、笼罩。延伸指打上印章。例如"盖章"。也延伸指掩饰。例如"欲盖弥彰"。再延伸指胜过、超出。例如"英才盖世"。进而延伸指建造（房子等）。如"盖新房"。

盈

豆　盏　盈　盈

甲骨文　金文　小篆　楷书

【原文】

盈,满器也。从皿、夃。

【译文】

盈,贮满器皿。由皿、夃会意。

【按语】

"盈"是会意字。甲骨文似一个人站在盆中洗浴,盆中水充溢的样子。小篆改成从皿,从夃(奶水充盈)流出,会器皿充满水之意。隶变以后楷书写成"盈"。

"盈"的原义为器皿充满水。泛指充满。例如《左传·庄公十年》:"一鼓作气,再而衰,三而竭。彼竭我盈,故克之。"延伸指圆满、无残缺。又指丰满而匀称好看。如宋玉《神女赋》:"貌丰盈以壮姝兮。"意思是她的体态丰满庄重。

盐

　鹽　盐

小篆　　楷书（繁体）　　楷书

【原文】

鹽,咸也。从卤,监声。古者,宿沙初作煮海盐。凡鹽之属皆从鹽。

【译文】

鹽,具有咸味的调料。从卤,监声。古时候,一个名叫宿沙的人最初制作煮海盐。凡是鹽的部属全部从鹽。

【按语】

"盐"是形声字。小篆从卤,监声。隶变以后楷书写成"鹽"。汉字简化后写成"盐"。

"盐"的原义为食盐。例如《尚书·说命》:"若作和羹,尔惟盐梅。""盐梅",指盐和梅子。盐味咸,梅味酸,均为调味所需。亦喻指国家所需的贤才。

田 部

田

甲骨文　　金文　　小篆　　楷书

【原文】

田,陈也。树谷曰田。象四口;十,阡陌之制也。凡田之属皆从田。

【译文】

田,陈列(得整整齐齐)。种植稻谷的地方叫田。(口)像田四周的界限;十,表示纵横的沟涂。凡是田的部属全部从田。

【按语】

"田"是象形字。甲骨文、金文、小篆、楷书全部似一块方形的大田被纵横的田埂(或者田间小路)分成几块小田。隶变以后楷书写成"田"。

"田"的原义是农田,就是种庄稼的土地。进而延伸指耕种。还可以指狩猎。例如"焚林而田,竭泽而渔",意思是把森林烧了去猎捕野兽,把湖水排干了以获得鱼类。引喻做事情不留余地,只顾眼前利益,不做长远打算。

亩

金文　　小篆　　楷书(繁体)楷书(繁体)　　楷书

【原文】

晦,六尺为步,步百为亩。从田,每声。

【译文】

晦,六尺是一步,百步是一亩。从田,每声。

【按语】

"亩"是形声字。金文从田,每声。小篆继承金文并整齐化。隶变以后楷书写成"畮"和"畂"。汉字简化后写成"亩"。

"亩"的原义为田埂、田垄、田中高处。泛指农田、田野。由田垄也延伸成土地单位量词。例如《孟子·梁惠王上》:"五亩之宅。"

到了现代,"亩"大都就作为市制地积单位。如人们常说的"一亩三分地"。

甸

金文　　小篆　　楷书

【原文】

甸,天子五百里地。从田,包省。

【译文】

甸,天子所属的离王城五百里内的田地。由田、由包省会意。

【按语】

"甸"是会意兼形声字。金文从田,从人,表示人耕治之田,田兼表声。小篆分化出一个从勹(包)从田会意的"甸"字,表示围绕都城的天子之田。隶变以后楷书写成"甸"。

"甸"的原义为围绕王城五百里内的王田。泛指郊外的地方。又泛指田野、放牧的草地。如谢朓《晚登三山还望京邑》:"喧鸟覆春洲,杂英满芳甸。"意思是,喧闹的鸟儿落满了春天的沙洲,各种各样的花开满了田野。

畯

甲骨文　　金文　　小篆　　楷书

【原文】

畯,农夫也。从田,夋声。

【译文】

畯,掌管农事的官。从田,夋声。

【按语】

"畯"是会意兼形声字。甲骨文左为田,右为人,会掌管农耕的官员之意。金文人形稍变。小篆又加了一只脚。隶变以后楷书写成"畯"。

"畯"的原义为古代掌管农耕的官员,也称田大夫、农正、啬夫、田官等。

"田畯"也指神农。例如《周礼·春官·籥章》:"击土鼓,以乐田畯。"意思是,敲起土鼓,让神农高兴。到了后世,"田畯"泛指农民。

番

番　番　番

金文　小篆　楷书

【原文】

无。

【按语】

"番"是象形字。金文上部为兽趾之形,下部为兽脚掌之形,整个"番"就似兽脚着地的脚印之形。小篆与金文相似。隶变以后楷书写成"番。"

"番"的原义是指兽蹄印,也可以指兽蹄,读作 fán。

由兽蹄迈一次留下一个脚印,延伸表示轮流更代,此时读作 fān。例如《北史·贺若弼传》:"请广陵顿兵一万,番代往来。"意思是,请在广陵这个地方驻守一万军队,更替往来。

"番"用作量词,作回、次解。例如"三番五次"。也延伸指倍数。例如"翻番"。

还指种。例如"别有一番滋味在心头"。

"番"还读 pān，用于"番禺"，是广东地名。

畴

【原文】

畴，耕治之田也。从田，象耕屈之形。

【译文】

畴，已经犁耕整治的田地。从田，弓似犁耕的田沟弯弯曲曲的形状。

【按语】

"畴"是象形字。甲骨文似已经耕耙过的田地的纹路之形，表示已经耕作的田。小篆另加义符"田"，以突出田畴之意。隶变以后楷书写成"疇"。汉字简化后写成"畴"。

"畴"的原义为耙过的田地。延伸成分区。如左思《蜀都赋》："瓜畴芋区。"后引喻立界分域。

"畴昔"，意思是从前、过去。例如《左传·宣公二年》："畴昔之羊，子为政。今日我为政。"意思是，昨天分羊肉的事情，你说了算。今天的事情，就该我说了算。

界

小篆　　楷书

【原文】

无。

国学经典文库

说文解字

《说文解字》原文释义

图文珍藏版

【按语】

"界"是会意兼形声字。小篆从田从介(分隔)会意,介兼表声。隶变以后楷书写成"界"。

"界"的原义为不同地域交接的地方。例如"边界"。泛指界限、范围。例如"自然界"。又引申指某一特殊的境域。如佛教术语中有"三界",即欲界、色界、无色界。特指职业、工作或者性质相同的一些社会成员的总体。例如"思想界"。

"界"用作动词,指划分。如孙卓《游天台山赋》:"瀑布飞流以界道。"

畅

昜　暢　畅

小篆　　楷书(繁体)　　楷书

【原文】

无。

【按语】

"畅"是形声兼会意字。楷书繁体写成"暢",从申(闪电),昜声,昜兼表显扬之意。汉字简化后写成"畅"。

"畅"的原义为通达、不停滞。延伸指舒展、表达。如刘昫《旧唐书》:"遂作《体命赋》以畅其情。"也延伸指舒适、痛快。例如《礼记·乐记》:"感条畅之气而灭平和之德,是以君子贱之也。"再延伸指尽情。如王羲之《兰亭集序》:"虽无丝竹管弦之盛,一觞一咏,亦足以畅叙幽情。"

"畅"又指(草木)繁茂、旺盛。《孟子·滕文公上》:"草木畅茂,禽兽繁殖。"

"畅"用作副词,表示程度,等同于"很"。如董解元《董西厢》:"青衫忒离俗,裁得畅可体。"

画

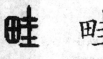

甲骨文　　金文　　　小篆　　楷书（繁体）　楷书

【原文】

畫，界也。象田四界。聿，所以画之。凡畫之属皆从畫。

【译文】

畫，畫分界限。似田和四周的界畫。聿，是用来分界限的器具。凡是畫的部属都从畫。

【按语】

"画"是会意字。甲骨文似人用手执笔在纸上划交叉线条，作图画之形，金文和小篆在下面增加了一个"田"字，表示划分田界的意思。隶变以后楷书写成"畫"。汉字简化后写成"画"。

"画"的原义为绘出图形。例如"画饼充饥"。也指图画。例如"江山如画"。

"画"又指用画装饰的或者以图案等装饰的，例如"雕梁画栋"。还指谋划、策划。

畦

畦　　畦

小篆　　楷书

【原文】

畦，田五十亩曰畦。从田，圭声。

【译文】

畦，田有五十亩叫作畦。从田，圭声。

【按语】

"畦"是形声字。小篆从田，圭声。隶变以后楷书写成"畦"。

"畦"的原义为古代土地面积单位，五十亩为畦。例如《庄子·天地》："有械于此，一日浸百畦，用力甚寡而见功多，夫子不欲乎？"

"畦"延伸指由田埂分隔而成的整齐的小块田地。如王安石《书湖阴先生壁》："茅檐长扫净无苔，花木成畦手自栽。"

"畦"用作动词，指分畦种植。如杜甫《种莴苣》："堂下可以畦，呼童对经始。"

畜

甲骨文　　金文　　小篆　　楷书

【原文】

畜，田畜也。《淮南子》曰：玄田为畜。

【译文】

畜，尽力种田所得的积蓄。《淮南子》说："'玄''田'组成了'畜'字。"

【按语】

"畜"是会意字。甲骨文从田，从糸，表示田里蓄有粮食，家里存有丝织。金文和小篆承续了甲骨文，并整齐化。隶变以后楷书写成"畜"。

"畜"的原义为家中积存有衣食，读作 xù。泛指积储。如班固《汉书·食货志》："薄赋敛，广畜积，以实仓廪。"饲养禽兽也是一种积蓄，故也延伸指饲养。例如"畜牧"。

"畜"读作 chù，指饲养的禽兽。例如《左传·昭公二十三年》："家养谓之畜，野生谓之兽。"

留

雷 雷 雷 留

金文　　小篆　　楷书（繁体）　　楷书

【原文】

无。

【按语】

"留"是会意兼形声字。金文从田，从卯（剖割），会田间收割有遗留之意，卯兼表声。小篆整齐化。隶变以后楷书写成"雷"。异体作"留"。现在规范化，以"留"为正体。

"留"的原义为田间收割有遗漏。泛指传下、不带走。如于谦《石灰吟》："粉身碎骨浑不怕，要留清白在人间。"也延伸指停在或者放在某处不动。例如"留有余地"。再延伸指把注意力集中在某方面。例如"留目"，即注目、注视。

现在又特指在一段时间内到某个国家去学习或者研究，即留学。例如"留洋"。

畏

畏 畏 畏 畏

甲骨文　　金文　　小篆　　楷书

【原文】

畏，恶也。从甶、虎省。鬼头而虎爪，可畏也。

【译文】

畏，（因可怕而）厌恶。由甶、由虎省会意。鬼的头，虎的爪子，真可怕。

【按语】

"畏"是会意字。甲骨文右为鬼，左为棍棒之形，会鬼执棍棒以使人畏之意。金文与甲骨文相似。小篆因讹变而失去原形。隶变以后楷书写成"畏"。

"畏"的原义为恐惧、害怕。例如"不畏强暴"。由此延伸成敬服。例如"后生可畏"。

由害怕也延伸指嫉妒、憎恶。例如《史记·魏公子列传》:"是后魏王畏公子之贤能。"意思是,从这以后,魏王嫉妒魏公子的贤能。

略

小篆　　楷书

【原文】

略,经略土地也。从田,各声。

【译文】

略,划定土地的疆界。从田,各声。

【按语】

"略"是形声字。小篆从田,各声,表示经营土地,划定疆界。隶变以后楷书写成"略"。

"略"的原义为分封土地。

"略"用作名词,指疆界。天子分封之后,会巡视封国,故延伸指巡视、巡行。例如"略地",指巡视边境。

"略"延伸指忽略。例如"不以先进略后生,不以上官卑下吏。"意思是,不因自己是前辈而忽视后学晚辈,不因自己职位高而轻视下层官员。也延伸指省去、省略。如萧统《文选序》:"自非略其秽"。

"略"用作名词,指主题的概要。例如"史略"。又泛指要点、概要、概况。例如

《庄子·大宗师》中许由说:"我为汝言其大略。"意思是,我为你讲它大概的意思。

"略"由要点延伸指谋略。例如"宏才大略"。

"略"用作副词,指大约、大概。例如"略知一二"。也延伸指简略地、稍微。例如"简略"。

畸

畸　畸

【原文】

畸,残田也。从田,奇声。

【译文】

畸,不能种植的零星而不整齐的田。从田,奇声。

【按语】

"畸"是形声字。小篆从田,奇声。隶变以后楷书写成"畸"。

"畸"的原义为不方正、不规则的田。例如"畸余",指未被侵占的残余土地。泛指不规则、不正常。例如"畸形"。

"畸"也延伸指偏离、偏颇。例如"畸重畸轻",意思是偏重偏轻,不合常规。

"畸"还延伸指脱俗的、超群的。例如"畸士",指独行拔俗之人。

"畸"还指单数的、奇数的,与"双""偶"相对。例如"畸日"。

"畸"又可以表示剩余。例如"畸零"。

甘 部

甜

甜　甜

【原文】

甜,美也。从甘,从舌。舌,知甘者。

【译文】

甜,甜美。由甘、由舌会意。舌,是能识别甘甜的器官。

【按语】

"甜"是会意字。小篆从甘,从舌,会舌头品尝甜味之意。隶变以后楷书写成"甜"。

"甜"的原义为似糖或者蜜的味道。如罗隐《蜂》:"采得百花成蜜后,为谁辛苦为谁甜。"

"甜"用作名词,指美好的事物。例如"忆苦思甜"。

"甜"又特指睡得香。如杨万里《夜雨不寐》:"更长酒力短,睡甜诗思苦。"

金(钅)部

针

鍼	箴	鋮	針	针
小篆	楷书（繁体）	楷书（繁体）	楷书（繁体）	楷书

【原文】

箴,缀衣箴也。从竹,咸声。

【译文】

箴,缝织衣服引线用的针。从竹,咸声。

【按语】

"针"是形声字。小篆从竹,咸声,表示针最初是用竹子做的。隶变以后楷书写成"箴";后改为"鍼",从金。汉字简化后写成"针"。

"针"的原义为缝织衣服引线用的一种细长的工具。尔后因为医疗上的用具跟针形似,所以专指医疗器具。例如"针灸"。还延伸成似针一样的东西。例如"松针""金针"。

"针"还能作量词,缝衣服、编织时,针穿布的一下为一针。例如"缝了四针"。

镕

镕　鎔　镕

小篆　楷书（繁体）　楷书

【原文】

镕,冶器法也。从金,容声。

【译文】

镕,冶炼的一种方法。从金,容声。

【按语】

"镕"是形声兼会意字。小篆从金,容声,容兼表容器之意。隶变以后楷书写成"鎔"。汉字简化后写成"镕",异体作"熔"。现在二字表意有分工。

"镕"的原义为铸器的模型。例如《汉书·董仲舒传》:"犹金之在镕,惟冶者之所为。"泛指用火熔化金属。如徐陵《天台山馆徐则法师碑》:"玉粒虽软,金膏未镕。方流道业,济彼昏蒙。"

钱

錢　錢　钱

小篆　楷书（繁体）　楷书

【原文】

錢,铫也。古田器。从金,戋声。

【译文】

錢，锹。古代种田用的农具。从金，戋声。

【按语】

"钱"是会意兼形声字。金文从金从戋会意，戋兼表声。隶变以后楷书写成"錢"。汉字简化后写成"钱"。

"钱"的原义为用以铲土的农具，即铁铲。

古代曾以农具作为交易媒介，其后铸造货币又仿此形，因此"钱"也延伸指货币、钱财。也指似铜钱的东西。例如"榆钱"。

"钱"还能用作量词，一钱为一两的十分之一。

锅

锅 鍋 锅

小篆　楷书（繁体）　楷书

【原文】

无。

【按语】

"锅"是形声字。小篆从鬲，卝声。隶变以后楷书写成"鍋"，从金，咼声。汉字简化后写成"锅"。

"锅"的原义是车钏，即车轴外面的铁圈。后借为"釜"，表示烹煮器。例如"打破砂锅问到底"，引喻追究事情的根底。泛指盛液体加热用的东西。又指形状似锅的东西。例如"烟袋锅"。

"锅"有时还指卫星接收器。

钺

甲骨文　　金文　　小篆　　楷书（繁体）　　楷书

【原文】

铖,车銮声也。从金,戌声。

【译文】

铖,车铃的鸣声。从金,戌声。

【按语】

"铖"是会意兼形声字。甲骨文就似商、周青铜器中类似斧头一样的兵器之形。金文与甲骨文基本相同。隶变以后楷书写成"鉞"。汉字简化后写成"钺"。

"钺"的原义是一种斧类兵器。例如《史记·孙武传》:"约束既布,乃设鈇(fū)钺。"大意是,纪律已经宣布了,便要准备斧钺等兵器。

"钺"还指有节奏的车铃声。例如《诗经·小雅·庭燎》:"銮声钺钺。"意思是诸侯们的车铃声叮当叮当响。"钺"是"哕"的假借字,读作 huì。

铸

甲骨文　　金文　　小篆　　楷书（繁体）　　楷书

【原文】

鑄,销金也。从金,壽声。

【译文】

鑄,销熔金属。从金,壽声。

【按语】

"铸"会意兼形声字。甲骨文字形似两手持一锅熔化了的金属,倒入器皿模子,会铸造器物之意。隶变以后楷书写成"鑄"。汉字简化后写成"铸"。

"铸"的原义为把金属熔化后倒进砂型或者模子里制成器物。例如《史记·武帝纪》："禹收九牧之金,铸九鼎,象九州。"意思是,大禹把九州贡来的铜器铸成九个大鼎,象征九州。又延伸成造成。例如"铸成大错"。

镬

金文	小篆	楷书（繁体）	楷书

【原文】

镬,鬴也。从金,蒦声。

【译文】

镬,没有脚的鼎。从金,蒦声。

【按语】

"镬"是会意兼形声字。金文从金,蒦(获)声。小篆继承金文并整齐化。隶变以后楷书写成"鑊"。汉字简化后写成"镬"。

"镬"的原义为古代无足的大锅,多用来煮肉类食物。尔后常作为烹人的刑具。例如《史记·廉颇蔺相如列传》："臣知欺大王之罪,臣请就汤镬。"意思是,我知道(犯了)欺骗大王的罪过应该被处死,我请求受汤镬之刑。

锄

小篆	楷书（繁体）	楷书

【原文】

无。

【按语】

　　"锄"是会意兼形声字。小篆从金,且声。隶变以后楷书写成"鉏",俗作"锄"。现在规范化,以"锄"为正体。

　　"锄"的原义为锄头。

　　"锄"用作动词,即以锄头整理田地,除草。如李绅《悯农》:"锄禾日当午,汗滴禾下土。"

　　"锄"用作抽象意义,指铲除、消灭。如龚自珍《病梅馆记》:"又不可使天下之民斫直,删密,锄正,以夭梅病梅为业以求钱也。"意思是,又不可以使天下的人砍掉挺直的(枝条),删掉稠密的(枝条),除掉端正的(枝条),来把梅弄成奇形怪状,弄成病态,拿这作为职业来赚钱。

镰

镰　　鎌　　鐮　　镰

小篆　　楷书(繁体)楷书(繁体)　楷书

【原文】

　　无。

【按语】

　　"镰"是形声字。小篆从金,兼声。隶变以后楷书写成"鎌";俗作"鐮",改为廉声。汉字简化后写成"镰"。

　　"镰"的原义为镰刀。又指箭簇的棱角。例如"镰利",引喻议论或者笔锋锐利如镰刀。还指古代的一种医疗器具。

链

鏈　鏈　链

小篆　　楷书（繁体）　　楷书

【原文】

鏈,铜属。从金,連声。

【译文】

鏈,铜一类。从金,連声。

【按语】

"链"是形声兼会意字。小篆从金,連声。隶变以后楷书写成"鏈"。汉字简化后写成"链"。

"链"的原义为铅矿。后延伸指链条。例如"项链"。也延伸指用索环拴住、捆绑或者连接。如"链上他"。

"链"用作量词,是计量海洋上距离的长度单位,十分之一海里为一链,合 185.2米。

"掉链子",本意是指自行车在行驶过程中,链条从传动的链轮上脱落,从而失去了传动能力。延伸指在关键时刻出现失误,以致影响了最终的结果。也引喻人在事情的重要环节上失去应有的状态,或者故弄玄虚而被揭穿,造成失败或者窘迫的结果。

铛

鐺　鐺　铛

小篆　　楷书（繁体）　　楷书

【原文】

鐺,锒铛也。从金,当声。

【译文】

鐺,锒铛,从金,当声。

【按语】

"铛"是形声字。小篆从金,当声。隶变以后楷书写成"鐺"。汉字简化后写成"铛"。

"铛"的原义为温器,似锅,三足,读作 chēng。例如"酒铛""茶铛"。尔后也指烙饼用的平底浅锅。如杜牧《阿房宫赋》:"鼎铛玉石,金块珠砾,弃掷逦迤。"

"铛"还读作 dāng,用在"锒铛"中,指锁系囚人的刑具铁锁链。例如"锒铛入狱"。由链子延伸指女子的耳饰。用作象声词,指打击金属发出的声音。

钟

鐘 鐘 鍾 钟

小篆　楷书（繁体）楷书（繁体）　楷书

【原文】

鐘,乐钟也。秋分之音,物种成。从金,童声。古者垂作钟。

【译文】

鐘,乐器钟。代表秋分时节的音律,至秋而物种成熟。从金,童声。古时候一个叫垂的人制作了钟。

【按语】

"钟"是形声字。小篆有两个来源:一个从金,童声,表示响器;一个从金,重声,表示容器。隶变以后楷书分别写成"鐘"和"鍾"。汉字简化后写成"钟"。

"钟"的原义是指乐器钟。例如"编钟"。延

伸指佛寺悬挂的钟。例如"暮鼓晨钟"。寺院中的大钟有报时作用,所以也延伸成计时的钟表。例如"时钟"。也延伸成时间。例如"五点钟"。

"钟"还指酒器。延伸成酒杯、茶杯。也延伸成古代的量器。例如"书中自有千钟粟"。由贮器进而延伸成聚集。例如"钟情"。

钳

钳　钳　钳

小篆　楷书(繁体)　楷书

【原文】

钳,以铁有所劫束也。从金,甘声。

【译文】

钳,用铁圈束颈脖,有强迫捆绑的对象。从金,甘声。

【按语】

"钳"是形声字。小篆从金,甘声。隶变以后楷书写成"钳"。汉字简化后写成"钳"。

"钳"的原义为金属夹具,是用来束颈的铁圈,古刑具之一。后延伸指夹持东西的用具,即钳子。例如"夹管钳"。延伸指用钳子夹持。例如"钳网",即用钳子夹住物体。也延伸指以势力胁迫人就范。另外,螃蟹有一对强壮的螯,形状似钳子,人们习惯上称螃蟹这一对螯为"钳子"。

"钳"用于抽象意义,指钳制、缄禁。例如"钳口"。

锤

锤　锤　锤

小篆　楷书(繁体)　楷书

【原文】

錘,八铢也。从金,垂声。

【译文】

錘,八铢。从金,垂声。

【按语】

"錘"是形声兼会意字。小篆从金,垂声,垂兼表下垂之意。隶变以后楷书写成"錘"。汉字简化后写成"锤"。

"錘"的原义为古代重量单位,八铢为一锤。又指古代一种兵器,柄上有一个金属圆球。

现代意义上的"锤"是指敲打物体使其移动或者变形的工具。

"锤"用作动词,指打、击。例如"千锤百炼"。

锁

鎖　　鎖　　锁

小篆　　楷书(繁体)　　楷书

【原文】

鎖,铁锁,门键也。从金,肖声。

【译文】

鎖,铁锁,门锁。从金,肖声。

【按语】

"锁"是形声字。小篆形体从金,肖声。隶变以后楷书写成"鎖"。汉字简化后写成"锁"。

"锁"的原义为可启闭的器物。延伸指用铁环互相勾连而成的链子。也延伸指一种用铁环勾连而成的刑具。进而延伸指束缚。例如"名缰利锁",引喻名利束缚人就似缰绳和锁链一样。

"锁"用作动词,表示加锁,用锁锁住。也延伸指封闭、幽闭。如刘禹锡《城东闲游》:"空锁一园春。"进而延伸指紧皱。如冯维敏《一世不服老》:"闲看世态眉常锁。"

铁

鐵 鐵 铁

小篆　　楷书（繁体）　　楷书

【原文】

无。

【按语】

"铁"是形声字。小篆从金，载声。隶变以后楷书写成"鐵"。汉字简化后写成"铁"，改为失声。

"铁"的原义为金属铁。例如"打铁"。延伸指铁制的农具、武器等。例如"手无寸铁"。又引申指似铁的颜色。例如"脸色铁青"。

"铁"还引喻坚硬、坚强。例如"铁饭碗"。进而延伸指确定不移。例如"铁证如山"。

铅

鉛 鉛 铅

小篆　　楷书（繁体）　　楷书

【原文】

鉛，青金也。从金，公声。

【译文】

鉛,青色的金属。从金,㕣声。

【按语】

｜"铅"是形声字。小篆从金,㕣声。隶变以后楷书写成"鉛"。汉字简化后写成"铅"。

"铅"的原义即为金属铅。如李白《古风五十九首》:"药物秘海岳,采铅青溪滨。"

"铅"古代指铅粉,系铅白与香料等汇制而成的用以搽脸的化妆品。例如"铅白",即铅粉。

"铅"还指用以点校书文或者绘画的颜料。例如"握铅抱椠",铅,铅粉;椠,木简,皆为书写用具。指勤于写成、校勘。今又指用墨铅(石墨)或者加入带颜料的粘土做的笔芯。例如"铅笔"。

铭

铭　　銘　　铭

小篆　　楷书(繁体)　　楷书

【原文】

无。

【按语】

"铭"是形声兼会意字。小篆从金,名声,名兼表题记之意。隶变以后楷书写成"銘"。汉字简化后写成"铭"。

"铭"的原义为在器物、碑碣上雕刻文字。例如"铭功",指在金石上刻文字来记下功勋。由此发展成一种警诫自己、称述功德的文体。例如"座右铭""墓志铭"。

"铭"作动词,指记载、刻镂。例如"刻骨铭心"。

镇

镈　鎭　镇

小篆　　楷书（繁体）　　楷书

【原文】

鎭，博压也。从金，眞声。

【译文】

鎭，广泛地镇压，从金，眞声。

【按语】

"镇"是形声字。小篆从金，眞声。隶变以后楷书写成"鎭"。汉字简化后写成"镇"。

"镇"的原义为对物体施加压力。延伸指抑制、压制、震慑。例如"止咳镇痛"。也延伸指安定、安抚。例如"镇心安神"。还延伸指用武力镇守、驻守，使稳定顺服。例如"镇守边关"。

由覆压延伸指把食物或者饮料放在冰、冷水或者冰箱里使变凉。例如"冰镇西瓜"。

"镇"又指集镇、市镇。例如"景德镇"。

键

鐽　鍵　键

小篆　　楷书（繁体）　　楷书

【原文】

键,铉也。一曰:车辖。从金,建声。

【译文】

键,贯通鼎耳的横杠。另一义说:键是安在车轴末端以固定车轮的铁棍。从金,建声。

【按语】

"键"是形声字。小篆从金,建声。隶变以后楷书写成"鍵"。汉字简化后写成"键"。

"键"的原义为古代鼎上贯通两耳的横杠。延伸指竖闩,是竖插在门闩上管住门开闭的销子。例如《说苑·谈丛》:"五寸之键,制开阖之门。""关""键"连用,引喻事物中最紧要的部分、起决定性的因素。

"键"也延伸指钥匙。例如《方言五》:"户钥,自关而东,陈楚之间谓之键。"

"键"特指一种机械零件。例如"琴键""键盘"等。

锋

鏠　鏠　鋒　锋

小篆　楷书（繁体）楷书（繁体）　楷书

【原文】

鏠,兵耑也。从金,逢声。

【译文】

鏠,兵器的尖端。从金,逢声。

【按语】

"锋"是形声字。小篆从金,逢声。隶变以后楷书写成"鏠",俗省作"鋒"。汉字简化后写作"锋"。

"锋"的原义为刀、剑等兵器的尖端锐利部分。例如"锋芒毕露"。借指刀、剑等有刃的兵器。例如"锋矢"指刀和箭。

"锋"泛指器物尖锐犀利的部分。由此延伸指队伍的前列。例如"先锋"。也延伸引喻气势或者尖锐的情势。例如"词锋"指犀利的文笔或者口才。

"锋"还特指气象上的锋面,即大气中冷、暖气团之间的交界面。例如"冷锋"。

"锋"通"蜂",是一种昆虫名,又可以引喻众多。例如《汉书·谷永传》:"灾异锋起。"

镜

镜　镜　镜

小篆　　楷书（繁体）　　楷书

【原文】

镜,景也。从金,竟声。

【译文】

镜,可照见形影。从金,竟声。

【按语】

"镜"是形声字。小篆从金,竟声。隶变以后楷书写成"鏡"。汉字简化后写成"镜"。

"镜"的原义为镜子,是一种用来映照形象的器具。古代多用铜磨制,近代制镜改用平面玻璃,背面镀水银,现在则多镀极薄铝片。延伸泛指照、照耀。如李商隐《无题》:"晓镜但愁云鬓改,夜吟应觉月光寒。"

镜子可照形,故又可以延伸指明净。如杜牧《长安秋望》诗:"镜天无一毫。"所谓的"镜天"就是明净的天空。

锻

锻　锻　锻

小篆　　楷书（繁体）　　楷书

【原文】

锻,小冶也。从金,段声。

【译文】

锻,打铁。从金,段声。

【按语】

"锻"是会意兼形声字。小篆从金从段会意,段兼表声。隶变以后楷书写成"鍛"。汉字简化后写成"锻"。

"锻"的原义为把金属加热后锤打。例如"锻炼"。泛指锤击。例如《庄子·列御寇》:"其父谓其子曰:'取石来锻之。'"还指文句的加工。如皮日休《刘枣强碑》:"百锻为字。"

"锻炼",引喻通过体育运动增强身体素质,或者通过各种社会实践增强才干。

锦

錦　錦　锦

小篆　　楷书(繁体)　　楷书

【原文】

錦,襄邑织文。从帛,金声。

【译文】

錦,用五彩色织出各种花纹。从帛,金声。

【按语】

"锦"是形声兼会意字。小篆从帛,金声,金兼表色彩之意。隶变以后楷书写成"錦"。汉字简化后写成"锦"。

"锦"的原义为织有彩色花纹图案的丝织品。例如"锦旗"。泛指鲜艳华美的。例如"锦文"指鲜明华丽的花纹。

"锦"也特指锦袍。例如"锦襦衣"指华美的袈裟。又特指锦标、奖赏。

错

錯　錯　错

小篆　　楷书〔繁体〕　　楷书

【原文】

錯，金涂也。从金，昔声。

【译文】

錯，用金涂饰。从金，昔声。

【按语】

"错"是形声字。小篆从金，昔声。隶变以后楷书写成"錯"。汉字简化后写成"错"。

"错"的原义是用金涂饰、镶嵌。例如"错金""错银"。延伸指交叉。例如"错落有致"。也延伸指不相合，互相避让、岔开。例如"错开"。

"错"又指误差、不正确。例如"走错了方向"。

"错"用作名词，指错误、过失。例如"将错就错""知错就改"。

销

銷　銷　销

小篆　　楷书〔繁体〕　　楷书

【原文】

銷，铄金也。从金，肖声。

【译文】

銷，熔化金属。从金，肖声。

【按语】

"销"是形声字。从金,肖声。隶变以后楷书写成"銷"。汉字简化后写成"销"。

"销"的原义为熔化金属,也指熔化他物。例如"销钱",指熔化钱币。延伸指融化、消融。如韩愈《苦寒》:"雪霜顿销释。"也延伸指耗尽、毁灭。进而延伸指花去、消费。例如"花销"。

"销"也表示使清失,消除、消散。例如"积毁销骨"。也延伸指使不存在、注销。例如"报销"。进而延伸指卖、出售。例如"畅销"。

铺

铺　鋪　铺

小篆　楷书（繁体）　楷书

【原文】

鋪,箸门铺首也。从金,甫声。

【译文】

鋪,附着在门扇上衔著门环的金属螺形兽面。从金,甫声。

【按语】

"铺"是形声兼会意字。小篆从金,甫声,甫兼表展布之意。隶变以后楷书写成"鋪"。汉字简化后写成铺。

"铺"的原义为衔门环的底座,读作pū。用作动词,表示把东西展开或者摊平。例如"铺张扬厉"。也延伸指摆设、安排。例如"铺陈"。特指展开来详细地叙述。例如"铺叙"。

"铺"又读作pù,用作名词,指用板子搭的床。例如"打地铺"。也延伸指店、商店。例如"店铺"。

银

银　銀　银

小篆　　楷书（繁体）　　楷书

【原文】

銀，白金也。从金，艮声。

【译文】

銀，白色的金属。从金，艮声。

【按语】

"银"是形声字。小篆从金，艮声。隶变以后楷书写成"銀"。汉字简化后写成"银"。

"银"的原义为一种白色金属元素，通称"银子"。例如"白银"。后延伸指银质的货币或者与货币有关的。例如"银库"。

"银"又指银制的器物。例如"银盘"。进而延伸指色白如银。例如"银蟾"指月亮。

钻

鑽　鑽　鉆　钻

小篆　　楷书（繁体）楷书（繁体）　　楷书

【原文】

鑽，所以穿也。从金，赞声。

【译文】

鑽，用来穿透物体的金属工具，从金，赞声。

【按语】

"钻"是形声字。小篆从金，赞声。隶变以后楷书写成"鑽"。后借用"钻"来表示，从金，占声。汉字简化后写成"钻"。

"钻"借用作"鑽"的简化字时，读作 zuàn，指一种打眼穿孔的工具。例如"电钻"。

"钻"也特指钻石。

"钻"又读作 zuān，用作动词，指打眼穿孔，即用尖利的物体在另一物体上转动穿孔。例如"钻木取火"。由打眼穿孔延伸指进入、穿过。也延伸指深入探究、研究。例如"钻研"。进而延伸出为谋取利益而设法找门路的意思。例如"钻营"。

钉

口 　 口 　 釘 　 釘 　 钉

甲骨文　　金文　　　小篆　　楷书（繁体）　楷书

【原文】

釘，炼饼黄金。从金，丁声。

【译文】

釘，冶炼而成的饼块黄金。从金，丁声。

【按语】

"钉"是会意兼形声字。甲骨文、金文似钉子的俯视和侧视之形。小篆改为从金从丁会意，丁兼表声。隶变以后楷书写成"釘"。汉字简化后写成"钉"。

"钉"读作 dīng，原义为冶炼而成的黄金饼，但此义今已不用。

"钉"借作"丁"，指钉子。例如"斩钉截铁"。

"钉"延伸指紧跟不放、监视。例如"侦探最近一直在钉梢"。此义后写成"盯"。

"钉"读作 dìng，用作动词，指用钉子或者楔子把物体固定或者连接起来。例如

"板上钉钉"。由连结、固定延伸指缝缀。例如"钉扣子"。

锭

锭 锭 锭

小篆　　楷书（繁体）　　楷书

【原文】

锭，镫也。从金，定声。

【译文】

锭，有足的蒸器。从金，定声。

【按语】

"锭"是形声兼会意字。小篆从金，定声，定兼表稳定之意。隶变以后楷书写成"锭"。汉字简化后写成"锭"。

"锭"的原义是古代盛熟食而有足的蒸器。又指膏灯。过去又用作货币的金银块，每块重五两、十两、五十两不等。例如"金锭"。

"锭"用作量词，指计量金、银、墨等物的单位。例如《旧五代史》："又令破其匮，内有金银数百锭。"

"锭子"，指纺纱机上的机件，用来把纤维纺成纱，然后绕在筒管上。

锐

锐 锐 锐

小篆　　楷书（繁体）　　楷书

【原文】

锐，芒也。从金，兑声。

【译文】

锐，草尖。从金，兑声。

【按语】

"锐"是形声字。小篆从金,兑声。隶变以后楷书写成"鋭"。汉字简化后写成"锐"。

"锐"的原义为禾芒,是禾籽外壳上尖而锋利的毛。泛指尖而锋利。延伸指力量,勇往直前的气势。例如"养精蓄锐"。

"锐"也延伸指精明,灵敏。如嵇康《卜疑》:"锐思为精。""锐思"即敏锐的思想。

钥

小篆　楷书（繁体）　楷书

【原文】

无。

【按语】

"钥"是形声字。小篆从門,龠声。隶变以后楷书写成"鑰",异体作"鑰"。后借"钺"的异体"钥"(从金,月声)来表示。现在规范化,以"钥"为正体。

"钥"的原义为竖直的门闩,是一根上穿横闩下插地上的直木,读作 yuè。延伸指锁。又指指开锁的用具,即钥匙。如郑虔《闺情》:"银钥开香阁,金台照夜灯。"

"钥"用作动词,指锁闭。如桓谭《新论》:"嗜欲之萌,耳目可关,而心意可钥。"延伸指入。例如《淮南子·原道训》:"排阊阖,钥天门。"

"钥"口语中读作 yào,"钥匙",指开锁的用具。尔后 yào 渐取代本音 yuè。

锯

小篆　楷书（繁体）　楷书

【原文】

鋸,枪唐也。从金,居声。

【译文】

鋸,(分解木石)响声枪唐(的金属工具)。从金,居声。

【按语】

"鋸"是形声字。小篆从金,居声。隶变以后楷书写成"鋸"。汉字简化后写成"锯"。

"锯"的原义为析解木石等的齿形工具。现在的锯大都用钢片制成,边缘有尖齿。由锯的特点延伸指锯形物。也指古刑具。例如"刀锯"即指古代刑具。亦指刑罚。

"锯"用作动词,指用锯子切割。例如"锯木料"。

目部

目

| 甲骨文 | 金文 | 小篆 | 楷书 |

【原文】

目,人眼。象形。重,童子也。凡目之属皆从目。

【译文】

目,人的眼睛。象形。(眶内的)重划＝,表示瞳仁。凡是目的部属全部从目。

【按语】

"目"是象形字。甲骨文和金文全部似一只眼睛之形,周围是眼眶,两旁是眼角,中间是眼珠。小篆把眼睛竖了起来。隶变以后楷书写成"目"。

"目"的原义为人的眼睛。

"目"作动词,表示观看、注视。例如"一目了然"。

眼睛长在脸上,向内凹陷,因此"目"也延伸成孔眼的意思。例如"举一纲而万目张"。由纲与目之间的这种特殊关系,延伸指细目、条目,即大类下的小类。

着

小篆　　楷书

【原文】

无。

【按语】

"着"是会意字。小篆从竹,从者,会用竹棍拨火使明亮之意。隶变以后楷书写成"箸"。后来为了分化字义,把竹字头改为艸(艹)字头,分化出了"著"。宋代时又分化出"着"。这样就发展为分工明确的三个字。

"着"(zhuó)的原义为附着。进而延伸指穿戴。古代官服根据品级的高低有颜色的不同,唐制四品服深绯,五品服浅绯,故"着绯"指中级官员。也延伸指注重。例如"着力"。还延伸指派遣、打发,例如"着人送信"。进而延伸指受到、进入(某种状态),例如"着(zháo)凉"在现代汉语中读着(zháo)。

进而延伸指着落。例如"吃穿无着"。

"着"又读 zháo,延伸指接触到,例如"上不着天,下不着地"。进而延伸指感受到。例如"着急"。还可以表示燃烧发光,例如"着火"。

"着"尔后虚化为助词,读 zhe,例如"他看着她"。

盾

甲骨文　　金文　　小篆　　楷书

【原文】

盾,瞂也。所以扞身蔽目。象形。凡盾之属皆从盾。

【译文】

盾,盾牌。用来捍卫身体、蔽护头目的东西。象形。凡是盾的部属全部从盾。

【按语】

"盾"是象形字。甲骨文似方块形的盾牌,金文与甲骨文大体相同。小篆在盾形之中又增加了一个"目"。隶变以后楷书写成"盾"。

"盾"的原义是盾牌。进而延伸指盾形物品,例如"金盾""银盾"。

"自相矛盾",引喻一个人说话或者行动前后不统一。

盲

旨　盲

小篆　　楷书

【原文】

盲,目无眸子。从目,亡声。

【译文】

盲,眼睛里没有眼珠。从目,亡声。

【按语】

"盲"是会意兼形声字。小篆从目,从亡(无眼珠),亡兼表声。隶变以后楷书写成"盲"。

"盲"的原义为没有眼珠,眼睛失明。例如"盲人"。引喻对某种事物不了解、不清楚。例如"法盲"。也延伸指糊涂、不明事理。例如"盲从"。

省

甲骨文　　金文　　小篆　　楷书

【原文】

省，视也。从眉省，从屮。

【译文】

省，察视。由眉省去㣊、由屮会意。

【按语】

"省"是会意字。甲骨文上部是个"屮"(草)字，下部是一只大眼睛(横目)，表示用眼睛观察草。金文基本上同于甲骨文。小篆的形体增加了一大撇。隶变以后楷书写成"省"。

"省"的原义是视、察看。例如《史记·秦始皇本纪》："览省远方。"此处的"省"即视察、察看。在这个意义范围内，"省"字应读作 xǐng。

由视察、察看延伸指(对自己的思想行为进行)检查。例如"内省"。也延伸指觉悟、明白。例如"发人深省"。还延伸指探视、问候(尊长)。例如"省亲"。

"省"又读作 shěng，当减少、精简、节约讲。又可以作为为行政区名。

睛

小篆　　楷书

【原文】

无。

【按语】

"睛"是形声字。小篆从目，青声。隶变以后楷书写成"睛"。

"睛"的原义为眼珠。例如"火眼金睛",引喻眼光十分犀利,能够识别真伪。延伸成视力。《灵枢经·邪气藏府病形》:"阳气上走于目而为睛;其别气走于耳为听。"此处的"睛"为视力,"听"为听力。

眉

甲骨文　　金文　　小篆　　楷书

【原文】

眉,目上毛也。从目,象眉之形,上像頟理也。凡眉之属皆从眉。

【译文】

眉,眼上的眉毛。从目,(宀)似眉毛的形状,上面(的久)似额上的纹理。凡是眉的部属全部从眉。

【按语】

"眉"是象形字。甲骨文下部是眼睛(横着的"目")。金文愈加形象:三根眉毛直接长在上眼皮上,眉下是"目"。小篆的形体线条化了。隶变以后楷书写成"眉"。

"眉"的原义为眉毛。例如"蛾眉",蚕蛾触须细长而弯曲,用来引喻女子美丽的眉毛。尔后遂用"蛾眉"来借指女子美丽的容貌,或者用作美女的代称。如白居易《长恨歌》:"宛转蛾眉马前死。"

"眉"泛指在上面的。如书的正文上部叫"书眉"。

看

小篆　　　楷书

【原文】

看,睎也。从手下目。

【译文】

看,望。由"手"下加"目"字会意。

【按语】

"看"是会意字。小篆从手,从目。人们向前看时,习惯把手放在额头上,以遮挡阳光,"看"的字形正是这一姿势的缩影。隶变以后楷书写成"看"。

"看"的原义为远望。最常用的意义就是用眼睛去注视和观赏。

由注视延伸指观察并加以估量、判断。例如"看风使舵"。也延伸指看待、对待。例如"士别三日,刮目相看"。由远望延伸指探望、访问。也延伸指照看、料理和招待。如范成大《田家留客行》:"木白新春雪花白,急炊香饭来看客。"

眨

小篆　　　楷书

【原文】

眨,目动也。从目,乏声。

【译文】

眨,眼睛(一闭一开地)动,从目,乏声。

【按语】

"眨"是形声字。小篆从目,乏声。隶变以后楷书写成"眨"。

"眨"的原义为眼睛很快地一闭一开。例如"眨眼"。也延伸指极短的时间。如鲁迅《呐喊·药》:"一阵脚步声响,一眨眼,已经拥过了一大簇人。"

"杀人不眨眼",意思是杀人时眼睛都不眨一下,形容人极其残暴。

睡

睡
小篆　楷书

【原文】

睡,坐寐也。从目、垂。

【译文】

睡,坐着睡。由目、垂会意。

【按语】

"睡"是会意兼形声字。小篆从目从垂会意,"垂"兼表声。隶变以后楷书写成"睡"。

"睡"的原义为坐着闭目打盹。例如《史记·商君列传》:"孝公既见卫鞅,语事良久,孝公时时睡,弗听。"意思是,秦孝公接见卫鞅,卫鞅谈事谈了很久,秦孝公不时坐着打盹,没有听卫鞅说话。泛指睡觉。

中古以后,"睡"表示睡着。例如"卧榻之侧,岂容他人鼾睡"。

眠

瞑　瞑　眠
小篆　楷书(繁体)　楷书

【原文】

瞑,翕目也。从目、冥,冥亦声。

【译文】

瞑,闭上眼睛。由目、由冥会意,冥也表声。

说文解字

《说文解字》原文释义

图文珍藏版

【按语】

"眠"是会意兼形声字。本字为"瞑"。小篆从目，从冥（表示昏暗），冥兼表声。异体作"眠"，改为民声。现在二字表意有明确分工。

"眠"的原义为闭上眼睛。例如《山海经·东山经》："余峨之山有兽焉，其状如菟而鸟类喙，鸱目蛇尾，见人则眠，名犰狳。"意思是，余峨山有一种野兽，长得似兔子，但是嘴很似鸟类，眼睛似猫头鹰、尾巴似蛇，看见人就把眼睛闭起来，名叫犰狳。延伸指睡觉。例如"失眠""安眠"。

瞒

瞞　瞞　瞒

小篆　　楷书（繁体）　楷书

【原文】

瞒，平目也。从目，㒼声。

【译文】

瞒，使眼睑低平。从目，㒼声。

【按语】

"瞒"是形声字。小篆从目，㒼声。隶变以后楷书写成"瞞"。汉字简化后写成"瞒"。

"瞒"的原义为眼皮耷拉着遮着眼睛，闭眼的样子。延伸指隐藏实情，使人看不清真相。如成语"欺上瞒下"，是指对上欺骗，博取信任；对下隐瞒，掩盖真相。"瞒天过海"也是指用欺骗的手段在暗地里活动。

瞎

瞎 瞎

小篆　　楷书

【原文】

无。

【按语】

"瞎"是后起字，为形声字。楷书写成"瞎"，从目，害声。

"瞎"的原义为一目失明。泛指双目失明，丧失视觉。例如"盲人骑瞎马"。也延伸指盲目地、胡乱地。例如"瞎蒙""瞎说"。也延伸指徒劳地、白白地。例如"不要瞎操心""瞎惹闲气"。

"瞎"又特指发射的炮弹、子弹等没有爆炸。例如"瞎弹""瞎火"。也延伸指乱、坏。例如"瞎账"。

督

督 督

小篆　　楷书

【原文】

督，察也。一曰：目痛也。从目，叔声。

【译文】

督，察看。另一义说：督是眼睛痛。从目，叔声。

【按语】

"督"是形声字。小篆从目，叔声。隶变以后楷书写成"督"。

"督"的原义为察视。例如《盐铁论·刑德篇》："令者所以教民也，法者所以督奸也。"意思是，命令是用来教化人民的，法律是用来察视坏人的。延伸指督促、监督。例如"督过"就是指监督责罚、责备。

"督"作名词，表示统帅诸军的将领。例如"督军"。

瞧

瞧　瞧

小篆　　楷书

【原文】

无。

【按语】

"瞧"是后起字，为形声字。从目，焦声。楷书写成"瞧"。

"瞧"的原义为偷看。如关汉卿《新水令》曲："怕别人瞧见咱，掩映在酴醿架。"泛指看。例如《红楼梦》第三十一回："二爷近来气大得很，行动就给脸子瞧。"也延伸指诊治。如"瞧病"。

睽

睽　睽　睽

金文　　小篆　　楷书

【原文】

睽，目不相听也。从目，癸声。

【译文】

睽，眼不相顺从。从目，癸声。

【按语】

"睽"是会意兼形声字。金文上部是两只大眼睛，下部是四锋的长矛之形

（癸），会睁大双眼注视着尖锐的矛锋，癸兼表声。小篆由金文演化而来。隶变以后楷书写成"睽"。

"睽"的原义是睁大双眼注视。例如"众目睽睽"，意思就是许多人全部睁大眼睛注视着。多指在广大群众的注视之下，坏人坏事无法隐藏。

眼

眼　眼

小篆　　楷书

【原文】

眼，目也。从目，艮声。

【译文】

眼，眼睛。从目，艮声。

【按语】

"眼"是形声字。小篆从目，艮声。隶变以后楷书写成"眼"。

"眼"的原义为眼睛。如杜甫《新安吏》："莫自使眼枯，收汝泪纵横。"延伸指眼珠。又延伸指目力、见识。例如"独具慧眼"。也延伸指洞穴、孔。如杨万里《小池》："泉眼无声惜细流，树阴照水爱晴柔。"

盼

盼　盼

小篆　　楷书

【原文】

盼，《诗》曰：'美目盼兮。'从目，分声。

【译文】

盼，《诗经》说："美目（流转），眼珠儿黑白分明啊。"从目，分声。

【按语】

"盼"是会意兼形声字。小篆从目，从分，表示眼睛黑白分明，分兼表声。隶变以后楷书写成"盼"。

"盼"的原义为眼睛黑白分明，引喻美目流转。例如《文心雕龙·情采》："夫铅夫铅黛所以饰容，而盼倩生于淑姿"。也延伸成看，例如"顾盼生姿"。还延伸出企望之意。例如"盼望"。

盯

小篆　　楷书

【原文】

无。

【按语】

"盯"是会意兼形声字，小篆从目从丁（钉住）会意，丁兼表声。隶变以后楷书写成"盯"。

"盯"的原义为直视、注视。也指紧跟着不放松。例如"盯梢""盯住"。

睿

睿　　叡　　睿

小篆　　楷书（繁体）　　楷书

【原文】

叡,深明也,通也。从奴,从目,从谷省。

【译文】

叡,深明;通达。由奴、由目、由"谷"省去"口"会意。

【按语】

"睿"是会意兼形声字。小篆从目(明察),从又,从谷(空虚的山洼,有畅通义)省,会明智、智慧之意,睿兼表声。隶变以后楷书写成"叡"。汉字简化后写成"睿"。

"睿"的原义为看得深远,明智通达。例如"聪明睿智"。古时也用作臣下对君王、后妃等的敬辞。如王定保《唐摭言·主司失意》:"伏乞陛下特开睿鉴,俯察愚衷。"其中的"睿鉴"就是御览、圣鉴,请求帝王明察指示的意思。

鼎

| 甲骨文 | 金文 | 小篆 | 楷书 |

【原文】

鼎,三足两耳,和五味之宝器也。凡鼎之属皆从鼎。

【译文】

鼎,三只脚,两只耳朵,是调和各种味料的珍贵的器物。凡是鼎的部属全部从鼎。

【按语】

"鼎"是象形字。甲骨文、金文似一个大腹、有足、两耳的器物之形。隶变以后楷书写成"鼎"。

"鼎"的原义是古代烹煮用的器物。鼎是青铜器中最重要的器种之一,是用以烹煮肉和盛贮肉类的器具。

"鼎"是个部首字,凡由"鼎"组成的字全部与鼎器有关。例如"鼐"。

白 部

白

甲骨文　　金文　　小篆　　楷书

【原文】

白,西方色也。阴用事,物色白。从入合二;二,阴数。凡白之属皆从白。

【译文】

白,西方的颜色。在阴暗处用事,物体的颜色容易剥落为白色。由"入"字包合着"二"字会意;二,表示阴数。凡是白的部属全部从白。

【按语】

"白"是象形字。关于其字形,有人解释为似火苗燃烧的样子,也有人认为似太阳初升的样子。不过,解释为似一粒白色谷米是最形象的。《周礼》中干脆称"稻谷"为"白"。

"白"的原义是白米粒。泛指白色。例如"白头偕老"。还延伸成使清楚、弄明白。例如"真相大白"。进而延伸成陈述、表明。例如"表白"。

"白"又泛指空空的、一无所有。例如"白手起家"。也延伸指徒然、没有效果、没有原因。例如"白费工夫"。

皇

金文　　小篆　　楷书　　楷书

国学经典文库

说文解字

《说文解字》原文释义

图文珍藏版

【原文】

皇,大也。从自。自,始也。始皇者,三皇,大君也。自读若鼻,今俗以始生子为鼻子。

【译文】

皇,即大。由自、王会意。自,是初始的意思。最初统治天下的人是(燧人、伏羲、神农)三皇,是伟大的君王。"自"的音读似"鼻"字。当今俗话把最初生下的子女说成是"鼻子"。

【按语】

"皇"是象形字。金文就似一盏灯。小篆是秦始皇改的:"'自''王'为'皇'"。隶变后楷书写成"皇"。

"皇"的原义就是光亮。泛指辉煌。也延伸指盛美、庄严。进而延伸指伟大、大。例如《诗经·大雅·皇矣》:"皇矣上帝。"意思是,大啊上帝。特指远古的帝王,也泛指君主。例如"皇帝"。

的

旳　的

小篆　　楷书

【原文】

无。

【按语】

"的"是形声字。小篆从日,勺声。隶变以后楷书写成"的"。

"的"的原义为鲜明、明亮,读作 dì。延伸指箭靶的中心。例如"有的放矢"。还特指古代妇女点在面部作为装饰的红点。如傅咸《镜赋》:"珥明珰之迢迢,照双的以发姿。"

"的"又读作 dí,表示确实、究竟。例如"的确"。

"的"又读作 de,用在定语后,表示词与词或者短语之间的修饰关系,以及定语和中心词之间的领属关系。

皂

$$\text{金文} \quad \text{小篆} \quad \text{楷书}$$

【原文】

草,草斗,栎实也。

【译文】

草,黑色的亮斗包裹着的果实,柞栎的果实。

【按语】

"皂"是象形字。与"早"原本同一个字。金文似未成熟的栎实之形,因其壳似斗,所以称之为橡斗。隶变以后楷书写成"草"和"早",俗作"皂"。现在规范化,以"皂"为正体。

"皂"的原义为栎实。栎实可以把帛染黑,所以延伸成黑色。我们常说的"不分青红皂白""粉底皂靴",全部是这个用法。

古代的奴隶、差役全部穿黑色的衣服,所以还延伸成旧时衙门内的差役。例如"皂班",就泛指差役。

"皂"还指皂荚树的果实,即皂角。皂角可以用来去垢污,也被称为肥皂。现在我们说的"香皂"也是取的此义。

部

癸

$$\text{甲骨文} \quad \text{金文} \quad \text{小篆} \quad \text{楷书}$$

【原文】

癸,冬时,水土平,可揆度也。象水从四方流入地中之形。癸承壬,象人足。凡癸之属皆从癸。

【译文】

癸,代表冬时,这时水土平整,可以度量。(癸)似水从四方流入地中的样子。癸承续壬,似人的脚。凡是癸的部属全部从癸。

【按语】

"癸"是象形兼会意字。甲骨文似两根木棍交叉之形,是古代最早的测量工具,类似现在的两脚规。金文大同小异。小篆的形体发生了较大的变化。隶变以后楷书写成"癸"。

"癸"的原义为平整、丈量土地。泛指估量、揆度。

尔后借用为天干的第十位,与地支配合,用以纪年、月、日。如王羲之《兰亭集序》:"永和九年,岁在癸丑。"

生 部

甥

小篆　　楷书

【原文】

甥,谓我舅者,吾谓之甥也。从男,生声。

【译文】

甥,叫我舅舅的人,我叫他外甥。从男,生声。

【按语】

"甥"是形声字。小篆从男，生声。隶变以后楷书写成"甥"。

"甥"的原义为姐姐或者妹妹的子女。例如《释名》："舅谓姊妹之子曰甥。"

古代也指女儿的子女，即外孙。例如《聊斋志异·刘夫人》："前日为客，今日吾甥婿也。"

瓜 部

瓜

金文　小篆　楷书

【原文】

瓜，㼎也。象形。凡瓜之属皆从瓜。

【译文】

瓜，草本植物的果实。象形。凡是瓜的部属全部从瓜。

【按语】

"瓜"是象形字。金文似长长的瓜蔓，中间有一个已经成熟还结在蔓上的大瓜。小篆线条化。隶变以后楷书写成"瓜"。

"瓜"是一类植物的总称，可以分为很多种类，其中有水果，也有菜蔬。例如"西瓜"。延伸指状如瓜的器物。例如"金瓜"（一种作仪仗的武器）、"瓜皮帽"。有一个很著名的典故"瓜代"，指的是接职继任。

瓣

小篆　楷书

【原文】

无。

【按语】

"瓣"是形声兼会意字。小篆从瓜,辡声,辡兼表两分之意。植物的籽实多成分块开裂状。隶变以后楷书写成"瓣"。

"瓣"的原义为瓜类的籽。例如"橘瓣"。特指组成花冠的各片。例如"花瓣。"延伸指物体自然地分成或者破碎后分成的部分。例如"摔成几瓣"。

"瓣"用作量词,用于花瓣、叶片或者种子、果实、球茎分开的小块儿。例如《格物粗谈》:"先于土坑中置蒜一瓣。"

矛 部

矛

金文　小篆　楷书

【原文】

矛,酋矛也。建于兵车,长二丈。象形。凡矛之属皆从矛。

【译文】

矛,长矛。树立在兵车之上,长两丈。象形。凡是矛的部属全部从矛。

【按语】

"矛"是象形字。金文似上有锋利的矛头、下有长柄的矛之形。小篆在金文的基础上加以美化。隶变以后楷书写成"矛"。

"矛"的原义为古代的一种直刺兵器。例如《韩非子·难一》:"以子之矛,陷子之

盾,何如?"成语"自相矛盾"即出于此。

矜

矜 矜

小篆　　楷书

【原文】

矛柄也。从矛,今声。

【译文】

矜,矛的把。从矛,今声。

【按语】

"矜"是会意兼形声字。小篆讹为从矛,今声,用以表示矛柄。隶变以后楷书写成"矜"。

"矜"的原义为矛柄,读作 qín。如贾谊《过秦论》:"锄櫌棘矜,非铦于钩戟长铩也;谪戍之众,非抗于九国之师也。"

"矜"读作 jīn,是指自夸、自恃。例如"自矜""矜功"。自恃之人往往喜欢指挥别人,故而引申为挥动、奋起。

"矜"又指苦、穷困。例如《庄子·在宥》:"愁其五藏以为仁义,矜其血气以规法度。"人之所以穷困,是因为身处困境,所以延伸出凶危、危险义。例如《诗经·小雅·菀柳》:"曷予靖之,居以凶矜。"

皮 部

皮

皮 皮 皮

金文　　小篆　　楷书

【原文】

皮,剥取兽革者谓之皮。从又,爲省声。凡皮之属皆从皮。

【译文】

皮,剥取兽皮叫作皮。从又,爲省声。凡是皮的部属全部从皮。

【按语】

"皮"是会意字。金文的左边是一把长柄平头的铲刀,刀柄的右侧还有一个铁环,右下侧是一只手。小篆只保留了手的部分。隶变以后楷书写成"皮"。

"皮"的原义为兽皮。例如《左传·僖公十四年》:"皮之不存,毛将焉附?"由兽皮延伸指物体的表面。例如《史记·郦食其传》:"以目皮相。"意思是,只从表面看。

"皮"是个部首字。凡由"皮"组成的字大都与兽皮有关。例如"皱""皴"。

<h1 style="text-align:center">皱</h1>

𩏠　皺　皱

小篆　楷书(繁体)　楷书

【原文】

无。

【按语】

"皱"是形声字。楷书繁体写成"皺",从皮,芻声。汉字简化后写成"皱"。

"皱"的原义为皮肤因松弛而起的纹路。例如"皱纹"。泛指衣、物等物体表面因收缩或者揉弄而形成的凹凸相间的条纹。例如"皱褶",指衣服上折叠的纹路。

"皱"作动词,表示收缩、紧蹙。例如"衣裳皱了"。

母 部

母

甲骨文　金文　小篆　楷书

【原文】

母,牧也。从女,像裹子形。一曰:像乳子也。

【译文】

母,像养牛一样哺育子女。从女,似怀抱子女的样子。另一义说:母似给子女喂奶的样子。

【按语】

"母"是象形字。甲骨文是面部朝左曲身跪坐的女子。金文的形体与甲骨文基本上一样。小篆由金文演变而来。隶变以后楷书写成"母"。

"母"的原义为哺育、抚养孩子长大的母亲。延伸指女性中的长辈。例如"伯母"。

"母"泛指雌性的。例如"母牛""母鸡"。

母亲生儿育女,故"母"字也延伸指能产生其他事物的本源。例如"字母",就是能组成单词的符号。

"母"是个部首字。凡由"母"组成的字大都与母亲及生育有关。例如"每""毓"。

每

甲骨文　金文　小篆　楷书

【原文】

每,艸盛上出也。从中,母声。

【译文】

每,形容草木茂盛上长的样子。从中,母声。

【按语】

"每"是个象形字,甲骨文是一个面朝左跪着的妇女之形,头饰盛美。金文的形体基本上与甲骨文相同。小篆变得更艺术了。隶变以后楷书写成"每"。

"每"的原义是指头饰盛美。延伸指植物茂盛。例如"原田每每"。又表示每一,每次。例如《论语·八悔》:"子入太庙,每事问。"延伸指经常。例如"每每得手"。

艮 部

艮

甲骨文　小篆　楷书

【原文】

艮,很也。从匕、目。匕目,犹目相匕,不相下也。

【译文】

艮,互不听从,停滞不前。由匕、目会意。"匕目"的意思,好似两人怒目相视,互不相让。

【按语】

"艮"是象形字。甲骨文上部是一只大眼睛(横目),下部是一个面朝右而立的人。小篆中的目变为竖立的目。隶变以后楷书写成"艮"。

"艮卦"是八卦之一,代表山。《易》中对"艮"的解释是尽头、极限。山由石头组成,故也延伸成坚固、坚硬。

"艮"在北方方言中又读 gěn,指人脾气犟,或者食物韧而不脆,不易咬动。例如"这个人真艮","花生米艮了"。

良

甲骨文　　金文　　小篆　　楷书

【原文】

良，善也。从富省，亡声。

【译文】

良，善良。从富省，亡声。

【按语】

"良"是象形字。甲骨文下部为"豆（食器）"形，上部的两条线表示豆中的食物散发着香气。金文与甲骨文相似。小篆的形体线条化。隶变以后楷书写成"良"。

"良"的原义为香味。后延伸成善良。例如《诗经·鄘风·鹑之奔奔》："人之无良。"意思是这人没有善行。也延伸指良好、美好。例如"良辰美景"。还可以延伸指优秀。例如"良工"。进而延伸成和悦、和善。例如《荀子·非十二子》："其容良。"是说他的容颜和悦安详。

"良"还可以作为程度副词用，当很、甚、极其讲。例如"良久"，指很久。

羊 部

羊

甲骨文　　金文　　小篆　　楷书

【原文】

羊，祥也。从丷，象头角足尾之形。凡羊之属皆从羊。

【译文】

羊,吉祥。从丫,似(羊的)头、角、足、尾的形状。凡是羊的部属全部从羊。

【按语】

"羊"是象形字。甲骨文似正面的羊头之形。金文把羊的眼睛简化为一条直道。小篆整齐化。隶变以后楷书写成"羊"。

"羊"是最早被中国先民们驯化的动物之一。也是十二生肖之一。在中国文化里,羊代表着美好与吉利,"吉羊"就是"吉祥"。

古人以羊作为祭祀时的珍贵祭品。古人祭祀时所用的"太牢""少牢"之中均有羊。

羌

甲骨文　　金文　　小篆　　楷书

【原文】

羌,西戎牧羊人也。从人,从羊,羊亦声。

【译文】

羌,西方戎族的牧羊人。由人、由羊会意,羊也表声。

【按语】

"羌"是会意兼形声字。甲骨文上部是一对羊角,下部是个人,羊兼表声。金文当中多了一横,表示人的头部。在小篆中,下部的人已经不太似了。隶变以后楷书写成"羌"。

"羌"原义指我国古代西部的游牧民族。

"羌笛",是羌族的管乐器,双管并在一起,每管各有六个音孔,上端装有竹簧口哨,竖着吹。如王之涣《凉州词》:"羌笛何须怨

杨柳,春风不度玉门关。"

美

甲骨文　金文　小篆　楷书

【原文】

美,甘也。从羊,从大。羊在六畜主给膳也。美与善同意。

【译文】

美,味道甜美。由羊、由大会意。羊在六畜之中,为供给牲肉之主。"美"字与"善"字构形同意。

【按语】

"美"是会意字。甲骨文似一个正面站立的人。金文中,人头上的饰物更为繁复了。小篆直接继承金文。隶变以后楷书写成"美"。

"美"的原义为美丽。例如"貌美如花"。由美丽延伸成味道鲜美。例如"美味的牛排"。又引申指才德或者品质好。例如"美德"。还延伸指好事、善事。例如"成人之美"。

"美人"一词,多指容貌美丽的女子。如顾况《悲歌》:"美人二八颜如花。"在一些古诗文中,"美人"也指自己所怀念的人、品德美好的人。此外,"美人"还指妃嫔。

姜

甲骨文　金文　小篆　楷书

【原文】

姜,神农居姜水,以为姓。从女,羊声。

【译文】

姜,神农氏居住在姜水边,用姜作为姓氏。从女,羊声。

【按语】

"姜"是会意兼形声字。甲骨文似一个面朝左跪坐的女人。金文的形体与甲骨文相似。小篆整齐化。隶变以后楷书写成"美"。

"姜"的原义为美,但此义现已消失。尔后"姜"多用作姓氏。例如"姜太公",即姜子牙。

古书中的"姜桂"本指生姜肉桂。因其味道越老越辣,所以常用来引喻人越到老年性格越刚强。

羞

羞 甲骨文　金文　小篆　楷书

【原文】

羞,进献也。从羊,羊,所进也;从丑,丑亦声。

【译文】

羞,进献(食品)。从羊,羊是进献的食品;从丑,丑也表声。

【按语】

"羞"是会意字。甲骨文左边是一只羊,右边是一只手。金文的形体与甲骨文大体相同。小篆从羊,从丑。隶变以后楷书写成"羞"。

"羞"的原义为进献。例如《左传·隐公三年》:"可荐于鬼神,可羞于王公。"意思是,可献祭给鬼神,可进献给王公。

延伸成怕别人笑话的心理和表情。例如"害羞"。也延伸成羞耻。例如"羞辱"。

用作动词,指使难为情。例如"羞他"。也延伸指感到耻辱。例如"羞与为伍"。

群

羣 羣 群

小篆　楷书（繁体）　楷书

【原文】

群，辈也。从羊，君声。

【译文】

群，朋辈。从羊，君声。

【按语】

"群"是形声字。小篆从羊，君声。隶变以后楷书写成"羣"和"群"。现在规范化，以"群"为正体。

"群"的原义为羊群。例如《诗经·小雅·无羊》："谁谓尔无羊？三百维群。"意思是，谁说你没有羊？有三百多群呢。后泛指聚集在一起的人或者事物。例如"群众""群山"。

由众多延伸指会合、聚集。例如《论语·卫灵公》："君子矜而不争，群而不党。"意思是，君子庄重而不与别人争执，聚集在一起而不结党营私。

羴

<table>
<tr><td>甲骨文</td><td>金文</td><td>小篆</td><td>楷书</td></tr>
</table>

国学经典文库

说文解字

《说文解字》原文释义

图文珍藏版

【原文】

羴,羊臭也。从三羊。凡羴之属皆从羴。

【译文】

羴,羊的气味。由三个"羊"字会意。凡是羴的部属全部从羴。

【按语】

"羴"是会意字。甲骨文似是一群羊,会羊群中难闻的味道之意。金文和小篆变化不大。隶变后楷书写成"羴";异体作羶,从羴声;也作"膻"。现在规范化,以"膻"为正体。

"羴"的原义为羊臊气。如谭嗣同《治言》:"吾中国帝王之土,岂容溷以腥羴!"

聿 部

甲骨文　金文　小篆　楷书

【原文】

聿,所以书也。楚谓之聿,吴谓之不律,燕谓之弗。从聿,一声。凡聿之属皆从聿。

【译文】

聿,用来书写的笔。楚地叫它作聿,吴地叫它作不律,燕地叫它作弗。从聿,一声。凡是聿的部属全部从聿。

【按语】

"聿"是象形字。甲骨文似手拿笔的样子。金文愈加形象。小篆加了一横。隶变以后楷书写成"聿"。

"聿"的原义是毛笔。例如"咸执牍聿",意思是全部拿着笔和书版。

"聿"在古汉语中还可以作语气助词,用于句首或者句中,以填补音节。例如《万载县志》:"其山山聿山卒而嵯峨,其水萦纡而绿波。"

现在大都用作人名。

肄

甲骨文　　金文　　小篆　　楷书

【原文】

无。

【按语】

"肄"是会意字。甲骨文从又（手）持一兽之形，会捕获一兽加以整治之意。金文另加义符"巾"。小篆发生讹变。隶变以后楷书写成"肄"。

"肄"的原义为捕获一兽加以整治，读作 yì。延伸指修治、整治。也延伸指研习、学习、练习。例如"肄业上庠"，指在京都学堂读书。

"肄"又特指劳苦。例如《诗经·小雅·雨无正》："正大夫离居，莫知我肄。"意思是，正官大夫早已离散，有谁知道我的苦劳。

肇

甲骨文　金文　　小篆　　楷书

【原文】

肇，击也。从攴，肁省声。

【译文】

肇，打击。从攴（击打），肁（zhào）省戈为声。

【按语】

"肇"是会意字。甲骨文是以戈击门之形，会要打开门之意。金文改为以手持棍敲门。小篆繁复化。隶变以后楷书写成"肇"。

"肇"的原义为打开门。延伸成开始。例如"肇始"。又指引起、引发,招惹。例如"肇事"。

"肇"用作副词,指开始,最初。例如"肇创"。

衣 部

衣

甲骨文　金文　小篆　楷书

【原文】

衣,依也。上曰衣,下曰裳。象覆二人之形。凡衣之属皆从衣。

【译文】

衣,(人们)依赖(其遮蔽身体)。上身穿的叫衣,下身穿的叫裳。似(用"人")覆盖两个"人"字之形。凡是衣的部属全部从衣。

【按语】

"衣"是象形字。甲骨文、金文全部似一件衣服的形状。小篆变化不大。隶变以后楷书写成"衣"。

"衣"原义指上衣。尔后泛指身上穿的各种衣裳服装。例如"衣物"。也泛指覆盖物体表面的东西。例如"炮衣",即套在炮外面的布套。

"衣"用作动词,表示穿衣。例如"衣锦还乡"。

裳

裳

小篆　楷书

【原文】

常,下裙也。从巾,尚声。裳,常或,从衣。

【译文】

常,下身的裙子。从巾,尚声。裳,常的或体,从衣。

【按语】

"裳"的本字为"常"。小篆从巾,尚声,指古代的下裙。现在规范化,以"裳"为正体。

"裳"的原义为古代的下裙,是男女全部穿的一种遮蔽下体的衣裙,不是裤子。如屈原《离骚》:"制芰荷以为衣兮,集芙蓉以为裳。"

"裳"尔后泛指衣服。例如《木兰诗》:"脱我战时袍,著我旧时裳。"

衰

衰

小篆　楷书

【原文】

无。

【按语】

"衰"是象形字。小篆外面似"衣"之形,中间似编织雨衣的蓑(suō)草下垂之形。隶变以后楷书写成"衰"。

"衰"的原义为用草编织的雨衣。延伸成衰弱。也延伸成减少。例如《战国策

·赵策四》：“日食饮得无衰乎？”意思是每天的饮食没有减少吧。

"衰"也可以表示懈怠。还可表示枯萎、凋谢。例如《长歌行》："常恐秋节至，焜黄华叶衰。"意思是，常常担心秋天来到之后，树叶儿黄落百草也凋零了。

"衰"用作形容词时，指衰老。例如《战国策·赵策四》："而臣衰，窃爱怜之。"

裹

小篆　　楷书

【原文】

裹，缠也。从衣，果声。

【译文】

裹，缠束。从衣，果声。

【按语】

"裹"是形声字。小篆从衣，果声。隶变以后楷书写成"裹"。

"裹"的原义为缠绕、包住。例如"马革裹尸"。又指包裹着的物品，例如"带着大包小裹"。

裘

甲骨文　　金文　　小篆　　楷书

【原文】

裘，皮衣也。从衣，求声。一曰：象形，与衰同意。凡裘之属皆从裘。

【译文】

裘,皮衣。从衣,求声。另一义说:(求)似衣之形,与"衰"字的似草雨衣之形的构形原则相同。凡是裘的部属全部从裘。

【按语】

"裘"原本象形字。甲骨文似一件皮毛外翻的皮衣之形。金文变成了从衣、求声的形声字。小篆与金文一致。隶变以后楷书写成"裘"。

"裘"的原义是皮衣。例如"集腋成裘",是说狐狸腋下的皮毛虽少,但聚集很多也能做一件裘衣。常引喻集众资以成一事。也引喻积少成多。

"裘"用作动词,指穿上皮衣。例如"裘马轻肥",意思是穿着软皮衣,骑着肥壮骏马。常用来形容放荡不羁的豪华生活。

裂

小篆　楷书

【原文】

裂,缯余也。从衣,列声。

【译文】

裂,总帛的残余。从衣,列声。

【按语】

"裂"是会意兼形声字。小篆从衣从列会意,列兼表声。隶变以后楷书写成"裂"。

"裂"的原义是裁剪后的丝绸残余。延伸泛指裂开、撕破。如白居易《琵琶行》:"曲终收拨当心画,四弦一声如裂帛。"

"裂"又泛指划分、分割。例如《庄子·逍遥游》:"裂地而封之。"意思就是分割土地来分封。

"裂"还可以指败坏。如成语"身败名裂",意思是地位丧失,名誉扫地。指做坏事而遭到彻底失败。

裔

裔　裔

小篆　　　楷书

【原文】

裔,衣裾也。从衣,冏聲。

【译文】

裔,衣边。从衣,冏声。

【按语】

"裔"是形声字。小篆从衣,冏声。隶变以后楷书写成"裔"。

"裔"的原义是衣服的边缘。延伸泛指边沿。如屈原《九歌·湘夫人》:"蛟何为兮水裔?"这是说,蛟为什么在水边呢? 也延伸指边远之地。

现代汉语中的"裔",通常是指后代。例如"后裔"。

装

裝　裝　装

小篆　　楷书(繁体)　　楷书

【原文】

装,裹也。从衣,壮声。

【译文】

装,包裹。从衣,壮声。

【按语】

"装"是形声字。小篆从衣,壮声。隶变以后楷书写成"裝"。汉字简化后写成"装"。

"装"的原义是行装。泛指衣物、服装。也延伸指衣服或者书籍的样式。例如"西装""线装"。

"装"还指打扮、装饰。如成语"装点门面","装点"就是装饰。进而延伸指假扮、装作。如成语"装聋作哑"。

"装"也延伸指装配、安装。如:"今年,村里家家户户全部装上了电话。"

裁

裁　裁

小篆　　楷书

【原文】

裁,制衣也。从衣,𢦍声。

【译文】

裁,剪裁衣服。从衣,𢦍声。

【按语】

"裁"是形声兼会意字。小篆从衣,𢦍声,𢦍兼表剪割之意。隶变以后楷书写成"裁"。

"裁"的原义是剪制衣服。延伸泛指剪裁、裁制。如贺知章《咏柳》:"不知细叶谁裁出,二月春风似剪刀。"也延伸指削减、去除。如常用的"裁员"。

"裁"还延伸指衡量、判断、裁定。例如"裁决"。做决定时要取舍安排,故也延伸指取舍、安排。如成语"别出心裁"。

"裁"用作名词,泛指体式、风格。例如"体裁"。

国学经典文库

说文解字

《说文解字》原文释义

图文珍藏版

糸 部

糸

甲骨文　金文　小篆　楷书

【原文】

糸，细丝也。象束丝之形。凡糸之属皆从糸。

【译文】

糸，细丝。似一束丝的样子。凡是糸的部属全部从糸。

【按语】

"糸"是象形字。甲骨文字形，一端似丝束的绪，一端似丝束的头，中间是丝绞。隶变以后楷书写成"糸"。

"糸"的原义为细蚕丝。

"糸"用作量词，指丝的二分之一。如徐锴《说文解字系传》："一蚕所吐为忽，十忽为丝。糸，五忽也。"

紫

小篆　　楷书

【原文】

紫，帛青赤色。从糸，此声。

【译文】

紫,丝织品呈青赤色。从糸,此声。

【按语】

"紫"是形声字,小篆从糸,此声。隶变以后楷书写成"紫"。

"紫"的原义为紫色,由蓝色和红色组成。

在中国古代服饰文化中,贵族和高官的服色多用朱色、紫色,因此"朱紫"一词,多借指高官。如汪洙《神童诗》:"满朝朱紫贵,尽是读书人。"

"紫气"即紫色的云气。古人以紫气为祥瑞之气,附会为帝王、圣贤等出现的预兆。

累

小篆　　　楷书

【原文】

无。

【按语】

"累"是会意兼形声字。小篆从糸,从畾(雷声连续),会连缀丝并拧成绳索之意。隶变以后楷书写成"累"。

"累"的原义为相连缀而甚得其条理,读作 léi。又表示绳索。延伸指拘系、捆绑。还延伸指拖带、牵连。例如"牵累(lěi)"。牵累,读作"lěi"。

"累累",指连缀成串。例如"果实累累"。

"累赘",指多余或者麻烦。

"累"用作副词,表示屡次、多次。例如"累迁",指多次升迁。

事物积累多了就会成为负担,故延伸指过度辛劳,疲乏,读作 lèi。例如"劳累"。

紧

紧 緊 紧

小篆　　楷书（繁体）　楷书

【原文】

紧,缠丝急也。从臤,从絲省。

【译文】

紧,缠丝紧急的状态。由臤、由絲省去一半会意。

【按语】

"紧"是会意兼形声字。小篆从臤(手抓得很牢),从絲省,会丝弦拉紧之意,臤兼表声。隶变以后楷书写成"緊"。汉字简化后写成"紧"。

"紧"的原义为把丝弦绷直、拉紧。延伸成物体受拉力或者压力后呈现的紧张状态。例如"缠紧"。又指受外力作用而变得牢固。例如"握紧"。

"紧"作动词,指使变紧或者更紧、收束。例如"紧身"。用于时间,指没空闲、不容拖延。例如"时间紧"。又指情势急迫、严重。例如"紧急"。也指严密、不放松。例如"口风很紧"。又指紧要、重要。例如"紧要关头"。又指经济不宽裕。例如"紧巴"。

絮

小篆　　　　楷书

【原文】

絮,敝绵也。从糸,如声。

【译文】

絮,破旧的丝绵,从糸,如声。

【按语】

"絮"是形声字。小篆从糸,如声。隶变以后楷书写成"絮"。

"絮"的原义是粗丝绵。例如"金玉其外,败絮其中"。延伸指棉花的纤维。例如"棉絮"。又指似棉絮样的东西。例如"芦絮"。由丝絮的缠绞不利落,延伸引喻(言语等)啰嗦、重复。例如"絮叨"。

"絮"用作动词,指把丝绵或者棉花放进衣被的夹层里。例如"絮棉被"。

米 部

米

⫶⫶⫶ 米 米

甲骨文　　小篆　　楷书

【原文】

米,粟实也。象禾实之形。凡米之属皆从米。

【译文】

米,米粟的子实。似禾子实的形状。凡是米的部属全部从米。

【按语】

"米"是象形字。甲骨文字形似一株谷穗上结满了沉甸甸的米粒,中间一长横是穗中的茎秆。小篆整齐化。隶变以后楷书写成"米"。

"米"的原义是粟米,脱壳后为小米。延伸泛指粮食作物子实脱壳后的部分。例如"玉米"。"不为五斗米折腰",引喻为人清高,有骨气,不为利禄所动。

国学经典文库

说文解字

《说文解字》原文释义

图文珍藏版

糟

糟 糟

小篆　　楷书

【原文】

糟,酒滓也。从米,曹声。

【译文】

糟,带滓的酒。从米,曹声。

【按语】

"糟"是形声字。小篆从米,曹声。隶变以后楷书写成"糟"。

"糟"的原义是没有过滤清而带滓的酒。延伸指以酒或者酒糟腌制的食品。例如"糟豆腐"。酒糟品质不好,所以也延伸指粗恶的食物。例如"糟食"。

"糟"用作形容词,指事物败坏、糟糕。

"糟"用作动词,指糟蹋。

类

類 類 类

小篆　　楷书(繁体)　　楷书

【原文】

類,种类相似,唯犬为甚。从犬頪声。

【译文】

類,同一种属、类别的事物相似,只有狗体现得最分明。从犬,頪声。

【按语】

"类"是会意兼形声字。小篆从犬从頪(表相似)会意,頪兼表声。隶变以后楷书写成"類"。汉字简化后写成"类"。

"类"的原义是种类、同类。例如"类型"。延伸指相似。例如"类似"。进而延伸指类比,即比照事物而分类。例如《礼记·月令》:"察物色,必比类。"

同类者全部有共同的标志,故也延伸指法式、法则。例如《楚辞·九章·怀沙》:"吾将以为类兮。"

粮

糧　糧　粮

【原文】

糧,谷也。从米,量声。

【译文】

糧,谷物。从米,量声。

【按语】

"粮"是形声字。小篆从米,量声。隶变以后楷书写成"糧";异体作"粮",从米,良声。现在规范化,以"粮"为正体。

"粮"的原义是粮食。如成语"寅吃卯粮",意思是寅年吃了卯年的粮食。引喻预先支用了以后的进项。

在古代特指行路用的干粮。"粮"和"食"是有区别的。古人说,"行道曰粮,止居曰食",这是说:路上带的干粮叫粮,家里吃的有水分的食物叫食。又特指士兵作战用的军粮。如"兵马未动,粮草先行"。

粟

粟　橐　粟

甲骨文　小篆　楷书

【原文】

无。

【按语】

"粟"是象形字。甲骨文从禾,旁边有米粒形,表示能出米的谷子。隶变以后楷书写成粟。

"粟"的原义是一种一年生草本植物,子实为圆形或者椭圆小粒,北方通称"谷子",去皮后称"小米"。例如"沧海一粟",用大海中的一粒谷子引喻非常微小。泛指粮食。例如"书中自有千钟粟"。

粉

粉　粉

小篆　　楷书

【原文】

粉,傅面者也。从米,分声。

【译文】

粉,傅布在脸上的粉末。从米,分声。

【按语】

"粉"是形声兼会意字。小篆从米,分声,分兼表分细之意。隶变以后楷书写成"粉"。

"粉"的原义是米细末。也指谷类、豆类作物子实的细末。例如《尚书·益稷》上说:"藻、火、粉米。"也延伸指细末状的物质。例如"粉尘"。

"粉"还可以指妆饰用的脂粉。

"粉"用作动词,表示粉饰、伪装。例如"粉饰太平",意思是把社会黑暗混乱的状况掩饰成太平的景象。还表示使粉碎。如成语"碎身粉骨"。

粗

粗 **粗**

　小篆　　楷书

【原文】

粗,疏也。从米,且声。

【译文】

粗,糙米。从米,且声。

【按语】

"粗"是形声字。小篆从米,且声。隶变以后楷书写成"粗"。

"粗"的原义是糙米、粗粮。如成语"粗茶淡饭",就是指简单粗劣的饮食。延伸成粗糙、不精细。如常说的"粗布之衣",意思就是粗布制成的衣服。指粗笨、粗野。如常说的"粗人""粗鲁"。还延伸成粗疏、粗略。

精

精 **精**

　小篆　　楷书

【原文】

精,择也。从米,青声。

【译文】

精,拣择米粒。从米,青声。

【按语】

"精"是形声字。小篆从米,青声。隶变以后楷书写成"精"。

"精"的原义是优质纯净的细米。例如"精粮"就是细粮。延伸指精气、精粹。例如"精英",指精粹和英华。

对问题理解透彻,就是掌握了其中的精华,所以"精"还指深入地了解,精通。例如"业精于勤,荒于嬉"。

"精"用作形容词,指美妙、美好。例如"精妙"。

粪

甲骨文　小篆　楷书（繁体）　楷书

【原文】

无。

【按语】

"粪"是会意字。甲骨文似一手持箕,一手执帚之状,会扫除粪土之意,小点表示粪土脏物。小篆整齐化。隶变以后楷书写成"糞"。汉字简化后写成"粪"。

"粪"的原义是扫除。例如《荀子·强国》:"堂上不粪,则郊草不芸。"意思是,堂屋里还没有扫除干净,就没有工夫去看郊野的草有还是没有。

"粪"也延伸指粪便。有一个成语叫"佛头着粪",是说在佛头上放置粪便。原指佛性慈善,在他头上放粪也不计较。尔后多用来引喻不好的东西放在好东西上面,玷污了好的东西。

粱

小篆　楷书

【原文】

粱,米名也。从米,梁省声。

【译文】

粱,粟米名,从米,梁省声。

【按语】

"粱"是形声字。小篆从米,粱省声。隶变以后楷书写成"粱"。

"粱"的原义为优秀品种的谷子。例如"一枕黄粱",又作"黄粱美梦",引喻根本不能实现的企图和愿望,或者虚幻的事物。

由黄粱这种食物的香美延伸泛指细粮,或者精美的食物。

粒

粒　粒

小篆　楷书

【原文】

粒,糂也。从米,立声。

【译文】

粒,米粒。从米,立声。

【按语】

"粒"是形声字。小篆从米,立声。隶变以后楷书写成"粒"。

"粒"的原义为米粒、谷粒。如李绅《悯农》其一:"谁知盘中餐,粒粒皆辛苦。"延伸指似颗粒的东西。例如"盐粒"。

"粒"用作量词,形容粒状物。李绅《悯农》其二:"春种一粒粟,秋收万颗子。"

粹

粹　粹

小篆　楷书

【原文】

粹,不杂也。从米,卒声。

【译文】

粹,无杂质(的米)。从米,卒声。

【按语】

"粹"是形声字。小篆从米,卒声。隶变以后楷书写成"粹"。

"粹"的原义为粳米。如宋应星《天工开物》:"播精而择粹。"延伸指纯粹、不杂。例如"粹正""粹而不杂"。也延伸指精华。例如"国粹""精粹"。

粥

鬻　粥

小篆　　楷书(繁体)　　楷书

【原文】

鬻,馆也。从䰞、米。

【译文】

鬻,稀饭。由䰞、米会意。

【按语】

"粥"是会意兼形声字。小篆从米从䰞(煮)会意。隶变以后楷书写成"鬻"。汉字简化后写成"粥"。

"粥"的原义为米粥、稀饭。

"鬻"在古代还借作"卖",读作 yù。例如"卖官鬻爵"。

西 部

覃

金文　　小篆　　楷书

【原文】

覃,长味也。从𣂪(厚),鹹省声。

【译文】

覃,深长的滋味。从𣂪,鹹省声。

【按语】

"覃"是会意字。金文下边是个酒坛子,上边是"西"(竹器),表示用竹器漉酒,会坛中盛有香气远引的醇厚美酒之意。小篆上边讹为"卤"。隶变以后楷书写成"覃"。

"覃"的原义为酒味醇厚,香气远引;也指酒坛子。由香气远引,也延伸指蔓延,延伸。如"覃覃",指延展的样子。还可指深入。例如"覃思"即深思。

要

金文　　小篆　　楷书

【原文】

要,身中也。象人要自臼之形。从臼,交省声。

【译文】

要,要(腰),身躯的中部。似人两手叉着腰的样子。从臼,交省声。

国学经典文库

说文解字

《说文解字》原文释义

图文珍藏版

【按语】

"要"是会意字。金文形体似一个女子两手叉着腰部的样子。小篆承之，并突出了人的腰部。隶变以后楷书写成"要"。

"要"的原义为人的腰部，读作 yāo。

"要"延伸指邀请。如陶渊明《桃花源记》："便要还家，设酒杀鸡作食。"也延伸指要求、强求。例如"要挟"。

由腰在身中，延伸指纲领、关键。读作 yào，例如"不得要领"。也延伸成索取、希求。例如"漫天要价，就地还钱"。

"要"还延伸指将要、即将来临。例如"要下雨了"。进而延伸成如果。例如"要是"。

覆

覆　覆

小篆　　楷书

【原文】

覆，覂也。从襾，復声。

【译文】

覆，翻覆。从襾，復声。

【按语】

"覆"是形声字。小篆从襾，復声。隶变以后楷书写成"覆"。

"覆"的原义为翻转。如我们常说的"水能载舟，亦能覆舟"。

"覆"延伸指倾倒、倒出。例如"覆水难收"。也延伸指灭亡、败亡。例如"颠覆"。

自 部

自

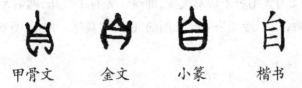

甲骨文　　金文　　小篆　　楷书

【原文】

自,鼻也。象鼻形。凡自之属皆从自。

【译文】

自,鼻子。似鼻子的形状。凡是自的部属全部从自。

【按语】

"自"是象形字。甲骨文似人的鼻子的形状。金文承之。小篆线条化,但下部已经看不出鼻孔的样子了。隶变以后楷书写成"自"。

"自"的原义为鼻子。古人常用手指指自己的鼻子来表示自己,故用作第一人称代词,表示自己。例如"自称"。也延伸成亲自、自行。例如"自立为王"。

"自"用作介词,当从讲。例如《论语·学而》:"有朋自远方来,不亦乐乎。"

"自"还可表示转折关系,等同于"却""可是"。如苏轼《江城子》:"十年生死两茫茫,不思量,自难忘。"

臭

甲骨文　　小篆　　楷书

【原文】

臭,禽走,臭而知其迹者,犬也。从犬,从自。

国学经典文库

说文解字

《说文解字》原文释义

图文珍藏版

【译文】

臭,禽兽跑了,嗅其气味而知道其逃跑踪迹的,是狗。由犬、由自会意。

【按语】

"臭"是会意字。甲骨文从自,用狗鼻子会闻到气味之意。小篆的形体由甲骨文演变而来。隶变以后楷书写成"臭"。

"臭"的原义为犬用鼻子辨别气味,即嗅。先有了气味,然后才能闻,故延伸指一切气味。尔后,"臭"专用来表示难闻的气味,即臭味。例如"臭味相投"。

舟 部

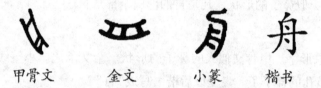

舟

甲骨文　　　金文　　　小篆　　　楷书

【原文】

舟,船也。古者,共鼓、货狄刳木为舟,剡木为楫,以济不通。象形。凡舟之属皆从舟。

【译文】

舟,船。古时候,共鼓、货狄两人,把木挖空来做船,把木削作桨,以渡过不能通过的水流。(舟)似船的形状。凡是舟的部属全部从舟。

【按语】

"舟"是象形字。甲骨文、金文全部似一只带有隔板的小船之形。小篆发生了一些变化,上端的曲线很似船尾的舵。隶变以后楷书写成"舟"。

"舟"的原义就是船。舟是被水托起

来的，所以搁茶碗的小托盘被古人叫作"茶舟"，今天也叫"茶船"。

舰

艦　艦　舰

小篆　　楷书（繁体）　　楷书

【原文】

无。

【按语】

"舰"是后起字，为形声字。从舟，监声。楷书繁体写成"艦"，从舟，监声。汉字简化后写成"舰"。

"舰"的原义是一种四周装有木板，用来抵御敌军射箭的大型战船。尔后泛指大型的航海船只。例如"旗舰"。

般

甲骨文　　金文　　小篆　　楷书

【原文】

般，辟也。象舟之旋，从舟。从殳；殳，所以旋也。

【译文】

般，盘旋。似船的旋转，所以从舟。从殳；殳，是使之旋转的工具。

【按语】

"般"是会意字。甲骨文从凡（盘），从攴（表动作），会制盘时旋转陶坯使之成形之意。隶变以后楷书写成"般"。

"般"的原义为旋转制盘。延伸指盘桓、徘徊。

国学经典文库

说文解字

《说文解字》原文释义

图文珍藏版

"般"又可表示相似、似的、一样，多用在比喻句中。例如"雷鸣般的掌声"。

"般若"一词，是佛教的专门用语。原义是"智慧"，指的是通过自己的直觉所能洞察和领悟的无上智慧或者最高知识。

船

船　船

小篆　　楷书

【原文】

船，舟也。从舟，铅省声。

【译文】

船，舟。从舟，铅省声。

【按语】

"船"是形声字。小篆从舟，铅省声。隶变以后楷书写成"船"。

"船"原义是水上的交通运输工具。

"船"还指用船运载。如韩愈《平淮西碑》："船粟往哺。"意思是用船运载米粟前去救济。

航

航　航

小篆　　楷书

【原文】

无。

【按语】

"航"是形声字。小篆从方（方舟），亢声。隶变以后楷书写成"航"。

"航"的原义是并连的两条船,即方舟。古代礼制规定:天子渡河,必须把船并连排列至对岸;诸侯渡河,并连四条船;大夫渡河,乘两条船并连的方舟;士渡河,只乘单舟。

　　"航"用在航空中,指的是飞机的飞行活动。例如"航班"。

　　"航"用作动词,表示行船、渡河。如成语"一苇可航"意思是用一捆芦苇做成一只小船就可以航行过去。引喻水面相隔很近,不难渡过。也引喻用很小的力就可以把事情解决。

艘

艘　艘

小篆　　楷书

【原文】

无。

【按语】

　　"艘"是形声字。小篆从舟,叟声。隶变以后楷书写成"艘"。

　　"艘"的原义是船的总名。例如《说苑·杂言》:"子居艘楫之间,则吾不如子。"意思是,你在水上驾驶船只纵横穿行,我是不如你。

　　"艘"还能用作量词,表示船只数量。例如《资治通鉴》:"乃取蒙冲斗舰十艘,载燥荻枯柴,灌油其中。"

艇

艇　艇

小篆　　楷书

【原文】

无。

【按语】

"艇"是形声字。小篆从舟，廷声。隶变以后楷书写成"艇"。

"艇"的原义是轻便的小舟。如孙光宪《竹枝词》："门前春水白苹花，岸上无人小艇斜。"延伸指轻快灵便的小型军用船只。例如"救生艇""潜水艇"。

"潜水艇"是一种能潜入水下活动和作战的舰艇，也称潜艇，是海军的主要舰种之一。

舌 部

舌

甲骨文　金文　小篆　楷书

【原文】

舌，在口，所以言也、别味也。从干，从口，干亦声。凡舌之属皆从舌。

【译文】

舌，在口中，是用来说话、辨别滋味的器官。由干、口会意，干也表声。凡是舌的部属全部从舌。

【按语】

"舌"是象形字。甲骨文下半部分表示嘴巴，上半部分似伸出来的舌头。小篆整齐化。隶变后楷书写成"舌"。

"舌"的原义为舌头。延伸指言语。例如《论语·颜渊》："夫子之说君子也，驷不及舌。""驷不及舌"即"一言既出，驷马难追"。

舒

舒 舒

【原文】

舒,伸也。从舍,从予,予亦声。一曰:舒缓也。

【译文】

舒,伸展。由舍、由予会意,予也表声。另一义说:舒是舒缓。

【按语】

"舒"是会意兼形声字。小篆从舍,从予,会伸展之意,予兼表声。隶变以后楷书写成"舒"。

"舒"的原义为伸展、展开。还延伸指宣泄积滞,抒发。如司马迁《报任安书》:"以舒其愤。"意思是以抒发愤懑。

"舒"用作形容词,表示徐缓、从容。例如"舒缓"。也延伸指宽广、广阔。如毛泽东《水调歌头·游泳》:"万里长江横渡,极目楚天舒。"

竹（⺮）部

竹

竹 竹 竹

金文　　小篆　　楷书

【原文】

竹,冬生草也。象形。下垂者,箁箬也。凡竹之属皆从竹。

【译文】

竹,经冬不死的草。象形。两边下垂的笔画,表示笋壳。凡是竹的部属全部从竹。

【按语】

"竹"是象形字。金文似两枝下垂的竹叶。小篆承之。隶变以后楷书写成"竹"。

"竹"的原义就是竹子。竹子是古代制作乐器的重要材料，故而"竹"可指代管乐器。还可指代竹简。例如"罄竹难书"。

笔

甲骨文　　金文　　小篆　　楷书（繁体）　　楷书

【原文】

筆，秦谓之笔。从聿，从竹。

【译文】

筆，秦地叫它作笔。由聿、由竹会意。

【按语】

"笔"是会意字。甲骨文的右上侧是一只手，其左是一支笔的样子。金文的形体同于甲骨文。小篆上部的手指伸过了笔杆。隶变以后楷书写成"筆"。汉字简化后写成"笔"。

"笔"的原义就是写字用的笔。延伸指书写或者记载。例如《史记·孔子世家》："笔则笔，削则削。"即记则记，删则删。

"笔札"一词，大都是指笔和纸。可是在《宋史·钱熙传》"善谈笑，精笔札"中，"笔札"却是指"书信"。这句话是说，钱熙不仅善于谈笑，而且还精于写书信。

箕

| 甲骨文 | 金文 | 小篆 | 楷书 |

【原文】

箕,簸也。从竹;甘,象形,下其丌也。凡箕之属皆从箕。

【译文】

箕,簸箕。从竹;甘,似簸箕之形;下面的丌是它的垫座。凡是箕的部属全部从箕。

【按语】

"箕"是象形字。甲骨文似簸箕之形。金文的形体与甲骨文大体相同。小篆另加义符"竹"。隶变以后楷书写成"箕"。

"箕"的原义为簸箕,是竹子编的扬米去糠的器具,前为敞口有舌,后有半圆之帮可持。

古人席地而坐,伸开两腿坐着,形状如簸箕,此为"箕踞",是不雅、不礼貌的一种坐姿。例如《史记·荆轲列传》:"(荆)轲自知事不就,倚柱而笑,箕踞以骂。"意思是,荆轲自己知道事情不能成功了,倚在柱子上大笑,伸开两腿坐在地上破口大骂。

符

| 小篆 | 楷书 |

【原文】

符,信也。汉制以竹,长六寸,分而相合。从竹,付声。

【译文】

符,取信之物。汉朝规定用竹,长六寸,分而相合以取信。从竹,付声。

【按语】

"符"是形声字。小篆从竹,付声。隶变以后楷书写成"符"。

"符"的原义为古代朝廷用以传达命令或者调兵遣将的凭证。用竹木或者金玉制成,上书文字,一符从中剖为两半,朝廷和有关外任官员或者将帅各执一半,用时两半对合,表示可信与否。多作虎形,故称"虎符"。延伸成相同。例如"符合"。

"符"又特指代表事物的标记、记号。例如"音符"。

笋

筍　筍　笋

小篆　　楷书（繁体）　楷书

【原文】

筍,竹胎也。从竹,旬声。

【译文】

筍,竹笋新生土中。从竹,旬声。

【按语】

"笋"是形声字。小篆从竹,旬声。隶变以后楷书写成"筍"。俗作"笋",从尹声。现在规范化,以"笋"为正体。

"笋"的原义为竹子初从土里长出的嫩芽,味鲜美,可以做菜,也叫"竹笋"。由嫩芽延伸指幼小的。例如"笋鸡"。也延伸指竹的青皮。例如"笋席"。

古代悬挂钟磬等乐器的横木也叫"笋"。例如"笋业",指悬钟磬的架子。

筋

筋　筋

小篆　　楷书

【原文】

筋,肉之力也。从力,从肉,从竹。竹,物之多筋者。凡筋之属皆从筋。

【译文】

筋,肉中的筋。由力、由肉、由竹会意。竹,多筋的物体。凡是筋的部属全部从筋。

【按语】

"筋"是会意字。小篆从力,从肉(月),从竹(俗多用竹皮勒东西),会似竹一样能勒东西的有力之肉之意。隶变以后楷书写成"筋"。

"筋"的原义为附在骨头或者肌腱上的韧带。例如"筋肉"。延伸指可以看见的皮下静脉血管。例如"青筋暴露"。也指肌肉。

"筋"还指似筋的东西。例如"橡皮筋儿"。

植物的脉络也称"筋"。例如"这菜筋多嚼不烂"。

筑

筑　筑

小篆　　楷书

【原文】

筑,以竹曲。五弦之乐也。从竹,从巩。巩,持之也。竹亦声。

【译文】

筑,用竹尺敲声击出各种乐曲。是五弦的乐器。由竹、由巩会意。巩,持握的意思。竹也表声。

【按语】

"筑"是形声字，小篆从木，筑声。隶变以后楷书写成"筑"。

"筑"的原义为古代一种击弦乐器。似筝，颈细而肩圆。演奏时，以竹尺击弦发音。现已失传。

"筑"又指捣土（使坚实）。延伸指筑墙、修建。例如"修筑"。

笺

笺　笺　笺

小篆　楷书（繁体）　楷书

【原文】

笺，表识书也。从竹，戔声。

【译文】

笺，表明、识别的文字。从竹，戔声。

【按语】

"笺"是形声字。小篆从竹，戔（jiān）声。隶变以后楷书写成"笺"。汉字简化后写成"笺"。

"笺"的原义为古代标明、识别的文字，是古书注释的一种。例如《后汉书·儒林传·卫宏》："郑玄作《毛诗笺》。"意思是说郑玄写了本注释《毛诗》的书。

"笺"特指古代公文的一种体裁，是写给尊贵者的信。也作为书信的代称。还延伸指供题诗、写信等用的精美小幅纸张。

简

簡　簡　简

小篆　楷书（繁体）　楷书

【原文】

簡,牒也。从竹,間声。

【译文】

簡,用于画写的狭长竹片。从竹,間声。

【按语】

"简"是形声字。小篆从竹,间声。隶变以后楷书写成"簡"。汉字简化后写成"简"。

"简"的原义为古代用以书写文字的狭长竹片。延伸泛指书籍。在纸张发明以前,"简册"是古代最主要的书写材料。

早期的历史是记载在竹简上的。这些竹简先以火烤去湿,再刮去竹青部分,以便于书写和防蛀,称为"汗青"。尔后就用"汗青"指代史册。

笠

笠 笠

小篆　　楷书

【原文】

笠,簦无柄也。从竹,立声。

【译文】

笠,如簦而没有把。从竹,立声。

【按语】

"笠"是形声字。小篆从竹,立声。隶变以后楷书写成"笠"。

"笠"的原义为用竹篾等编成的遮阳或者挡雨的帽子。如张志和《渔歌子》:"青箬笠,绿蓑衣,斜风细雨不须归。"意思是我戴着青色的草帽,穿着绿色棕榈皮编成的雨衣,徜徉在斜风细雨中,好好享受,不想回家。

竿

竿　竿

小篆　　楷书

【原文】

竿,竹梃也。从竹,干声。

【译文】

竿,竹子挺直。从竹,干声。

【按语】

"竿"是形声兼会意字。小篆从竹,干声,干兼表杆之意。隶变以后楷书写成"竿"。

"竿"的原义为竹竿。多指已截下来充当各种用途的竹子的主干。如贾谊《过秦论》:"斩木为兵,揭竿为旗。"

"竿"又特指钓竿。例如《庄子·外物》:"投竿东海,旦旦而钓,期年不得鱼。"大意是说,在东海畔甩掷钓竿,天天都这样钓鱼,但一年也没有钓上一条。

筠

筠　筠

小篆　　楷书

【原文】

无。

【按语】

"筠"是形声字。小篆从竹,均声。隶变以后楷书写成"筠"。

"筠"的原义为竹子的青皮。例如《礼记·礼器》:"其在人也,如竹箭之有筠也,如松柏之有心也。"大意是,为人处世要似竹子有青皮,松柏有丹心一样坚忍、淡定。

"筼"后泛指竹子。

策

策 楷书
小篆

【原文】

策,马箠也。从竹,朿声。

【译文】

策,马鞭。从竹,朿声。

【按语】

"策"是会意兼形声字。小篆从竹从朿(带刺的荆棘)会意,朿兼表声。隶变以后楷书写成"策"。

"策"的原义为竹制的马鞭。如贾谊《过秦论》:"振长策而御宇内。"大意是挥动马鞭,驾驭四海。延伸指驾驭。如韩愈《马说》中有"策之不以其道",意思是说驾驭马而不能因其本性而加以驾驭。作动词用表示鞭打。

由鞭打延伸成督促、激励。例如"鞭策"。

笛

笛 楷书
小篆

【原文】

笛,七孔筩(同筒)也。从竹,由声。羌笛三孔。

【译文】

笛,七孔竹管乐器。从竹,由声。羌地的笛管有三孔。

国学经典文库

说文解字

《说文解字》原文释义

图文珍藏版

【按语】

"笛"是形声兼会意字。小篆从竹,由声,由兼表声之所由出之意。隶变以后楷书写成"笛"。

"笛"的原义为用竹子制成的横吹管乐器。有一个吹孔,六个用以变换音调的气孔。如李白《春夜洛城闻吹笛》:"谁家玉笛暗飞声,散入春风满洛城。"

管

管　　管

小篆　　楷书

【原文】

管,如篪,六孔。十二月之音。物开地牙,故谓之管。从竹,官声。

【译文】

管,像篪,六孔。是十二月之音。其物贯地发芽,所以叫它管。从竹,官声。

【按语】

"管"是形声字。小篆从竹,官声。隶变以后楷书写成"管"。

"管"的原义为古代一种类似于笛的竹制吹奏乐器。圆筒状,有六孔。两支并起来吹奏。今已失传。例如《诗经·周颂·有瞽》:"既备乃奏,箫管并举。"意思是,已经准备好了,于是就吹奏起来,箫和管两种乐器一起合奏。

"管"后延伸泛指管乐器。如我们说的"管弦乐",就是管乐器、弦乐器合奏的乐曲。

箫

萧 箫 箫

小篆　楷书（繁体）　楷书

【原文】

箫，参差管乐。象凤之翼。从竹，肃声。

【译文】

箫，长短不等的竹管乐器。似凤鸟的翅膀。从竹，肃声。

【按语】

"箫"是形声字。小篆从竹，肃声。隶变以后楷书写成"箫"。汉字简化后写成"箫"。

"箫"的原义是指古代一种竹管乐器，用一组长短不等的细竹管按音律编排而成。也指一种直吹单管乐器，吹孔在顶端侧沿，正面五孔，背面一孔。初名长笛，也称洞箫。如杜牧在《寄扬州韩绰判官》一诗中说："二十四桥明月夜，玉人何处教吹箫。"

篇

篇 篇

小篆　楷书

【原文】

篇，书也。一曰：关西谓榜曰篇。从竹，扁声。

【译文】

篇，画册。另一义说，关西一带叫榜额作篇。从竹，扁声。

【按语】

"篇"是形声兼会意字。小篆从竹，扁声，扁兼表编写之意。隶变以后楷书写成

"篇"。

　　"篇"的原义为竹简、简册。延伸泛指首尾完整的诗文、典籍,成部著作中可以分开的组成部分。如韩愈《送灵师》:"少小涉书史,早能缀文篇。"意思是少儿的时候就涉猎历史书籍,年纪不大就能完成完整的诗文。

等

等　等

小篆　楷书

【原文】

等,齐简也。从竹,从寺。寺,官曹之等平也。

【译文】

等,整齐的竹简。由竹、由寺会意。寺,是官署的竹简整齐的意思。

【按语】

　　"等"是会意字。小篆从竹,从寺(整肃),会齐整竹简之意。隶变以后楷书写成"等"。

　　"等"的原义为整齐的竹简。延伸泛指相同、等同。例如《史记·陈涉世家》:"今亡亦死,举大计亦死,等死,死国可乎?"意思是说,现在逃亡也是死罪,谋反也是死罪,等同的死,那么我们为自己的国家而死,可以吗?

　　"等"特指台阶的级。由此延伸成表示数量或者程度的级别。例如"等级""等次"。

笼

籠　籠　笼

小篆　楷书(繁体)　楷书

【原文】

籠,举土器也。一曰:笭也。从竹,龍声。

【译文】

籠,运土的竹器。又叫笭。从竹,龍声。

【按语】

"笼"是形声字。小篆从竹,龍声。隶变以后楷书写成"籠"。汉字简化后写成"笼"。

"笼"的原义为用竹篾、木条、枝条或者金属丝等做成的器具,读作 lóng。又指关养动物、昆虫的笼子。

"笼"延伸指古代囚禁犯人的刑具、关人的笼子。例如"牢笼"。也延伸泛指盛物的竹器。延伸特指用竹木制成的蒸食物的器具。例如"笼屉"。

"笼"又读作 lǒng,用作动词,表示笼罩,似笼子一样罩在上面。如杜牧《泊秦淮》:"烟笼寒水月笼沙"。也延伸指包罗。例如"笼络"。还表示藏在袖中。例如"笼袖",指把两手相对伸入两袖中。

篷

篷 篷
小篆 楷书

【原文】

无。

【按语】

"篷"是形声字。小篆从竹(表示与竹子有关),逢声。隶变以后楷书写成"篷"。

"篷"的原义为用竹篾、苇席等做成的遮蔽风雨和阳光的设备。延伸指船帆、船。如李白《送友人》:"此地一为别,孤篷万里征。"意思是,在这个地方作别以后,一只帆船便要独自远航了。

筒

筒 筒

小篆　楷书

【原文】

筒,通箫也。从竹,同声。

【译文】

筒,无底的洞箫。从竹,同声。

【按语】

"筒"是形声兼会意字。小篆从竹,同声。隶变以后楷书写成"筒"。

"筒"的原义指洞箫,延伸成竹筒。也延伸指较粗的管状物。例如"手电筒"。

"筒子楼",是颇具中国特色的一种住房样式,为一条长走廊串联着许多个单间。因为长长的走廊两端通风,状如筒子,故名"筒子楼"。

"筒"用作量词,用于筒状物装的东西。例如"一筒茶"。

箍

箍 箍

小篆　楷书

【原文】

无。

【按语】

"箍"是会意字。小篆从手,从竹,从匝,会用手把竹篾转成圈来束紧东西之意。隶变以后楷书写成"箍"。

"箍"的原义为用竹篾、金属条或者其他东西束紧器物。例如"箍桶"。

"箍"用作名词,指束紧器物的圈。例如"铁箍"。

筛

筛　篩　篩　筛

小篆　　楷书（繁体）楷书（繁体）　楷书

【原文】

无。

【按语】

"筛"是形声字。小篆从竹，徙声。隶变以后楷书写成"篩"。后俗借"篩"来表示，从竹，師声。汉字简化后写成"筛"。

"筛"的原义指有许多小孔的竹器，俗称筛子。延伸指用筛子过物。例如"筛面"。也延伸指穿过孔隙。如林觉民《与妻书》："窗外疏梅筛月影，依稀掩映。"也延伸引喻挑选。例如"筛选"。

在方言中，指把酒置于壶内，放在火上加热。例如《红楼梦》第六十三回："两个老婆子蹲在外面火盆上筛酒。"

筛东西要摇动筛子，故也延伸指击、敲。例如"筛锣"。

筐

筐　筐

小篆　　楷书

【原文】

无。

【按语】

"筐"是会意兼形声字。小篆从竹从匚会意，匚兼表声。隶变以后楷书写成"筐"。

"筐"的原义为古代盛饭的方形竹器。延伸泛指竹柳编的盛东西的方形竹器。例如"编筐"。

“筐”也引喻似方筐一样方正的。例如《淮南子·诠言训》:“心有忧者,筐床(方正而舒适的床)衽席(卧席),弗能安也。”意思是,如果心中有忧虑的事,即使睡在舒适的床褥上,也不能安心。

篮

籃 籃 篮

小篆 楷书(繁体) 楷书

【原文】

籃,大篝也。从竹,監声。

【译文】

籃,大竹笼。从竹,監声。

【按语】

“篮”是形声字。小篆从竹,監声。隶变以后楷书写成“籃”。汉字简化后写成“篮”。

“篮”的原义为大竹笼。例如“烘篮”指一种取暖工具。延伸泛指用竹、藤或者柳条编成的用以盛东西的带提梁的器具。例如“花篮”。

“篮”还特指钉在木架的板上供投球用的带网铁圈。例如“篮球”。也指篮球运动或者篮球队。例如“男篮”。

箱

箱 箱

小篆 楷书

【原文】

箱,大车牝服也。从竹,相声。

【译文】

箱,大车的车箱。从竹,相声。

【按语】

"箱"是形声字。小篆从竹,相声。隶变以后楷书写成"箱"。

"箱"的原义为车箱。古代居室前堂两旁的房屋,其形制犹如车之厢,故也延伸指厢房,正房前面两侧的房屋。

"箱"还延伸指用竹木等制成方形器具。例如"书箱"。又指形状或者功用似箱子的东西。例如"风箱"。

"箱"用作量词,指一个箱子所装的量。例如"一箱宝石"。

箩

籮　籮　箩

小篆　　楷书(繁体)　　楷书

【原文】

无。

【按语】

"箩"是形声兼会意字。小篆从竹,羅声,羅兼表似罗网一样有眼之意。隶变以后楷书写成"籮"。汉字简化后写成"箩"。

"箩"的原义为一种盛谷米倒入斛中的箕。又表示箩筐,是竹制的盛器,多为方底圆口。如"筐箩"。

"箩"特指箩筛,是一种专供筛粉状物质或者过滤流质的器具,底部比筛子密,用绢或者细铜丝等材料做成。例如"借个箩来筛面"。

"箩"用作动词,指用箩筛或者滤。例如"箩面"。

筝

筹　　筝

小篆　　楷书

【原文】

筝，鼓弦竹身乐也。从竹，争声。

【译文】

筝，拨弦的、似筑身的乐器。从竹，争声。

【按语】

"筝"是形声字。小篆从竹，争声。隶变以后楷书写成"筝"。

"筝"的原义为古代弦乐器，形似瑟。战国时已流行于秦地，故又称"秦筝"。

"筝"用作"风筝"，指一种传统的娱乐玩具。风筝起源于中国，是古代哲学家墨翟制造的。

缶部

缶

古　　古　　击　　缶

甲骨文　金文　小篆　楷书

【原文】

缶，瓦器。所以盛酒浆。秦人鼓之以节歌。象形。凡缶之属皆从缶。

【译文】

缶，陶器。用来盛酒浆的器皿。秦地人敲击着它来为唱歌打拍子。象形。凡是缶的部属全部从缶。

【按语】

"缶"是会意字。甲骨文上面是杵，下面是一个器皿，会以杵制作陶瓦器之意。

金文线条化。小篆整齐化。隶变以后楷书写成"缶"。

"缶"的原义为盛酒浆的瓦器,小口大腹。也有铜制的缶,盛行于春秋战国时期。古人制作瓦器时,常常边拍打边唱歌,"缶"遂演变为瓦质的打击乐器。

缺

缺　　缺

小篆　　楷书

【原文】

缺,器破也。从缶,决省声。

【译文】

缺,陶器破缺。从缶,决省声。

【按语】

"缺"是形声兼会意字。小篆从(瓦器),夬声,夬兼表破损之意。隶变以后楷书写成"缺"。

"缺"的原义为器具破损而不完整。例如"完美无缺"。

"缺"用作动词,指短少、缺乏。例如"缺钱"。也延伸指不完美、过失。例如"缺点"。后也延伸指该到未到。例如"缺席"。

"缺"用作名词,旧指官职的空额,后亦泛指一般职务的空额。例如"补缺"。还指亏缺、空缺。

罄

罄　　罄

小篆　　楷书

【原文】

罄,器中空也。从缶,殸声。殸,古文罄字。《诗》云:'瓶之罄矣。'

【译文】

罄,器皿中空。从缶,殸声。殸,古文"罄"字。《诗经》说:"瓶里已是空空的了。"

【按语】

"罄"是形声兼会意字。小篆从缶,殸声,殸兼表示空之意,因为器物中空才便于发声。隶变后楷书写成"罄"。

"罄"的原义为器物中空无一物。例如"瓶罄罍耻",引喻休戚相关,彼此利害一致。也延伸指用尽、用完。例如"罄竹难书",指用完南山的竹子做简册,也写不完(隋炀帝的)罪状。

罐

罐　　罐

小篆　　楷书

【原文】

无。

【按语】

"罐"是形声字。小篆从缶,雚声。隶变以后楷书写成"罐"。

"罐"的原义为盛东西或者汲水的圆筒形瓦器。例如"瓦罐"。延伸泛指各种圆形盛物器。例如"拔火罐"。

"罐"也延伸指形状或者作用似罐的东西。例如"闷罐车"。现在也延伸指密封食物的罐子。例如"罐头"。

缸

缸　　缸

小篆　　楷书

【原文】

缸,瓦也。从缶,工声。

【译文】

缸,陶器,从缶,工声。

【按语】

"缸"是形声字。小篆从缶,工声。隶变以后楷书写成"缸"。

"缸"的原义为大口而无颈的陶器。例如"鱼缸"。延伸泛指似缸的器物。例如"汽缸"。又引申指用沙子、陶土等混合而成的质料制成的器物,多涂釉子。例如"缸瓦"。

臼 部

臼

甲骨文　　金文　　小篆　　楷书

【原文】

臼,舂也。古者掘地为臼,其后穿木石。象形。中米也。凡臼之属皆从臼。

【译文】

臼,舂米的臼。古时候在地上掘坎成臼,尔后挖穿木头或者石头(作臼)。似臼的形状,中间似米的形状。凡是臼的部属全部从臼。

【按语】

"臼"是象形字。甲骨文、金文全部似一个舂米用的石臼之形。小篆的形体与甲骨文、金文基本相同。隶变以后楷书写成"臼"。

"臼"的原义为舂米的石臼。泛指舂捣的器具。例如"杵臼"。又引喻形状似

臼的东西。例如"臼齿。"

臼大都是用石头凿成的,里面的东西不易跳出来,所以可延伸成陈旧的格调,这在古代全部称为"臼科",今天多作"窠臼"。

舀

金文　小篆　楷书

【原文】

舀,抒臼也。从爪、臼。《诗》曰:'或簸或舀。'

【译文】

舀,从臼里舀出来。由爪、臼会意。《诗经》说:"时而簸去糠皮,时而把米从臼里舀出来。"

【按语】

"舀"是会意字。金文形体就似一只手到一个器皿中去舀取东西的样子。小篆继承金文。隶变后楷书写成"舀"。

"舀"的原义就是舀取。例如"舀水"。

现在,凡是从"那里"舀到"此处",全部可称为"舀"。

舂

甲骨文　金文　小篆　楷书

【原文】

舂,捣粟也。从廾持杵临臼上。午,杵省也。

【译文】

舂,舂捣粟米一类物。由"廾"(双手)持握着"午"在"臼"上会意。午,是"杵"

的省略。

【按语】

"舂"是象形字。甲骨文上部为两只手,中间竖线表示杵,下部似臼之形,两点代表米。金文字形变化不大。小篆直接从金文变来。隶变以后楷书写成"舂"。

"舂"的原义是指捣去谷物外皮的动作,即舂米。如李白《宿五松山下荀媪家》:"田家秋作苦,邻女夜舂寒。"

古时候干这种粗活的大都都是奴隶,所以"舂"还指古代因犯罪或者被俘等成为舂膳的奴隶。例如"舂市",是古代舂人所役女犯劳作之处。

舅

小篆　　楷书

【原文】

舅,母之兄弟为舅,妻之父为外舅。从男,臼声。

【译文】

舅,母亲的哥哥或弟弟叫作舅,妻子父亲叫作外舅。从男,臼声。

【按语】

"舅"是形声字。小篆男为形旁,表示与男子有关,臼声。隶变以后楷书写成"舅"。

"舅"的原义为母亲的兄弟。也延伸指妻子的兄弟。例如"妻舅""小舅子"。在封建王朝中太后或者皇后的弟兄,即皇帝的母舅或者妻舅,又称"国舅"。

另外,古代帝王称异姓大邦诸侯为"伯舅",异姓小邦诸侯为"叔舅"。诸侯亦称异姓大夫为"舅"。

耒

金文　小篆　楷书

【原文】

耒,手耕曲木也。从木推丯。凡耒之属皆从耒。

【译文】

耒,手耕时期的曲木。由"木"推着表示草芥的"丯"会意。凡是耒的部属全部从耒。

【按语】

"耒"是象形字。金文左上方是一只手,右边是一个似权形的农具,会手握农具劳动之意。隶变以后楷书写成"耒"。

"耒"的原义是一种耕田用的曲木,是战国时期使用的手耕农具。例如《汉书·郦食其传》:"农夫释耒。"就是说农民放下手中的耒。也延伸成一种似犁的农具,称为"耒耜"。"耒耜"是我国最原始的翻土工具,后世也把各种耕地用的农具全部称为"耒耜"。

耕

小篆　楷书

【原文】

耕,犁也。从耒,井声。一曰:古者井田。

【译文】

耕,犁田。从耒,井声。一说上古为井田,由井会意。

【按语】

"耕"是形声兼会意字。小篆从耒,井声,井兼表井田之意。隶变以后楷书写成"耕"。

"耕"的原义为犁田。也延伸指播种。例如《商君书·慎法》:"民之欲利者非耕不得,避害者非战不免,境内之民莫不先务耕战,而后得其所乐。"意思是,想得到利益的人必须先耕种,想避害的必须先打仗,全国的人无不是先耕地打仗,然后才能得到他所追求的。

耘

耨 頛 耘

小篆　　楷书(繁体)　楷书

【原文】

頛,除苗间秽也。从耒,员声。

【译文】

頛,除去田里的杂草。从耒,员声。

【按语】

"耘"是形声字。小篆从耒,员声。隶变以后楷书写成"頛"。汉字简化后写成"耘"。

"耘"的原义为除去田里的杂草。例如《墨子》:"农夫春耕夏耘,秋敛冬藏。"意思是农民春天耕种,夏天除草,秋天收获,冬天储藏。

"耘"延伸引喻辛勤攻读。如韩愈《送刘师服》:"勉哉耘其业,以待岁晚收。"意思是,辛勤读书,以等最后有所收获。

现在多把"耕""耘"二字合用,组成"耕耘"一词。

耒吕

金文　小篆　楷书

【原文】

无。

【按语】

"耒吕"是形声字。金文从林,吕声。小篆整齐化。隶变以后楷书写作"耒吕"。

"耒吕"的原义是古代的一种农具。

"耒吕"作为动词,指以耒吕铲土。如曹植《藉田赋》:"尊趾勤于耒耒吕,玉手劳于耕耘。"

耗

小篆　楷书

【原文】

耗,稻属也。从禾,毛声。

【译文】

耗,一种稻类植物。从禾,毛声。

【按语】

"耗"是形声字。小篆从禾,毛声。隶变以后楷书写成"耗"。现在"耗",现在规范化,以"耗"为正体。

"耗"的原义是庄稼歉收。泛指亏损。例如"消耗"。由损耗也延伸出消磨之意。例如"耗神费力"。"耗"还延伸特指消息、音信。例如"噩耗"。因为鼠类会偷吃粮食,所以在北方方言中"耗"还指老鼠。

西 部

西

甲骨文　　金文　　小篆　　楷书

【原文】

西，鸟在巢上。象形。凡西之属皆从西。

【译文】

西，鸟儿歇宿在巢上。象形。凡是西的部属全部从西。

【按语】

"西"是象形字。甲骨文似鸟巢的形状。金文与甲骨文相似。小篆上方增加了一条似鸟的曲线，表示鸟在巢里栖息。隶变以后楷书写成"西"。

"西"的原义就是栖（栖）。"西"又假借代表方向。例如"西风"。

在古代人们以面朝东为尊，主人把宾客全部安排在西面的座位上，面向东坐，故对宾客的尊称也可以称为"西席""西宾"。古时"西宾"也是对家塾教师的敬称。

栗

甲骨文　　小篆　　楷书

国学经典文库

说文解字

《说文解字》原文释义

图文珍藏版

【原文】

无。

【按语】

"栗"是会意字。甲骨文似一棵栗子树(木)。小篆整齐化以后就看不出来栗子果实的形状了。隶变以后楷书写成"栗"。

"栗"的原义就是栗子树。例如《诗经·鄘风·定之方中》:"树之榛栗。"意思是栽上榛子树、栗子树。延伸成坚实细密。例如"栗然"指坚实密致貌。也延伸出庄敬严肃。

"栗"字又可以表示恐惧发抖。例如"战栗""不寒而栗"。

页 部

页

甲骨文　金文　小篆　楷书(繁体)　楷书

【原文】

頁,头也。从百,从儿。古文稽首如此。凡頁之属皆从頁。

【译文】

頁,头。由百、由儿会意。古文稽首的"首"字似这个样子。凡是頁的部属全部从頁。

【按语】

"页"是象形字。甲骨文似一个侧身跪坐的人。金文上部是头,下部是臂、身、腿。隶变以后楷书写成"頁"。汉字简化后写成"页"。

"页"的原义就是头。尔后被借用为量词,表示书册的一张或者每张的一面。其头的原义便另加声符"豆",写成"頭"来表示。简化作"头",而"页"的原义现在已经消失了。

项

項　項　项

小篆　楷书（繁体）　楷书

【原文】

項，头后也。从頁，工声。

【译文】

項，脖子的后部。从頁，工声。

【按语】

"项"是形声字。小篆从頁，工声。隶变以后楷书写成"項"。汉字简化后写成"项"。

"项"的原义为脖子的后部。如曹植在《洛神赋》中描写洛神宓妃是"延颈秀项，皓质呈露"，意思是脖颈细长秀丽，白嫩的肌肤微微显露。延伸泛指脖子。

"项"也延伸指事物的类别、种类。例如"事项"。也延伸指条目、条款。

"项"作量词，指分项目的事物。例如"十项全能"。

题

題　題　题

小篆　楷书（繁体）　楷书

【原文】

題，額也。从頁，是声。

【译文】

题,额头。从頁,是声。

【按语】

"题"是形声字。小篆从頁,是声。隶变以后楷书写成"題",汉字简化后写成"题"。

"题"的原义是额头。延伸泛指文章的标题、题目。如梁启超《少年中国说》:"龚自珍氏之集有诗一章,题曰《能令公少年行》。"

"题"作动词,表示书写、题署。例如"金榜题名"。

顺

金文　　小篆　　楷书(繁体)　　楷书

【原文】

顺,理也。从頁,从巛。

【译文】

顺,梳理头发。由頁、由巛会意。

【按语】

"顺"是会意字。金文从頁(人头),从巛(川),会人的思路似流水一样顺畅之意。隶变后楷书写成"順"。汉字简化后写为"顺"。

"顺"的原义为沿着同一方向。例如"顺江东下"。由顺从之意,延伸成事情进行顺利。合乎心意。例如"顺耳"。

"顺"也延伸成合理的。例如"顺理成章"。还延伸成通顺。例如"文从字顺"。进而延伸成顺便、趁便。例如"顺便"。

顾

顧　顧　顾

<small>小篆　　楷书（繁体）　楷书</small>

【原文】

顧，还视也。从頁，雇声。

【译文】

顧，回头而视。从頁，雇声。

【按语】

"顾"是形声字。小篆从頁，雇声。隶变以后楷书写成"顧"。汉字简化后写成"顾"。

"顾"的原义为回头看、转头看。如李白《下终南山过斛斯山人宿置酒》："却顾所来径，苍苍横翠微。"泛指看。例如"顾影自怜"。

"顾"还特指延伸指考虑、顾虑。例如"大行不顾细谨，大礼不辞小让"。

颅

　顱　颅

<small>小篆　　楷书（繁体）　楷书</small>

【原文】

顱，硕颅，首骨也。从頁，盧声。

【译文】

顱，硕颅，头骨。从頁，盧声。

【按语】

"颅"是形声字。小篆从頁（表示头部），盧声。隶变以后楷书写成"顱"，汉字简化后写成"颅"。

"颅"的原义为头盖骨。例如《战国策·秦策四》:"首身分离,暴骨草泽,头颅僵仆,相望于境。"

"颅"延伸指头、头颅。如潘岳《射雉赋》:"佽余志之精锐,拟青颅而点项。"

"颅"也延伸指额头。如王褒《日出东南隅行》:"高箱照云母,壮马饰当颅。"

额

額 額 额

小篆　楷书(繁体)　楷书

【原文】

額,顙也。从頁,各声。

【译文】

額,额头。从頁,各声。

【按语】

"额"是形声字。小篆从頁,各声。隶变以后楷书写成"額"。汉字简化后写成"额"。

"额"的原义为额头。例如"焦头烂额"。延伸指店铺或者厅堂正面和顶部挂的有字的牌匾。如"匾额"。

颂

頌 頌 頌 颂

金文　小篆　楷书(繁体)　楷书

【原文】

頌,貌也。从頁,公声。

【译文】

頌,容貌。从頁,公声。

【按语】

"颂"是形声字。小篆从頁，公声。隶变以后楷书写成"頌"。汉字简化后写成"颂"。

"颂"的原义为修饰容貌。延伸成赞扬。例如"颂歌"。

"颂"与风、雅、赋、比、兴合称"六义"，是《诗经》中三种诗歌类型之一，即收集在《周颂》《鲁颂》《商颂》中的祭祀时用的舞曲歌辞。

"颂"还是文体之一，指以颂扬为目的的诗文。常以情调的激扬、风格的精炼、诗行的长短不一和诗节形式的繁复为标志。如史岑的《出师颂》。

颖

颕 穎 颖

小篆　　楷书（繁体）　　楷书

【原文】

穎，禾末也。从禾，頃声。《诗》曰：'禾穎穟穟。'

【译文】

颖，禾穗的末端。从禾，頃声。《诗经》说："禾穗美好。"

【按语】

"颖"是形声字。小篆从禾，頃声。隶变以后楷书写成"穎"。汉字简化后写成"颖"。

"颖"的原义是禾穗的尖端。长在植物尖端的大都全部是嫩芽，所以"颖"延伸指草木的嫩芽。延伸泛指物体的尖端。如成语"脱颖而出"中的"颖"就是指锥尖。

"颖"又可表示聪敏。例如《南史·谢灵运佳》："灵运幼便颖悟。"

须

金文　　小篆　　楷书（繁体）　　楷书

【原文】

須，面毛也。从頁，从彡。凡須之属皆从須。

【译文】

須，脸上的须毛。由頁、由彡会意。凡是须的部属全部从须。

【按语】

"须"是象形字。金文似个长满胡子的大头人，头戴着尖顶小帽。小篆右边是"頁"（头），嘴边的三根胡须朝左。隶变以后楷书写成"須"。汉字简化后写成"须"。

"须"的原义为胡子。只有男人才会长胡子，所以尔后"须眉"特指男子。又指似胡须的东西。如花须，根须。

"须"用作副词，意为必须、应当。如杜甫《闻官军收河南河北》："白日放歌须纵酒，青春做伴好还乡。"

颠

小篆　　楷书（繁体）　　楷书

【原文】

顛，顶也。从頁，真声。

【译文】

顛，头顶。从頁，真声。

"颠"是形声字。小篆从頁(人头朝上),真声。隶变以后楷书写成"顛"。汉字简化后写成"颠"。

"颠"的原义为头顶。如梅尧臣《依韵和杨敏叔吴门秋晚见寄》:"颠毛随日减,冉冉不胜簪。"意思是头顶上的头发随着时间而减少,柔弱下垂,快托不住发簪了。

"颠"延伸泛指物体的顶部。如陶渊明《归园田居》:"犬吠深巷中,鸡鸣桑树颠。"此处的"颠"就是指树的顶部。

顶

顶　頂　顶

小篆　　楷书（繁体）　楷书

【原文】

頂,颠也。从頁,丁声。

【译文】

頂,头顶。从頁,丁声。

【按语】

"顶"是形声字。小篆从頁,丁声。隶变以后楷书写成"頂"。汉字简化后写成"顶"。

"顶"的原义为头顶,即人头的最上部。延伸泛指物体的最上部。例如"山顶"。

"顶"用作动词,指用头支撑。如成语"顶天立地"。由顶住也延伸指迎着、冒着。例如"顶风冒雨"。

古时跪拜头顿地,故也延伸指拜。所以成语有"顶礼膜拜",其中"顶礼"是佛教拜佛时最高的敬礼,姿势为:人跪下,两手伏地,以头顶着受礼人的脚;"膜拜"是佛教徒的另一种敬礼,两手加额,跪下叩头。

颇

顑 頗 颇

小篆　　楷书（繁体）　楷书

【原文】

頗，头偏也。从頁，皮声。

【译文】

頗，头偏。从頁，皮声。

【按语】

"颇"是形声字。小篆从頁（人头），皮声。隶变以后楷书写成"頗"。汉字简化后写成"颇"。

"颇"的原义是头偏。延伸泛指偏斜、不平正。我们常说"有失偏颇"，就是指在公正与不公正方面有失误，即不公正。

"颇"用作副词，表程度，等同于"略微"。例如《陌上桑》："二十尚不足，十五颇有余。"尔后又表示程度深，等同于"很""甚"。人们常说某人"著述颇丰"，是说那人著述非常多。

颈

頸 頸 颈

小篆　　楷书（繁体）　楷书

【原文】

頸，头茎也。从頁，巠声。

【译文】

頸，挨近头部像茎的头项。从頁，巠声。

"颈"是形声字。小篆从页（人头），巠声。隶变以后楷书写成"頸"。汉字简化后写成"颈"。

"颈"的原义为脖子的前部。例如"刎颈之交"中的"刎颈"是指割脖子。

"颈"延伸泛指脖子。例如《韩非子·五蠹》："兔走触株，折颈而死。""折颈而死"就是折断脖子死了。也指器物上似脖子的部分。例如"瓶颈"。现在也用来形容事业发展中停滞不前的状态。

颊

頬　頰　颊

小篆　　楷书（繁体）　楷书

【原文】

頰，面旁也。从頁，夾声。

【译文】

頰，面部的左右两侧。从頁，夾声。

【按语】

"颊"是形声字。小篆从页（人头），夾声。隶变以后楷书写成"頰"。汉字简化后写成"颊"。

"颊"的原义为脸的两侧。如成语"颊上添毫"，本指给人画像时在脸上添上几根毫毛，比喻文章或者图画经润色后愈加精彩。

"颊"延伸泛指侧、旁边。如文同《郡斋水阁闲书·湖桥》："湖桥北颊花坞，水阁西头竹村。"也延伸指堂内正室旁边的房间。如苏轼《中和堂东南颊下瞰海门洞》："中和堂上东南颊，独有人间万里风。"

国学经典文库

说文解字

《说文解字》
原文释义

图文珍藏版

1520

颔

颔　頷　颔

小篆　　楷书（繁体）　　楷书

【原文】

頷，顄（颔）也。从頁，合声。

【译文】

頷，下巴。从頁，合声。

【按语】

"颔"是形声兼会意字。小篆从頁（人头），合声，合兼表开合之意。隶变以后楷书写成"頷"。汉字简化后写成"颔"。

"颔"的原义为构成口腔的上下部肌肉和骨骼及肌肉组织，即上下颔。

颔

頷　頷　颔

小篆　　楷书（繁体）　　楷书

【原文】

頷，面黄也。从頁，含声。

【译文】

頷，面色黄。从頁，含声。

【按语】

"颔"是形声字。小篆从頁（人头），含声。隶变以后楷书写成"頷"。汉字简化后写成"颔"。

"颔"的原义为因饥饿而面黄肌瘦。如韩愈《送无本师归范阳》（贾岛早年出家为僧，名无本）："欲以金帛酬，举室常顲颔。"其中的"顲颔"就是指因饥饿而面黄肌瘦的样子。

"颔"后借用作"颐",指人的下巴。如白居易《马上作》:"蹉跎二十年,颔下生白须。"

"颔"用作动词,表示允可、赞许。例如"颔首"就是点头。又如韩愈《华山女》:"玉皇颔首许归去,乘龙驾鹤来青冥。"

颗

颗 颗 颗

【原文】

颗,小头也。从頁,果声。

【译文】

颗,小头。从頁,果声。

【按语】

"颗"是形声字。小篆从頁(人头),果声。隶变以后楷书写成"颗"。汉字简化后写成"颗"。

"颗"的原义为小头。延伸指小而圆的东西。如张先《菩萨蛮》:"牡丹含露珍珠颗,美人折向帘前过。"

"颗"作量词,用于圆形或者粒状物。如苏轼《惠州一绝》:"日啖荔枝三百颗,不辞长作岭南人。"

频

频 颊 频 频

【原文】

无。

【按语】

"频"是会意字。金文从页，从涉，会人在水边欲渡又止、徘徊皱眉之意。小篆继承金文。隶变以后楷书写成"頻"。汉字简化后写成"频"。

"频"的原义为人将要渡河，见水深，皱眉而止。延伸指皱眉。例如"频蹙"。此义尔后写成"颦"。延伸指连续多次。例如"频繁"。

"频"特指在一定时间或者范围内事物重复出现的次数。例如"音频""频率"。

颜

顔　顔　颜

小篆　　楷书（繁体）　　楷书

【原文】

顔，眉（目）之间也。从頁，彦声。

【译文】

顔，两眉之间。从頁，彦声。

【按语】

"颜"是形声字。小篆从页（人头），彦声。隶变以后楷书写成"顔"。汉字简化后写成"颜"。

"颜"的原义为两眉之间，俗称"印堂"。例如《诗经·秦风·终南》："颜如渥丹，其君也哉。"意思是，他的印堂似搽了朱丹般红润，真是个君子呀。延伸指面容、脸色。例如"容颜"。

面容能显示出人的气色，故也延伸指色彩。例如"五颜六色"。

顿

頓　頓　顿

小篆　楷书（繁体）　楷书

【原文】

顿，下首也。从頁，屯声。

【译文】

顿，以头叩地。从頁，屯声。

【按语】

"顿"是形声字。小篆从頁（人头），屯声。隶变以后楷书写成"頓"。汉字简化后写成"顿"。

"顿"的原义是指古代以头叩地之礼。延伸指以脚跺地。如成语"捶胸顿足"。作副词，表示立刻。例如"顿时"。

颓

穨　穨　頹　颓

小篆　楷书（繁体）楷书（繁体）　楷书

【原文】

无。

【按语】

"颓"是形声兼会意字。小篆本从秃，贵声。隶变以后楷书写成"穨"。俗改为"頹"，从秃，从頁（头），会秃头之意。汉字简化后写成"颓"。

"颓"的原义为头发脱落。后指坠落、下坠。延伸指水流向下。例如"颓波"指水波下泻。

"颓"也延伸指坍塌。例如"颓塌"。还延伸指衰败、衰亡。例如"颓败"。进而延伸指萎靡不振。如"颓卒"指萎靡衰老的士卒。

"颓"进一步指衰老。例如"颓年"。

"颓"还特指恶劣。如王实甫《西厢记》："今日颓天，百般的难得晚！"

顽

小篆　　楷书（繁体）　　楷书

【原文】

頑，𣉻头也。从頁，元声。

【译文】

頑，难劈的囫囵木头。从頁，元声。

【按语】

"顽"是形声兼会意字。小篆从頁（头），元声。元（头）兼表头顶之意。隶变以后楷书写成"頑"。汉字简化后作为"顽"。

"顽"的原义为很难劈开的木头疙瘩。例如"顽钝"指不锋利的器物。

由木头疙瘩很难劈开，延伸成坚硬。例如"顽铁"。由此延伸成坚强。例如"顽强战斗"。又引申指愚顽之人、顽固派。例如"顽军"指的就是顽固派的军队。还延伸指人愚妄无知。例如"冥顽不灵"。

由未经教化、不懂规矩，延伸指性情顽劣、暴戾。例如"顽徒"指蛮横不法之人。也延伸成喜欢嬉戏，淘气。例如"顽皮"。

顷

小篆　　楷书

【原文】

頃，头不正也。从匕，从頁。

【译文】

頃,头不正。由匕、由頁会意。

【按语】

"頃"是会意字。小篆从匕(不正),从頁(头),会人歪头之意。隶变以后楷书写成"頃"。汉字简化后写为"顷"。

"顷"的原义为头歪斜,读作 qīng。由此延伸成偏侧、倾斜。人歪头只需要很短的时间,由此延伸成短时间、不久,读作 qǐng。例如"顷刻"。

"顷"用作量词,是土地面积单位,一顷等于一百亩。例如"良田万顷"。

领

領 領 领

小篆　楷书(繁体)　楷书

【原文】

领,項也。从頁,令声。

【译文】

领,颈。从頁,令声。

【按语】

"领"是形声字。小篆从頁(人头),令声。隶变以后楷书写成"領"。汉字简化后写成"领"。

"领"的原义为脖子。如白居易《发白狗峡次黄牛峡登高寺却望忠州》:"北归虽引领,南望亦回头。"其中的"引领"便是伸颈远望,形容期望殷切。延伸成衣领。

"领"作动词用时表示统领、带领。又指理解、懂得。例如"心领神会"还表示指

接受、受取。例如"领命"便是接受命令,遵照命令指示去办。

"领"作量词,用于衣服、席等。例如"一领青衣"。

颐

颐 颐 颐

小篆　　楷书（繁体）　　楷书

【原文】

𦣞，颔也。象形。

【译文】

𦣞，下巴，象形。

【按语】

"颐"是形声字。本写成"𦣞"。小篆从页从𦣞（笑口）会意，𦣞兼表声。隶变以后楷书写成"颐"，汉字简化后写成"颐"

"颐"的原义为下巴、腮、面颊。例如"颐指气使"指动下巴示意，用神情气色支使人。多用来形容有权势的人指挥别人的傲慢态度。

"颐"又指保养。例如"颐养天年"，即保养年寿。

颤

颤 颤 颤

小篆　　楷书（繁体）　　楷书

【原文】

顫，头不定也。从页，亶声。

【译文】

顫，头摇动不定。从页，亶声。

【按语】

"颤"是形声字。小篆从页（头），亶声。隶变以后楷书写成"顫"。汉字简化后写成"颤"。

"颤"的原义为头摇动不定，读作 zhàn。延伸指发抖、颤动。例如"寒颤"，现多写成"寒战"。

"颤"又读作 chàn，表示颤抖、发抖。

老 部

老

甲骨文　　金文　　小篆　　楷书

【原文】

老，考也。七十曰老。从人、毛、匕，言须发变白也。凡老之属皆从老。

【译文】

老，老年人。七十岁叫老。由人、毛、匕会意。是说髭须毛发变白。凡是老的部属全部从老。

【按语】

"老"是会意字。甲骨文似长发佝腰手拄拐杖的老人的形象。金文、小篆改为从人、毛、匕的会意字。隶变以后楷书写成"老"。

"老"的原义为年老、衰老。延伸成老练。如杜甫《奉汉中王手札》："枚乘文章老。"意思是枚乘写文章很老练。

"老"用作动词，指衰老、变老。如李贺《金铜仙人醉汉歌》："天若有情天亦老。"

耋

甲骨文　　小篆　　楷书（繁体）　楷书

【原文】

耋，年八十曰耋。从老省，从至。字亦作䎧。

【译文】

耋,八十岁叫耋。由老省、由至会意。"耋"字也写成"耊"。

【按语】

"耊"是会意字。甲骨文字形,左边为至,右边为一个面朝左的老人之形(即"老"),会老年已至之意。隶变以后楷书写成"耊",俗作"耋"。现在规范化,以"耋"为正体。

"耋"的原义为年老。例如"老耋"。古指七八十岁的年纪。例如"耄耋之年"。

耳 部

耳

甲骨文　金文　小篆　楷书

【原文】

耳,主听也。象形。凡耳之属皆从耳。

【译文】

耳,主管听觉(的器官)。象形。凡是耳的部属全部从耳。

【按语】

"耳"是象形字。甲骨文和金文全部似人的耳朵的形状。小篆线条化。隶变以后楷书写成"耳"。

"耳"的原义是指耳朵。例如"耳闻目睹"。也延伸指形状似耳朵的事物。例如"木耳"。

因为耳朵是长在头部的左右两侧,所以"耳"又指位置在两旁的。例如"耳房"就是指正房两边的小房间。

聶

聶　聶　聂

小篆　楷书（繁体）　楷书

【原文】

聶,附耳私小语也。从三耳。

【译文】

聶,附在耳旁窃窃私语。由三个"耳"字会意。

【按语】

"聂"是会意字。小篆用三耳聚合,会附耳小声说话之意。隶变以后楷书写成"聶"。汉字简化后写成"聂"。

"聂"的原义为附耳小语。例如《庄子·大宗师》:"瞻明闻之聂许,聂许闻之需役。"意思是,目视明晰是从附耳私语那里听到的,附耳私语是从勤行不怠那里听到的。

"聂"多用作姓氏。著名的有聂政,是战国时的侠客。

取

取　取　取　取

甲骨文　金文　小篆　楷书

【原文】

取,捕取也。从又,从耳。《周礼》:'获者取左耳。'《司马法》曰:'载献聝。'聝者,耳也。

【译文】

取,捕获。由又、由耳会意。《周礼》说:"被捕获的野兽割取左耳。"《司马法》曰:"献上聝。"聝,是(割下的)耳朵。

【按语】

"取"是会意字。甲骨文左边是一只耳朵,右边是一只手(又),合起来表示用手割耳朵之意。金文的形体与甲骨文大概相同。小篆线条化。隶变以后楷书写成"取"。

"取"的原义为捕获到野兽或者战俘时割下左耳。延伸成拿。例如"对面取人物",是说当着面拿取别人的货物。也延伸成拿下、攻下。例如《商君书·去强》:"兴兵而伐,必取。"意思是发兵攻打,一定能够攻下来。

联

聯　聯　联

小篆　　楷书(繁体)　楷书

【原文】

聯,连也。从耳,耳连于颊也;从絲,丝连不绝也。

【译文】

聯,接连不断。从耳,表示耳朵连接在脸颊上;从丝,表示丝缕接连不绝。

【按语】

"联"是会意字。小篆从耳从絲会意。隶变以后楷书写成"聯"。汉字简化后写成"联"。

"联"的原义为连结、连缀。所谓"联袂",本指衣袖相连,引喻携手偕行。

延伸指互相结合、联合。例如《汉书·赵充国传》:"臣恐羌复结联他种。"意思是我担心羌人会联合其他民族侵犯我中原。

聶

聶　聶

小篆　　楷书

【原文】

聒，欢语也。从耳，昏声。

【译文】

聒，话语喧哗。从耳，昏声。

【按语】

"聒"是形声字。小篆从耳，昏声。隶变以后楷书写成"聒"。

"聒"的原义为喧哗、嘈杂。例如"聒噪"。

需要注意的是，"耳聒子"一词，意思是耳刮子、耳光。

此外，"聒聒"连用不是很聒噪的意思，而是古人对蝈蝈的称呼。

耷

耷　耷

小篆　　楷书

【原文】

无。

【按语】

"耷"是会意字。小篆从人从耳，由耳跟人一样大，会大耳之意。隶变以后楷书写成"耷"。

"耷"的原义为大耳朵。多用于人名。如明末清初画家朱耷，别号"八大山人"。

大耳朵容易下垂，故延伸指下垂。例如"耷拉""耷拉着脸"。

聋

聋　聋　聾　聾　聋

甲骨文　金文　小篆　楷书（繁体）　楷书

【原文】

聾，无闻也。从耳，龍声。

【译文】

聾，没有听觉。从耳，龍声。

【按语】

"聾"是形声字。甲骨文从耳，龍声。金文与甲骨文相似，只是左边改为"龍"，右边仍从耳。隶变以后楷书写成"聾"。汉字简化后写成"聋"。

"聾"的原义为耳朵听不到声音。例如"震耳欲聋""振聋发聩"。

延伸成糊涂、昏聩。如李商隐《五言四十韵》："下令销秦盗，高谈破宋聋。"其中的"宋聋"本是指宋国不明事理，此处表示愚昧、不明事理。

聆

聆　聆

小篆　　楷书

【原文】

聆，听也。从耳，令声。

【译文】

聆，听。从耳，令声。

【按语】

"聆"是形声兼会意字。小篆从耳（表示跟听话、说话有关），令声，令兼表听命之意。隶变后楷书写成"聆"。

"聆"的原义为倾听、细听。如苏轼《石钟山记》："扣而聆之，南声函胡，北音清越。"意思是敲击它并听声音，南边的声音重浊含糊，北边的声音清脆悠扬。

"聆"也延伸指听从。例如"聆听教诲"。

"聆"由倾听也延伸出了然、明白之意。例如《论衡·自纪》："观读之者,晓然若盲之开目,聆然若聋之通耳。"

聪

聰 聰 聪

小篆　楷书（繁体）　楷书

【原文】

聰,察也。从耳,悤声。

【译文】

聰,耳顺而能审察。从耳,悤声。

【按语】

"聪"是会意兼形声字。小篆从耳,从悤（心明）,悤兼表声。隶变以后楷书写成"聰"。汉字简化后写成"聪"。

"聪"的原义为听而能辨别是非真假。例如《史记·屈原贾生列传》中说："屈平疾王听之不聪也。"意思就是屈原痛恨楚王不能辨别是非。也延伸泛指听觉。例如"失聪"。

"聪"还延伸指听力好、听觉灵敏。如李汝珍《镜花缘》第九回："此时服了朱草,只觉耳聪目明。"也延伸指智力发达、有才智。例如"聪慧过人"。

聘

聘 聘

小篆　楷书

【原文】

聘,访也。从耳,甹声。

【译文】

聘,访问。从耳,甹声。

【按语】

"聘"是形声字。小篆从耳(表示与听话、说话有关),甹声。隶变以后楷书写成"聘"。

"聘"的原义为访问、问候。延伸指用礼物延请某人来担任某一职务。例如"聘请"等。所谓"礼聘"是指用尊敬的方式聘请。

"聘"又可以延伸指古时的一种婚嫁仪式,即用财物(向女方)问名、订婚、迎娶。如白居易《井底引银瓶》:"聘则为妻奔是妾,不堪主祀奉苹蘩。"在古代只有经过正式行聘的女子才能为正妻,可以主祭。而妾就只能在旁边捧着苹与蘩这两种水草的祭品。又例如"下聘""聘礼"。

耻

耻 恥 耻

小篆　　楷书(繁体)　楷书

【原文】

恥,辱也。从心,耳声。

【译文】

恥,羞辱。从心,耳声。

【按语】

"耻"是会意兼形声字。小篆从心,从耳,会心羞之情现于耳之意,耳兼表声。隶变以后楷书写成"恥"。汉字简化后写成"耻"。

"耻"的原义为羞惭、有愧。人们骂某些人没有羞耻之心时,会说"恬不知耻",这个"耻"就是指羞愧。又表示声誉受到损害,让人感到羞耻的事。例如"奇耻大辱""靖康之耻"。

"耻"用作动词,指使羞耻、侮辱。还延伸指感到羞愧。例如"不耻下问",就是不为向地位比自己低、学识比自己少的人请教,感到羞耻。

耽

耽 耽
小篆　楷书

【原文】

耽，耳大垂也。从耳，尤声。《诗》曰：'士之耽兮。'

【译文】

耽，耳朵大而下垂（至肩）。从耳，尤声。《诗经》说："男人们多快乐啊。"

【按语】

"耽"是会意兼形声字。小篆，从耳，从尤（表示似担子一样下垂），会意耳大而下垂之意，尤兼表声。隶变以后楷书写成"耽"。

"耽"的原义为耳朵大而下垂。例如《淮南子·地形》："夸父耽耳，在其北方。"由耳朵下垂延伸指拖延、延迟。例如"耽搁""耽误"。通"酖"，指沉溺、迷恋。

聊

聊 聊
小篆　楷书

【原文】

聊，耳鸣也。从耳，卯声。

【译文】

聊,耳鸣。从耳,卯声。

【按语】

"聊"是形声字。小篆从耳,卯声。隶变以后楷书写成"聊"。

"聊"的原义为耳鸣。如刘向《九叹》:"横舟航而济湘兮,耳聊啾而恺慌。"延伸出依赖、凭藉之意。如成语"百无聊赖"。用作口语,指闲谈。例如"闲聊""聊天"。

"聊"还延伸表示姑且、暂且。

职

職 職 职

小篆　　楷书(繁体)　楷书

【原文】

職,记微也。从耳,戠声。

【译文】

職,记住微妙的事物。从耳,戠声。

【按语】

"职"是形声字。小篆从耳,戠声。隶变以后楷书写成"職"。汉字简化后写成"职"。

"职"的原义为听而记之。延伸指主宰、掌管、承担。例如"职掌""职典"。

"职"用作名词,指所掌管的分内事,分内应做的工作、职责。例如"天职""尽职"。由掌管又延伸指执行事务所处的一定地位。例如"官职""职能"。古时候也用于下属对上司的谦称。例如"卑职"。

"职"也延伸指作为主要经济来源的工作。例如"职业""求职"。

臣 部

臣

臣　臣　臣　臣

甲骨文　　金文　　小篆　　楷书

【原文】

臣,牵也。事君也。象屈服之形。凡臣之属皆从臣。

【译文】

臣,受牵制的人,侍奉君王的人。似屈服的样子。凡是臣的部属全部从臣。

【按语】

"臣"是象形字。甲骨文就似竖起来的一只眼睛。当人低头向上斜视时,眼睛便会竖起来。隶变以后楷书写成"臣"。

"臣"的原义就是奴隶(男奴)。由奴隶又可以延伸成俘虏。如孔颖达在注解《礼记·少仪》时说:"臣,谓征伐新获民虏也。"意思就是,在征战时所捉的俘虏叫"臣"。

奴隶或者俘虏全部是下贱之人,官吏侍奉君主犹如奴仆侍奉主人,所以古代官吏在君主面前自称为"臣"。

由俘虏也延伸指称臣降服、服从。我们熟知的"臣服""称臣"全部是这种用法。

臧

臧　臧　臧

甲骨文　　小篆　　楷书

国学经典文库

说文解字

《说文解字》原文释义

图文珍藏版

【原文】

臧,善也。从臣,戕声。

【译文】

臧,善良。从臣,戕声。

【按语】

"臧"是会意兼形声字。甲骨文左上部是一只竖着的眼睛（臣）,右边是一把长柄戈,用戈刺入眼会奴隶、俘虏之意。隶变以后楷书写成"臧"。

"臧"的原义为奴隶。上古时战俘往往要被刺瞎一只眼睛,沦为战胜者的奴隶。例如《庄子·骈拇》:"臧与谷二人相与牧羊,而俱亡其羊。"意思是说,臧与谷这两个奴隶一起去放羊,结果全部丢失了羊。此处的"臧"是男奴隶,"谷"是小奴隶。古籍中常见的"臧获",则是指奴婢。

"臧"作形容词,表示美好的、善良的。例如《诗经·邶风·雄雉》:"不忮不求,何用不臧?"

虍 部

虎

甲骨文　　金文　　小篆　　楷书

【原文】

虎,山兽之君。从虍,虎足像人足。象形。凡虎之属皆从虎。

【译文】

虎,山中野兽的君长。从虍,虎的足像人的足。像虎蹲踞之形。凡是虎的部属全部从虎。

【按语】

"虎"是象形字。甲骨文是头朝上、尾朝下、腿朝左的一只虎,身上有花纹。金文的形体更为简约。小篆整齐化,就不太似虎了。隶变以后楷书写成"虎"。

"虎"的原义就是指老虎,进而延伸成勇敢和坚强。例如"虎将"。

古代调兵遣将的兵符被做成虎形,称为"虎符"。

"虎"是个部首字。凡由"虎"组成的字,大都与老虎有关。例如"彪"。

虚

小篆　　楷书

【原文】

虚,大丘也。昆仑丘谓之昆仑虚。从丘,虍声。

【译文】

虚,大丘。昆仑丘叫作昆仑虚。从丘,虍声。

【按语】

"虚"是形声字。小篆从丘,虍声。隶变以后楷书写成"虚"。

"虚"的原义为大土山。又指空、空虚,与"盈""实"相对。例如"避实就虚"。进而引申指虚假、不真实。例如"耳听为虚,眼见为实"。

"虚"用作动词,延伸指空出、使空出。例如"虚位以待"。用作副词,延伸指徒然、白白地。例如"虚度"。

#

小篆　　楷书（繁体）　　楷书

【原文】

虏,获也。从毌,从力,虍声。

【译文】

虏,俘获。由毌、由力会意,虍声。

【按语】

"虏"是会意兼形声字。小篆从毌,从力,虍声。"毌"表示强力劫掠,虍也兼表暴虐之意。隶变以后楷书写成"虜"。汉字简化后写成"虏"。

"虏"的原义为以强力获取,即抢劫。例如"虏掠"。也延伸成俘获。例如"虏获"。还延伸成奴隶、仆役。例如"虏役"即奴仆。

"虏"又是古时候对北方民族,或者南方人对北方人的蔑称。例如"虏使"指北方民族的使臣。

虞

金文　小篆　楷书

【原文】

虞,驺虞也。白虎黑文,尾长于身。仁兽,食自死之肉。从虍,吴声。

【译文】

虞,驺虞。白色的老虎,黑色的花纹,尾巴比身体长。是仁爱的野兽,吃自死之兽的肉。从虍,吴声。

【按语】

"虞"是会意兼形声字。金文从虍,从吴,会头戴虎头面具的人边舞边歌娱乐之意;吴兼表声。小篆整齐化。隶变以后楷书写成"虞"。

"虞"的原义,《说文》中解释虞为一种仁兽,从金文字形看来,可视为人戴着兽头面具娱乐歌舞。延伸成歌舞娱乐。延伸指欢乐、愉悦,使愉悦、使欢乐。

头戴面具视线模糊,延伸预料、猜度,也延伸指忧虑、忧患。如韩愈《与凤翔邢尚书书》:"朝廷高枕而无虞。"由忧虑延伸指欺诈。例如《左传·宣公十年》:"我无尔诈,尔无我虞。"成语"尔虞我诈"即来源于此。

彪

彪 金文　小篆　楷书

【原文】

彪,虎文也。从虎,彡象其文也。

【译文】

彪,老虎的花纹。从虎,彡像虎身上的花纹。

【按语】

"彪"是会意字。金文似一只虎,其右的三道撇是虎背上的三道花纹。小篆已经看不出老虎的形状了。隶变以后楷书写成"彪"。

"彪"的原义是虎身上的斑纹。延伸引喻文采焕发。所谓"彪炳"就是光华灿烂、耀眼夺目的样子。

由文采焕发也延伸指身体魁伟健壮。例如"彪形大汉"。

虐

金文　小篆　楷书

【原文】

虐,残也。从虍,虎足反爪人也。

【译文】

虐,残害。从虍,𧆂像虎爪翻过来抓人。

【按语】

"虐"是会意字。金文上部是虎头,下部是人形。小篆上为虎头,左下为虎爪,右下为人,表示虎噬咬人之意。隶变以后楷书写成"虐"。

"虐"的原义为残暴。古文中常见的"虐政",就是指暴政。由残暴可以延伸成虐待、残害。

"虐"用作形容词,表示无节制、纵情。《诗经·卫风·淇奥》:"善戏谑兮,不为虐兮。"意思是幽默风趣爱谈笑,但不刻薄待人。

虓

金文　　小篆　　楷书

【原文】

虓,虎行貌。从虍,文声,读若矜。

【译文】

虓,老虎行步坚定的样子。从虍,文声。音读似"矜"字。

【按语】

"虓"为会意字。金文从虍。小篆的形体与金文相似。隶变以后楷书写成"虓"。

"虓"的原义为虎行走的样子。延伸指勇武、强固。例如《诗经·商颂·长发》:"武王载旆,有虔秉钺。如火烈烈,则莫我敢遏。"其中的"虔"就是指大斧上狰狞的虎头兽面纹。

老虎使人敬畏,故可以延伸指敬畏、恭敬。我们常说的"虔诚"就是恭敬而有诚意的意思。

慮

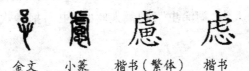

金文　小篆　楷书〔繁体〕　楷书

【原文】

慮，谋思也。从思，虍声。

【译文】

慮，图谋周密的思考。从思，虍声。

【按语】

"慮"是形声字。金文从心，吕声。小篆从思，虍声。隶变以后楷书写成"虑"。"虑"的原义为思虑、谋划。人们常说"智者千虑，必有一失"。

"虑"用作名词，指意念、心思。延伸指担忧，例如"顾虑"。"忧虑"。例如"殚精竭虑"形容耗尽精力，费尽心思。其中的"虑"指的就是心思。

虫部

虫

甲骨文　金文　小篆　楷书〔繁体〕　楷书

【原文】

蟲，有足谓之虫，无足谓之豸。从三虫。凡蟲之属皆从蟲。

【译文】

蟲，有脚叫作虫，无脚叫作豸。由三个蟲字会意。凡是蟲的部属全部从蟲。

【按语】

"虫"是象形字。甲骨文和金文全部似一条三角形头的蛇的形象。小篆由一条

"虫"变成了三条"虫"。隶变以后楷书写成"蟲"。汉字简化后写成"虫"。

　　"虫"的原义为毒蛇。尔后"虫"泛指一切昆虫或动物。例如"吊睛白额大虫"。"大虫"即指老虎。

　　昆虫在动物世界中是较为低级的动物,行为活动相对简单。人们就根据昆虫的某些习性,称糊涂人为"糊涂虫",把懒人叫"懒虫",把喜欢看书的人叫"书虫"等。

虽

金文	小篆	楷书（繁体）	楷书

【原文】

雖,似蜥蜴而大。从虫,唯声。

【译文】

雖,样子似蜥蜴,而身体比蜥蜴大。从虫,唯声。

【按语】

　　"虽"是形声字。金文从虫,唯声。小篆整齐化。隶变以后楷书写成"雖"。汉字简化后写成"虽"。

　　"虽"的原义为一种似蜥蜴大的动物。借为连词,表示让步转折,等同于"尽管""纵然"。又表示假设转折,等同于"即使……也""纵使"。

　　"虽"用作副词,表示范围,等同于"仅""只"。

蛮

金文	小篆	楷书

【原文】

无。

【按语】

"蛮"是形声字。金文借𤼈来表示。小篆另加义符"虫",表示未开化,成了从虫、𤼈声的形声字。隶变以后楷书写成"蠻"。汉字简化后写成"蛮"。

"蛮"的原义为上古对我国南方民族的统称。延伸泛指少数民族。例如"蛮人",指南方人。

因少数民族多处在边远荒凉地区,故延伸指边远荒凉地区。例如"蛮荒之地"。由蛮荒也延伸指粗野、不通情达理、鲁莽、强悍。例如"蛮悍""蛮干"。用作副词,方言表示程度颇高。例如"蛮好"。

虱

虱　蝨　虱

小篆　楷书(繁体)　楷书

【原文】

蝨,啮人虫也。从䖵,卂声。

【译文】

蝨,咬噬人的虫子。从䖵,卂声。

【按语】

"虱"是形声字。小篆从䖵,卂声。隶变以后楷书写成"蝨",俗作"虱"。现在规范化,以"虱"为正体。

"虱"的原义为虱子。延伸引喻寄生作恶为害的人或者有害的事物。例如《商君书·说民》:"民贫则弱国,富则淫,淫则有虱,有虱则弱。"

"虱"也延伸指侧身、置身。如韩愈《泷吏》:"得无虱其间,不武亦不文。"

蛆

蛆 蛆

小篆　　楷书

【原文】

蛆,蝇乳肉中也。从肉,且声。

【译文】

蛆,苍蝇生卵的肉中。从肉,且声。

【按语】

"蛆"是形声字。小篆从肉(月),且声。隶变以后楷书写成"蛆"。

"蛆"的原义为苍蝇的幼虫。例如"蛆虫""生蛆"。

"蛆"延伸引喻废话、坏话。例如《红楼梦》第五十七回:"倒不是白嚼蛆,我倒是一片真心为姑娘。替你愁了这几年了,又没个父母兄弟,谁是知疼着热的?"

蝉

蝉　蟬　蟬　蝉

甲骨文　　小篆　　楷书(繁体)　楷书

【原文】

蟬,以旁鸣者。从虫,單声。

【译文】

蝉,用翅膀摩擦而发声的虫子。从虫,單声。

【按语】

"蝉"是形声字。小篆从虫,單声。隶变以后楷书写成"蟬"。汉字简化后写成"蝉"。

"蝉"的原义为一种会鸣叫的蝉科动物的通称,古时也叫蜩、蟧。古人认为蝉栖高树,饮清露,生性高洁,似君子达人一样洁身自好。而蝉的幼虫经历蜕皮的过程,有道家所谓羽化登仙的灵姿。

由蝉声的连续不断延伸指连续不断。如常用词"蝉联"就是指连续不断。

"蝉"轻薄的翅膀一向引人注目。三国时魏文帝宫人发明一种蝉鬓妆梳,两鬓望之薄如蝉翼。后借指女子。

虹

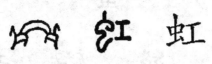

| 甲骨文 | 小篆 | 楷书 |

【原文】

虹,螮蝀也。状似虫。从虫、工声。《明堂月令》曰:'虹始见。'

【译文】

虹,螮蝀。样子弯曲似虫。从虫,工声。《明堂月令》说:"虹才出现。"

【按语】

"虹"为象形字。甲骨文似雨后天上出现的长虹之形。小篆改为从虫、工声的形声字。隶变后楷书写成"虹"。

"虹"的原义为雨后天空中出现的彩色圆弧。颜色鲜艳的叫虹,颜色较淡的叫霓,即副虹。例如"虹霓"。因虹的形状似桥,故古人也常把"虹"当作桥的代称。如杜牧《阿房宫赋》:"长虹卧波"。

蛙

蛙　蛙

小篆　楷书

【原文】

无。

【按语】

"蛀"是形声字。从虫，主声。隶变以后楷书写成蛀。

"蛀"原义为蛀虫。如顾大韶《又后虱赋》："蠹侵嘉树，蛀耗米珠。"

"蛀"用作动词，表示蠹蚀，被蛀虫咬坏。如苏轼《格物粗谈》："木犀蛀者，用芝麻带壳悬树上。"

蚕

甲骨文　　小篆　　楷书（繁体）　　楷书

【原文】

蠶，任丝也。从蚰，朁声。

【译文】

蠶，孕着丝的虫子。从蚰，朁声。

【按语】

"蚕"为象形字。甲骨文就似一条蚕的形象。小篆改为从蚰，朁声的形声字。隶变以后楷书写成"蠶"。俗省作"蚕"，从虫从天会意，天兼表声。现在规范化，以"蚕"为正体。

"蚕"的原义为蚕蛾科和大蚕蛾科昆虫的幼虫的统称。如李白《寄东鲁二稚子在金陵作》："地桑叶绿，吴蚕已三眠。"

"蚕"用作动词，指养蚕。例如《孟子·尽心上》："匹妇蚕之。"意思是平民妇女用以养蚕。

蛇

甲骨文　　金文　　小篆　　楷书

【原文】

无。

【按语】

"蛇"是象形兼会意兼形声字。甲骨文似一条眼镜蛇。金文似突出了蛇的头。小篆另加了义符"虫"。隶变以后楷书写成"蛇"。

"蛇"读作 shé 时，"蛇"的原义为长虫，身体细长，有鳞，舌细长分叉，有的有毒。蛇的种类很多，例如"蝮蛇"。延伸引喻形状或者性质似蛇的。例如"丈八蛇矛"。

"蛇"读 yí 时，用作"委蛇"，指应付、敷衍。如成语"虚与委蛇"。

虾

小篆　　楷书（繁体）　　楷书

【原文】

蝦，虾蟆也。从虫，叚声。

【译文】

蝦，虾蟆。从虫，叚声。

【按语】

"虾"是形声字。小篆从虫，叚声。隶变以后楷书写成"蝦"。汉字简化后写成"虾"。

"虾"读作 xiā，指水中动物——虾。例如"虾仁"。延伸成似虾一样弯曲。例如"虾腰"指行鞠躬礼。

"虾"满语中也称呼侍卫为虾。如刘献廷《广阳杂记》："八王子以辅臣为虾,随入都。"

"虾"读作 há 时,指虾蟆陵,在长安城东南,曲江附近,是唐代有名的游乐地区。如白居易《琵琶行》："自言本是京城女,家在虾蟆陵下住。"

蛛

金文　小篆　楷书（繁体）　楷书

【原文】

鼄,鼅鼄也。从黾,朱声。

【译文】

鼄,蜘蛛。从黾,朱声。

【按语】

"蛛"是象形兼形声字。金文下边似蜘蛛形,上边中间是"朱"表声。小篆改为从黾(měng);或从虫,朱声。隶变以后楷书写成"鼄"和"蛛",现在规范化,以"蛛"为正体。

"蛛"的原义为蜘蛛。古代多单用"蛛",而不单用"蜘"。例如"蛛丝马迹",指从挂下来的蜘蛛丝可以找到蜘蛛的所在,从灶马爬过留下的痕迹可以查出灶马的去向。后遂用以引喻事情所留下的隐约可寻的痕迹和线索。

蛤

小篆　楷书

【原文】

无。

【按语】

"蛤"是形声字。小篆从虫,合声,隶变以后楷书写成"蛤"。

"蛤"的原义为"蛤蜊",读作 gé。软体动物,壳形卵圆,色淡褐,稍有轮纹,栖浅海沙中,肉可食。

"蛤蚧",爬行动物,土黄色,似壁虎,头大,尾部灰色,有红色斑点。中医用作强壮剂。

"蛤蟆",是青蛙和蟾蜍的统称,"蛤"此处读 há。例如"癞蛤蟆想吃天鹅肉"。

融

| 甲骨文 | 金文 | 小篆 | 楷书 |

【原文】

融,炊气上出也。从鬲,虫省声。

【译文】

融,煮食物的蒸气向上冒出。从鬲,虫省声。

【按语】

"融"是会意兼形声字。甲骨文下从土,上从蟲,会冰雪消融、春气升腾,蛰虫蠢动之意。金文大概相同。隶变以后楷书写成"融"。

"融"的原义为冰雪等化为水。例如"消融"。延伸指蒸汽升腾。也延伸指几种不同的事物合成一体。例如"水乳交融"。还延伸指和煦、暖和。例如"春光融融"。进而延伸指和乐、恬适。例如"其乐

融融"。

冰雪融化则成为水流,故延伸成流通。例如"金融"。

小篆　楷书

【原文】

无。

【按语】

"蜒"是形声字。小篆从虫,廷声。隶变以后楷书写成"蜒"。

"蜒"的原义为龙蛇爬行的样子。例如"蜿蜒"指龙蛇曲折爬行的样子。延伸指曲折绵长向远处延伸的样子。例如"溪流蜿蜒曲折地流过平原"。

"蜒蚰",又名"鼻涕虫",形似去壳蜗牛,有两对触角,身体分泌粘液,爬行后常留下银白色的条痕,是农作物的害虫。

蛹

小篆　楷书

【原文】

蛹,茧虫也。从虫,甬声。

【译文】

蛹,蚕茧中的蛹虫。从虫,甬声。

【按语】

"蛹"是形声兼会意字。小篆从虫,甬声,甬兼表甬状之意。隶变以后楷书写成"蛹"。

"蛹"的本指蚕蛹。例如"蛹壳"指蛹羽化后剩下的外壳。后泛指完全变态的昆虫从幼虫到成虫的过渡状态。例如"蛹期"完全变态类的昆虫,在幼虫变化成蛹、蛹变为成虫以前的一段时期。

蜡

蠟　蠟　蜡

小篆　楷书（繁体）　楷书

【原文】

蠟,蝇蛆也。从虫,鼠声。

【译文】

蠟,苍蝇的幼虫。从虫,鼠声。

【按语】

"蜡"是形声字。小篆从虫,昔声。隶变以后楷书写成"蜡",现在作"蠟"的简化字。

"蜡"的原义为苍蝇的幼虫。是"蛆"的本字。现在主要用作"蠟"的简化字,原义为某些动植物、矿物所产生的一种油脂。例如"蜂蜡""蜡烛"。

西晋时,巨富石崇与晋武帝的舅父王恺斗富,竟然"以蜡代薪",就是说他把蜡烛当柴禾来烧。

"蜡"又指淡黄如蜡的颜色。例如"蜡梅"。

蜂

蠭　蠭　蜂

小篆　楷书（繁体）　楷书

【原文】

蠭,飞虫螫人者。从蚰,逢声。

【译文】

蠭，咬刺人的飞虫。从蚰，逢声。

【按语】

"蜂"是形声字。小篆从虫，逢声。隶变以后楷书写成"蠭"，俗省作"蜂"。现在规范化，以"蜂"为正体。

"蜂"的原义为有毒、能蜇人的昆虫。特指蜜蜂。也延伸指似蜜蜂样纷然成群。例如"蜂聚"。

蜂为群居，故有不少由"蜂"组成的词全部有纷然成群的意思。例如"蜂起"形容天下豪杰似蜂群那样纷纷而起。

蜗

蝸　蝸　蜗

小篆　　楷书（繁体）　楷书

【原文】

蝸，蝸蠃也。从虫，咼声。

【译文】

蝸，蜗牛。从虫，咼声。

【按语】

"蝸"是会意兼形声字。小篆从虫从咼会意，咼兼表声。隶变以后楷书写成"蝸"，汉字简化后写成"蜗"。

"蜗"的原义为蜗牛，是一种软体动物。例如"蜗发"是蜗牛状的发型，多为古代小儿发型；"蜗角虚名"，引喻很小的虚名。

虬

虬 虬 虬

甲骨文　楷书（繁体）　楷书

【原文】

虬，龙子有角者。从虫，丩声。

【译文】

虬，有角的幼龙。从虫，丩声。

【按语】

"虬"是形声兼会意字。小篆从虫，丩声，丩兼表纠曲之意。隶变以后楷书写成"虬"，俗省作"虬"。现在规范化，以"虬"为正体。

"虬"的原义为传说中有角的龙。例如《楚辞·涉江》："驾青虬兮骖白螭，吾与重华游兮瑶之圃。"意思就是驾着青色的虬龙和白色的螭龙，我要同重华一道去游仙宫。

因为虬龙的身子是蜷曲的，故可以延伸成似虬龙那样的盘曲、蜷曲。如罗邺《老将》："弓欺猿臂秋无力，剑泣虬髯晓有霜。"这当中的"虬髯"就是指弯曲的颊须。

羽 部

羽

羽 羽 羽

甲骨文　小篆　楷书

【原文】

羽，鸟长毛也。象形。凡羽之属皆从羽。

【译文】

羽,鸟翅上的长毛。象形。凡是羽的部属全部从羽。

【按语】

"羽"是象形字。甲骨文、金文、小篆全部似极了羽毛的样子。隶变以后楷书写成"羽"。

"羽"的原义是指鸟的翅膀。例如"羽翼"。由于翅膀助鸟飞翔,故也延伸指党徒。例如"党羽"。

"羽"也延伸指代羽扇、旌旗、箭。如卢纶《塞下曲》:"平明寻白羽,没在石棱中。"其中"白羽"指白羽箭。

"羽"特指古代五音(宫、商、角、徵、羽)之一。

翟

金文	小篆	楷书

【原文】

翟,山雉尾长者。从羽,从隹。

【原文】

翟,长尾野鸡。由羽、由隹会意。

【按语】

"翟"是会意字。金文从羽,从隹(鸟),会鸟尾羽高高翘起之意。小篆字体线条化。隶变后楷书写成"翟"。

"翟"的原义为长尾野鸡。也指野鸡翎,古代乐舞时用作舞具。例如《诗经·邶风·简兮》:"右手秉翟。"意思是右手雉羽频挥举。

"翟"也延伸指教羽舞的乐吏。例如《礼记·祭统》:"翟者,乐吏之贱者也。"意思是教羽舞的乐吏,是乐吏中地位最卑贱的。

翼

金文　　小篆　　楷书

【原文】

翼,翅也。从飛,異声。

【译文】

翼,翅膀。从飛,異声。

【按语】

"翼"是会意兼形声字。金文从飛(飞),異(异)声。小篆继承金文的形体并整齐化。隶变以后楷书写成"翼"。

"翼"的原义为翅膀。由翅膀也延伸指作战时队形两侧的一侧、侧旁。例如"右翼""侧翼攻击"。由翅膀奉承鸟身,也延伸指(似翅膀一样)庇护。

此外,"翼翼"一词表示严肃谨慎,例如"小心翼翼"。

翡

小篆　　楷书

【原文】

翡,赤羽雀也。出郁林。从羽,非声。

【译文】

翡,赤色羽毛的小雀。出在郁林。从羽,非声。

【按语】

"翡"是形声字。小篆从羽,非声。隶变以后楷书写成"翡"。

"翡"的原义为鸟名，用作"翡翠"，也指鸟名。翠鸟科部分鸟的统称，嘴长而直，羽毛呈亮蓝色和绿色，脚和足趾全部呈珊瑚红色。生活在水边，吃鱼虾。羽毛可做装饰品。延伸指可做装饰品的翡翠羽毛。也延伸指一种矿物。例如"翡翠"。

翩

翩 翩

小篆　　楷书

【原文】

翩，疾飞也。从羽，扁声。

【译文】

翩，快速地飞。从羽，扁声。

【按语】

"翩"是形声字。小篆从羽，扁声。隶变以后楷书写成"翩"。

"翩"的原义为疾速地飞。延伸指旌旗飘扬的样子。例如"翩翩"指飘动、摇曳的样子。

用作"翩翩"或者单用，也延伸指轻快、飘忽的样子。进而延伸指风流潇洒的样子。例如"翩翩少年"。用作"联翩"，形容接连出现。例如"浮想联翩"。

耀

耀 燿 耀

小篆　　楷书（繁体）　　楷书

【原文】

无。

国学经典文库

说文解字

《说文解字》原文释义

图文珍藏版

【按语】

"耀"是形声字。小篆从火，翟声。隶变以后楷书写成"燿"。俗作"耀"，改为从光，与从火义同。现在规范化，以"耀"为正体。

"耀"的原义为照耀。延伸成光亮、明亮。如白居易《放言》之一："草萤有耀终非火。"也延伸指炫耀。例如"夸耀"。进而也延伸指显示、显耀。例如"光宗耀祖"。

翘

小篆　　楷书

【原文】

翹，尾长毛也。从羽，堯声。

【译文】

翘，鸟尾上的长毛。从羽，尧声。

【按语】

"翘"是形声兼会意字。小篆从羽，堯声，堯兼表高长之意。隶变以后楷书写成"翹"。汉字简化后写成"翘"。

"翘"的原义为鸟尾上的长羽。延伸指鸟尾，读作 qiáo。由上翘长羽延伸指举起、抬起。在表示急切盼望时，我们常常会用"翘首以盼"这个词，此处的"翘"就是抬起之意。由向上举也延伸指特殊的、优秀的、才能出众的。人称赞人优秀时，常说"个中翘楚"。

"翘"还读作 qiào，指物体的一端向上昂起。例如"翘尾巴"。

翊

小篆　　楷书

【原文】

翊,飞貌。从羽,立声。

【译文】

翊,飞的样子。从羽,立声。

【按语】

"翊"是形声字。小篆从羽,立声。隶变以后楷书写成"翊"。异体作"翌"。现在二字表意有分工。

"翊"的原义为飞翔的样子。延伸指翅膀。例如《周易·太玄》:"蜂焚其翊,所凭丧也。"也延伸指辅佐、帮助。例如"翊天"指辅佐天子。

翰

翰　翰

小篆　　楷书

【原文】

翰,天鸡赤羽也。从羽,倝声。

【译文】

翰,天鸡的赤色羽毛。从羽,倝声。

【按语】

"翰"是会意兼形声字。小篆从羽,倝声。隶变以后楷书写成"翰"。

"翰"的原义为尾羽扬起的赤羽天鸡,即锦鸡,进而延伸指鸟长而硬的羽毛。古人曾用羽毛作笔,故又指笔。延伸指文章、文辞。例如《新唐书·李百药传》:"翰藻沉郁,诗尤其所长。"说的就是文辞沉郁。又指文史方面的才能。例如"诗翰"。

"翰林",是皇帝的文学侍从官,翰林院从唐朝起开始设立,是以文学供奉宫廷的官署。

翠

翠
小篆　楷书

【原文】

翠,青羽雀也。从羽,卒声。

【译文】

翠,青色羽毛的小雀。从羽,卒声。

【按语】

"翠"是形声字。小篆从羽,卒声。隶变以后楷书写成"翠"。

"翠"的原义为翠鸟。延伸指青绿色。

"翠"用作名词,又指翠鸟的羽毛,可以作为装饰品。有"翠翘"一词,本指翠鸟尾上的长羽。尔后专指古代妇人首饰的一种,状似翠鸟尾上的长羽,故名。如韦应物《长安道》诗:"丽人绮阁情飘飖,头上鸳钗双翠翘。"

"翠"也延伸指一种色彩如翠鸟似的青绿苍碧的玉石,即翡翠。

翁

 翁
小篆　楷书

【原文】

翁,颈毛也。从羽,公声。

【译文】

翁,鸟颈上的毛。从羽,公声。

【按语】

"翁"是形声字。小篆从羽,公声。隶变以后楷书写成"翁"。

"翁"的原义为鸟的浓密颈毛。例如《山海经·西山经》:"(天帝之山)有鸟焉,其状如鹑,黑文而赤翁,名曰栎。"

古代还把"翁"借作"公",指父亲。如南宋陆游《示儿》:"王师北定中原日,家祭无忘告乃翁。"

"翁"延伸指夫之父或者妻之父。又泛指男性老人。例如"渔翁""老翁"等。

"翁"又用作对男性的尊称。如杜甫《自京赴奉先县咏怀五百字》:"取笑同学翁,浩歌弥激烈。"意思就是,尽管惹得同辈的先生们冷嘲热讽,却愈加激昂无比,引吭高歌,毫不泄气。

翅

羿　翅　翅

小篆　楷书(繁体)　楷书

【原文】

翅,翼也。从羽,支声。

【译文】

翅,鸟翼。从羽,支声。

【按语】

"翅"是形声兼会意字。小篆从羽,支声,支兼表支持之意。隶变以后楷书写成"翅"。

"翅"的原义为翅膀。例如"振翅高飞""双翅"。延伸指形状或者作用似翅的事物。例如"飞机翅""风筝翅"。

"翅"也延伸特指鱼类的鳍。例如"飞鱼翅""鱼翅""金翅鲤鱼"。

翳

小篆　楷书

【原文】

翳,华盖也。从羽,殹声。

【译文】

翳,即华盖。从羽,殹声。

【按语】

"翳"是形声字。小篆从羽,殹声。隶变以后楷书写成"翳"。

"翳"的原义为用羽毛制成的车盖。古代帝王乘坐的戎车一般全部"载金鼓、羽旗、幢翳"。延伸泛指遮蔽、掩盖。如欧阳修《醉翁亭记》:"树林阴翳,鸣声上下,游人去而禽鸟乐也。"又特指起遮蔽作用的东西,例如"云翳"。

"翳"也延伸指阴影。如孟浩然《将适天台留别临安李主簿》:"故林日已远,郡木坐成翳。"又延伸指隐约、昏暗不明的样子。如陆机在《文赋》:"理翳翳而愈伏,思轧轧其若抽。"意思是理路纷乱不清时,文思需要一点点理顺,就似轧轧抽芽的春草。

"翳"也延伸指眼角膜发生病变后,长出的障蔽视线的白斑。

翱

小篆　　　楷书

【原文】

翱,翱翔也。从羽,皋声。

【译文】

翱,回旋飞翔。从羽,皋声。

【按语】

"翱"是形声兼会意字。小篆从羽,皋声,皋兼表高之意。隶变以后楷书分别写成"翱"和"翔"。现在规范化,以"翱"为正体。

"翱"的原义为鸟展开翅膀一上一下扇动高飞的样子。常用作"翱翔"。

关于"翔"与"翱"的区别,《淮南子·俶真训》中说道:"鸟之高飞,翼上下曰翱,直刺不动曰翔。"意思是说,在高空飞行的鸟,双翼上下扇动为"翱",双翼直刺不动为"翔"。

翔

翔　翔

小篆　　楷书

【原文】

翔,回飞也。从羽,羊声。

【译文】

翔,回旋地飞。从羽,羊声。

【按语】

"翔"是形声字。小篆从羽,羊声。隶变以后楷书写成"翔"。

"翔"的原义为鸟展翅回旋而飞。也延伸指悠闲地行走。如曹植《梁甫行》:"柴门何萧条,狐兔翔我宇。"意思是,柴门如此萧条,狐狸和野兔在我面前悠闲地行走。

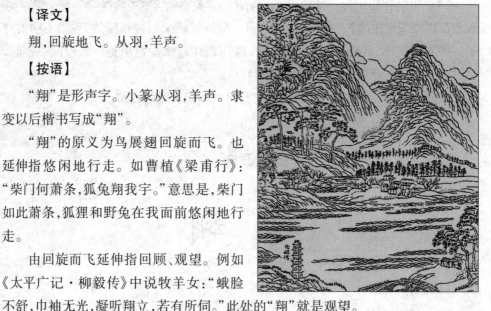

由回旋而飞延伸指回顾、观望。例如《太平广记·柳毅传》中说牧羊女:"蛾脸不舒,巾袖无光,凝听翔立,若有所伺。"此处的"翔"就是观望。

"翔"也延伸指(物价)上涨。如顾炎武《日知录·选补》:"谷价翔贵。"意思就是指谷物的价格上涨昂贵。

而 部

而

而　禾　而

金文　　小篆　　楷书

【原文】

无。

【按语】

"而"为象形字。金文向下垂的四条线,就似下垂的颊毛之形。小篆的形体基本上与金文相同。隶变以后楷书写成"而"。

"而"的原义为额下胡须。由于胡须的样子全部差不多,所以延伸指好似。如刘向《说苑》中的"白头而新"就是这个用法。

"而"作连词用,可表示并列关系、递进关系、继承关系、转折关系、假设关系,以及修饰关系。

耍

耎　耍

小篆　　楷书

【原文】

无。

【按语】

"耍"为会意字。小篆从而(胡须),从女,会挑逗、戏耍之意。隶变以后楷书写成"耍"。

"耍"原义为戏耍。例如"耍水""耍拳"。玩耍时常借助外物,由此延伸成舞弄、使用武器、器物等。例如"耍剑""耍大斧"。玩耍能使气氛活跃、诙谐,故而延伸成戏谑、捉弄。例如"耍花腔"。

耐

小篆　楷书

【原文】

无。

【按语】

"耐"是会意字。本写成"耏",从而(胡须)从彡会意,而兼表声,指一种剃去颊须两年的轻刑,因刑罚有法度,所以"彡"后改为"寸"。现在规范化,以"耐"为正体。

"耐"的原义为剃去颊须的轻刑。轻微的刑法能忍受得住,故而延伸成禁得起、受得住。如"耐寒""耐穿"。由此延伸成忍耐、抑制。例如"耐着性子"。

"耐"也延伸成适宜、相称。如杜甫《洗兵马》:"青春复随冠冕人,紫禁正耐烟花绕。"

辛 部

辛

甲骨文　金文　小篆　楷书

【原文】

辛,秋时万物成而孰;金刚;味辛,辛痛即泣出。从一,从䇂,罪也,辛承庚,像人股。凡辛之属皆从辛。

【译文】

辛,代表秋天,秋天万物成熟了;又代表金,金质刚硬;又代表辛味,味道辛辣,辛辣就感到痛苦,就会流出眼泪。由一、由䇂会意,是罪恶的意思。辛承续庚,似人的大腿。大凡辛的部属全部从辛。

【按语】

"辛"是象形字。甲骨文似一把平头刑刀。金文大体上与甲骨文形体相同,上部加上一横,表示铲割的东西。小篆继承金文而来。隶变以后楷书写成"辛"。

"辛"的原义为錾凿一类的工具,后延伸指刀。用刀劳动很累人,所以也延伸指劳苦。如辛苦。人受尽劳苦便觉难过,所以也延伸出恸哭、悲伤之意。如李白《中山孺子妾歌》中的"万古共悲辛"。也延伸指辛辣。如五味中的"辣"就是辛。

"辛"又假借为天干第八位,用以纪年、月、日。

辟

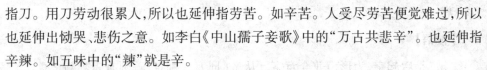

金文　　小篆　　楷书（繁体）　　楷书

【原文】

辟,法也。从卩,从辛,节制其辠也;从口,用法者也。凡辟之属皆从辟。

【译文】

辟,法度。由卩、由辛会意,表示节制人们犯罪的意思;由口表示执法的人。凡是辟的部属全部从辟。

【按语】

"辟"原本会意字。金文上部是关闭的两扇门,下为手,会用手把门推开之意。小篆发生讹变。隶变以后楷书写成"辟"。汉字简化后写成"辟"。

"辟"的原义为打开。例如"辟门"，就表示广罗贤才。延伸成开辟、开拓。例如"开天辟地"中的"辟"就是这种用法。也延伸成驳斥。例如"辟谣"。

　　"辟"又通"僻"。例如《论语·先进》："柴也愚，参也鲁，师也辟，由也喭。"意思是高柴愚直，曾参迟钝，颛孙师（子张）偏激孤僻，仲由（子路）粗鲁。

辣

辣（小篆）　辣（楷书）

小篆　　　楷书

【原文】

无。

【按语】

　　"辣"是后起字，为形声兼会意字。从辛（刑刀），刺省声，刺兼表刺割之意。

　　"辣"的原义为凶狠、猛烈。如成语"心狠手辣"。延伸指辛味。如服虔《通俗文》："辛甚曰辣。江南言辣，中国言辛。"

　　"辣"用作动词，指辣味刺激。俗语有"葱辣眼，蒜辣心，辣椒辣两头"的说法。

　　"辣"还引喻高温、酷热。例如"火辣辣的太阳"。

辫

辫（小篆）　辮（楷书（繁体））　辫（楷书）

小篆　　楷书（繁体）　　楷书

【原文】

辮，交（织）也。从糸，辡声。

【译文】

辮，交织。从糸，辡声。

【按语】

"辫"是形声字。小篆从糸,辡声。隶变以后楷书写成"辮"。汉字简化后写成"辫"。

"辫"的原义为交织、编结。延伸成辫子。例如《晋书·吐谷浑传》:"妇人以金花为首饰,辫发萦后,缀以珠贝。"

辜

辜　辜

小篆　　楷书

【原文】

辜,辠也。从辛,古声。

【译文】

辜,罪。从辛,古声。

【按语】

"辜"是形声字。小篆从辛(表示与受刑有关),古声。隶变以后楷书写成"辜"。

"辜"的原义为罪过,有罪。如成语"死有余辜"。延伸成分解肢体的酷刑。例如《说苑·杂言》中说伍子胥被"抉目而辜",意思是说(子胥)被挖目分尸。罪已经违背了正常的过错,所以也延伸成违背、亏负、对不起。例如"辜负"。

"辜"也延伸指灾难,祸害。例如《汉书·王莽传》中说的"辜及朽骨",意指祸及(王莽的)尸骨。

说文解字

《说文解字》原文释义

图文珍藏版

言

甲骨文　　金文　　小篆　　楷书

【原文】

言,直言曰言,论难曰语。从口,辛声。凡言之属皆从言。

【译文】

言,直接讲说叫言,议论辩驳叫语。从口,平声。凡是言的部属全部从言。

【按语】

"言"为会意字。甲骨文似口吹箫管乐器之形。金文的形体与甲骨文基本一致。小篆线条化、整齐化。隶变以后楷书写成"言"。

"言"的原义为吹奏乐器,也指所吹奏的乐器。延伸成说。例如"知无不言,言无不尽"。又指记载。如沈括《梦溪笔谈》:"未尝有言之者。"

"言"还可指意料、料想。如耿湋《哭魏像》"何言芳草日,自作九泉人"一句中的"何言",意指哪里能料到。

"言"用作名词,指言论。言语和文字有关系,所以"言"也可以当"字"讲。例如"五言诗"。

誉

小篆　　楷书（繁体）　　楷书

【原文】

无。

【按语】

"誊"是形声字。小篆从言,朕声。隶变以后楷书写成"謄"。汉字简化后写成"誊"。

"誊"的原义为照原稿或者底稿抄写。如唐代王建《贫居》:"蠹生腾药纸,字暗换书签。"又例如"誊本",意思是根据原本抄写的本子。

誓

金文　　小篆　　楷书

【原文】

誓,约束也。从言,折声。

【译文】

誓,约束的言辞。从言,折声。

【按语】

"誓"是形声兼会意字。金文从言,折声,折兼表斩截之意。隶变以后楷书写成"誓"。

"誓"的原义是古代出军时用言辞告诫、约束将士。如词语"誓师",就是用言语告诫将士。一般是将出征的目的与意义告知将士,揭露敌人的罪恶,强调纪律与作风。

"誓"用作名词,指军中告诫、约束将士的言辞。延伸成表示决心的话。如成语"信誓旦旦"。

"誓"还泛指发誓。有一个成语叫"海誓山盟",其中"盟"指盟约,"誓"是指发誓。

龟 部

龟

| 甲骨文 | 金文 | 小篆 | 楷书（繁体） | 楷书 |

【原文】

龜，旧也。外骨内肉者也。从它，龜头与它头同。象足甲尾之形。凡龜之属皆从龜。

【译文】

龜，年岁长久。外面是骨头、里面是肉的动物。从它，"龜"字的头与"它"（蛇）字的头相同。似脚、背甲、尾巴的形状。凡是龟的部属全部从龟。

【按语】

"龟"是象形字。甲骨文似一只乌龟的侧视图。金文是龟的俯视图。小篆由甲骨文演变而来，也是龟的侧视图。隶变以后楷书写成"龜"。汉字简化后写成"龟"。

"龟"的原义是乌龟。

"龟"字是个多音多义字。作乌龟讲时读作 guī；作裂纹、裂口时则读为 jūn。如范成大《次韵李子永雪中长句》："手龟笔退不可捉"，其中"龟"字，就是裂纹、裂口的意思。

另外，汉代西域的国名叫"龟兹"，应当读作 Qiū cí。

黽

| 甲骨文 | 小篆 | 楷书（繁体） | 楷书 |

【原文】

黾，鼀黾也。从它，象形。黾头与它头同。凡黾之属皆从黾。

【译文】

黾，名叫耿黾的蛙。从它，⟨⟩似大肚子的样子。蛙黾的头部与蛇的头部相同。凡是黾的部属全部从黾。

【按语】

"黾"是象形字。甲骨文很似一只青蛙。小篆字形跟甲骨文相似。隶变以后楷书写成"黽"。汉字简化后写成"黾"。

"黾"的原义是青蛙的一种。读作 měng。例如《尔雅·释鱼》："在水者黾。"《国语·越语下》："蛙黾之与同渚。""渚"是水中的小洲。这是说，各种青蛙全部在同一个小洲上。

"黾"又读作 mǐn，借以表示勤勉、努力之意。例如《诗经·小雅·十月之交》："黾勉从事，不敢告劳。"就是勤勉地做事，从不说劳累的意思。

角 部

角

甲骨文　　金文　　小篆　　楷书

【原文】

角，兽角也。象形，角与刀、鱼相似。凡角之属皆从角。

【译文】

角，禽兽的角。象形。小篆"角"字与"刀""鱼"二字有相似的地方。凡是角的部属全部从角。

【按语】

"角"是象形字。甲骨文似割下来的一只兽角。金文的形状跟甲骨文相似。小篆整齐化。隶变后楷书写成"角"。

"角"的原义为兽角,此时读作 jiǎo。例如"鹿角"。由此延伸成形状似兽角的事物。兽角之形应用到数学上,指几何学中的角。例如"三角形"。由此也延伸指角落。例如"屋角""拐角"。伸入水域的陆地的尖端或者延长部分也称为"角"。例如"好望角"。

野兽习惯用角来进行防御和攻击,还读作 jué。于是延伸指角斗。由此也延伸出角色、演员等义。如优秀的、著名的演员称为"角儿"。

解

甲骨文　　金文　　小篆　　楷书

【原文】

解,判也。从刀判牛角。

【译文】

解,分解。由"刀"分解"牛""角"会意。

【按语】

"解"是会意字。甲骨文似人用双手在拔牛角,周围的小点是血肉碎屑,表示在宰牛。金文、小篆由此演化而来。隶变以后楷书写成"解"。

"解"的原义为屠宰、分割牛。延伸指分割、剖开。如成语"难解难分"。也延伸指解体、离散。例如"土崩瓦解"。也延伸指讲说、说明。例如"解惑"。进而延伸指懂得、明白。例如"理解"。

触

金文　　小篆　　楷书(繁体)　　楷书

【原文】

觸，抵也。从角，蜀声。

【译文】

觸，用角抵触。从角，蜀声。

【按语】

"触"是形声字。金文从角，蜀声。小篆字形变化不大，只是线条化、整齐化了。隶变以后楷书写成"觸"。汉字简化后写成"触"。

"触"的原义为用角抵。延伸成碰撞。例如《韩非子·五蠹》："兔走触株，折颈而死。"就是说，兔子奔跑时撞到树桩上，脖子折断而死去。

两角相抵，争斗的两者必然会互相接触，所以也延伸成碰到、挨上。如成语"一触即溃"。用于抽象意义，指因某种刺激而引起的（感情变化等）。例如"感触""触动"。

由碰撞延伸成冒犯。例如"触怒龙颜""触犯天条"等。

"触"用作佛家用语，跟色、声、香、味、法，合称"六尘"。

觴

觴　觴

小篆　　楷书

【原文】

觴，觯实曰觴，虚曰。从角，𥏻省声。

【译文】

觴，就是觯。盛满酒叫觴，不盛酒叫觯。从角，𥏻省声。

【按语】

"觥"是形声字。小篆从角，觥省声。隶变以后楷书写成"觥"。

"觥"的原义为盛酒器。如陶渊明《归去来兮辞》："引壶觥以自酌，眄庭柯以怡颜。"

"觥"用作动词，指向人敬酒或者自饮。例如"觥歌"，指饮酒放歌。

"觥"还可指宴请。如东汉傅毅《舞赋》："楚襄王谓宋玉曰：'寡人欲觥群臣，何以娱之？'"意思是，我想宴请群臣，不知要用什么来作为娱乐呢？

身 部

身

甲骨文　金文　小篆　楷书

【原文】

身，躬也。象人之身。从人，厂声。凡身之属皆从身。

【译文】

身，全身躯。似人的身躯。从人，厂声。凡是身的部属全部从身。

【按语】

"身"是象形字。甲骨文、金文、小篆全部似一个大肚子的侧面人形，是一个怀孕的女子的样子。隶变以后楷书写成"身"。

"身"的原义为身孕。

"身"延伸指人的躯干。例如"身高"。后延伸指物体的主体或者主干部分。例如"船身""车身"。由身体也延伸成自己、自身。例如"身临其境""身经百战"。

"身"用于抽象意义时，指人的品行、名节。例如"修身养性""洁身自好"。还可指人的社会地位。例如"身败名裂"。

射

甲骨文　金文　小篆　楷书

【原文】

射,弓弩发于身而中于远也。

【译文】

射,弓弩从射手身上发射,而射中在远处。

【按语】

"射"原本象形字。甲骨文似箭在弦上,表示射箭。金文字形在弓箭之后又增加了一只手,表示用手射。小篆讹为从矢,从身。隶变以后楷书写成"射"。

"射"的原义为开弓放箭。延伸泛指借助推力、弹力或者压力而发出。例如"射门""喷射"。由箭射靶子延伸出用言语中伤之意。例如"含沙射影""影射"。发光体的光线就似射出的箭,所以"射"还指照射。

"射"用作名词,指射礼,是周礼的一种。还延伸指古代六艺(礼、乐、射、御、书、数)之一。

躬

小篆　楷书(繁体)　楷书

【原文】

躳,身也。从身,从吕。躬,躳或,从弓。

【译文】

躳,身体。由身,吕会意。躬,躳的或体,从弓。

【按语】

"躬"是会意兼形声字。小篆从身,从吕(脊柱形),会人身之意。异体从弓,会曲身之意,弓兼表声。隶变以后楷书分别写成"躬"和"躳"。现在规范化,以"躬"为正体。

"躬"的原义为身体、自身。成语"卑躬屈膝""反躬自问"等全部是用的原义。

"躬"用作动词,指稍微向前弯身,以表尊敬。例如"打躬作揖"。

"躬"用作副词,表示亲自、亲身。我们在说人什么事情全部自己做的时候,常用"事必躬亲"这个成语,此处的"躬"就是亲自的意思。

躯

小篆　　　楷书

【原文】

軀,体也。从身,區声。

【译文】

軀,身体。从身,區声。

【按语】

"躯"是形声字。小篆从身,區声。隶变以后楷书写成"軀"。汉字简化后写成"躯"。

"躯"的原义为身体。如曹植《白马篇》:"捐躯赴国难,视死忽如归。"古代也指身孕。例如《三国志·魏书·华佗传》中说:"其母怀躯,阳气内养。"其中的"躯"就是指身孕。

"躯"作量词时,用于身体。例如《中国佛教史略》:"浮图北石佛殿一所,中有丈八金像一躯。"

躺

躺　躺
小篆　　楷书

【原文】

无。

【按语】

"躺"是形声字。从身,尚声。隶变以后楷书写成"躺"。

"躺"的原义为身体平卧。例如"躺在床上"。引伸泛指物体平放或者倒伏在地。例如"板凳桌椅全部躺在了地上"。

躲

躲
楷书

【原文】

无。

【按语】

"躲"是后起字,为形声字。楷书写成"躲",从耳,朵声。

"躲"的原义为把身体隐藏起来、藏身。例如"东躲西藏""躲猫猫"。躲藏是为了避开,故延伸指避开、避让。如俗语"明枪易躲,暗箭难防",就表示明处来的枪容易躲开,但暗中射来的箭难以提防。

麸

小篆　　楷书（繁体）　　楷书

【原文】

麸，小麦屑皮也。从麥，夫声。

【译文】

麸，小麦的碎屑和麦皮。从麥，夫声。

【按语】

"麸"是形声字。小篆从麥，夫声。隶变以后楷书写成"麩"。汉字简化后写成"麸"。

"麸"的原义为小麦的皮屑。如吴应箕《大旱歌》："寒者可使长无襦，其如饥者食无麸。"

"麸"延伸泛指麦类的麸皮。例如《本草纲目·谷部》："灭诸瘢痕：春夏用大麦麸，秋冬用小麦麸，筛粉，和酥傅之。"

"麸"也延伸指碎屑。如许尧佐《柳氏传》："翊（韩翊）乃遣使间行，求柳氏，以练囊盛麸金。"其中的"麸金"便是指碎金。

走 部

走

金文　　小篆　　楷书

【原文】

走,趋也。从夭止。夭止者屈也。凡走之属皆从走。

【译文】

走,跑。由夭、由止会意。"夭止"的意思是(因为跑得快),腿脚弯曲。凡是走的部属全部从走。

【按语】

"走"是会意字。金文上部似摆动两臂跑步的人形,下部是一只大脚(止),会人在跑之意。古代走就是跑的意思。隶变以后楷书写成"走"。

"走"的原义为跑。例如《木兰诗》:"双兔傍地走,安能辨我是雄雌。"

信息、秘密的"跑",即是泄漏的意思。例如"说走了嘴"。进一步延伸指改变。例如"走样"。

"走"作名词,泛指兽类。如张衡《西京赋》:"上无逸飞,下无遗走。"

起

起 起

小篆　　楷书

【原文】

起,能立也。从走,已声。

【译文】

起,能(举足)起立。从走,已声。

【按语】

"起"是形声兼会意字。小篆从走,已声,已兼表起始之意。隶变以后楷书写成"起"。

"起"的原义为由躺到坐，或者由坐到站立。例如"鸡鸣而起"。泛指起来、上升。例如"风起云涌"。也延伸指发生、产生。例如"祸起萧墙"。

"起"还延伸指兴建、设置。例如"另起炉灶"。也指兴起、发动。例如"起义"。

"起"用作量词，指件、宗。例如"一起案件"。

赵

趙　赵

小篆　　楷书（繁体）　楷书

【原文】

趙（𧼩），趍赵也。从走，肖声。

【译文】

趙，趍赵。从走，肖声。

【按语】

"赵"是形声字。小篆从走，肖声。隶变以后楷书写成"趙"。汉字简化后写成"赵"。

"赵"的原义为急走、跳跃。例如《穆天子传》："天子北征，赵走舍。"意思是天子出征北方，急行了三十里。

"赵"后借为国名，指战国七雄之一的"赵国"。

赶

赶

小篆　　楷书

【原文】

赶，举尾走也。从走，干声。

【译文】

赶,(兽畜)翘着尾巴奔跑。从走,干声。

【按语】

"赶"为形声字。小篆从走,干声。隶变以后楷书写成"赶"。

"赶"的原义为兽类翘起尾巴奔跑。延伸成急赴。例如"赶路""赶考"。追赶时的速度一定很快,由此延伸成从速、加快。例如"赶紧"。又表示追逐。例如"赶上""追赶"。由此延伸成驱逐。例如"赶鸭子上架"。

"赶"延伸成碰上某种情况。例如"正赶上"。口语中"赶"有等到的意思。例如"赶年下",意思是等到过年的时候。

赴

赴　赴

小篆　楷书

【原文】

赴,趋也。从走,仆省声。

【译文】

赴,奔跑。从走,仆省人为声。

【按语】

"赴"为形声字。小篆从走,卜声。隶变以后楷书写成"赴"。

"赴"的原义为急速奔向凶险之处,紧急之事。例如"赴汤蹈火"。疾速而行定然有个目的地,故而延伸成前往、去、到达。例如"赴京赶考"。

"赴"特指急走报丧。春秋时,各国贵族丧亡祸福等事全部要告诉别国。例如《仪礼·聘礼》:"赴者未至,则哭于巷,哀

于馆。"

超

超 超
小篆　　　楷书

【原文】

超,跳也。从走,召声。

【译文】

超,跳跃。从走,召声。

【按语】

"超"为形声字。小篆从走,召声。隶变以后楷书写成"超"。

"超"的原义为跳过、跃上。例如《孟子·梁惠王上》:"挟太(泰)山以超北海"。由此引申指超过、胜过。例如"超常""超额"。

任何事物全部有个上限,跳过上限就是超寻常的、不受世俗限制的。例如"超凡脱俗"。

越

 越
小篆　　　楷书

【原文】

越,度也。从走,戉声。

【译文】

越,度过。从走,戉声。

【按语】

"越"是形声字。小篆从走，戉声。隶变以后楷书写成"越"。

"越"的原义为跨过、跳过。例如"越陌度阡"。跨过一定界限，就意味着超出、超过。例如"越职"。延伸指激昂、远扬。例如"群情激越"。又指抢夺。例如"杀人越货"。

"越"用作副词，表示愈加。例如"跳得越高，摔得越惨"。

"越"用作名词，特指周代诸侯国，即越国。还泛指两广或者南方地区。例如"越鸟南栖"。或者特指浙江或者浙江东部一带。例如"越剧"。

趟

趟

楷书

【原文】

无。

【按语】

"趟"是后起字，为形声字。楷书写成"趟"，从走，尚声。异体写成"蹚"，从足，堂声。现在规范化，以"趟"为正体。

"趟"的原义为跳跃行进的样子。读tàng。如韩愈、孟郊《城南联句》："得隽蝇虎健，相残雀豹趟。"

"趟"延伸指从浅水中走过。例如"趟着水过河"。也延伸指踩、踏。如徐光耀《平原烈火》："大洋马一纵一纵的趟起漫天尘土。"

"趟"由行走延伸指步子、步伐，读tàng。读例如"赶趟儿"。

"趟"用作量词，表示成行或者成条的东西。也指次数、班次。还可用于武术的动作、套路。

趣

小篆　　楷书

【原文】

趣,疾也。从走,取声。

【译文】

趣,疾(跑)。从走,取声。

【按语】

"趣"为形声字。小篆从走,取声。隶变以后楷书写成"趣"。

"趣"的原义为快步走,通"趋"。延伸指奔赴、奔向。

人的心志也有趋向,故而延伸指意向、旨趣。如萧统《陶渊明传》"渊明少有高趣"中的"趣",就是这种用法。由旨趣延伸出乐趣、兴味的意思。例如"兴趣""趣味"。

趋

小篆　　楷书（繁体）　　楷书

【原文】

趨,走也。从走,刍声。

【译文】

趨,跑。从走,刍声。

【按语】

"趋"是形声字。小篆从走,刍声。隶变以后楷书写成"趨"。汉字简化后写成"趋"。

"趋"的原义为快步走、跑。延伸指行走。例如《陌上桑》："盈盈公府步,冉冉府中趋。"也延伸指奔赴、趋向。例如"局势趋于稳定""大势所趋"。

　　快步走多是为了追上某事物,所以也延伸指追赶、追求。如贾谊《论积贮疏》中"背本而趋末"。

赤 部

赤

甲骨文　　金文　　小篆　　楷书

【原文】

赤,南方色也。从大,从火。凡赤之属皆从赤。

【译文】

赤,南方的颜色。由大、由火会意。凡是赤的部属全部从赤。

【按语】

　　"赤"是会意字。甲骨文从人,从火,会火映红了人之意。金文、小篆与甲骨文形体相似。隶变以后楷书写成"赤"。

　　"赤"的原义为比朱红稍浅的颜色。例如《辞源》中说:"朱深而赤浅。"泛指红色。例如"赤红脸"。

　　婴儿刚生下来身体呈赤色,所以称之为"赤子"。赤子纯正无邪,故而延伸指空,一无所有。例如"赤手"。也延伸指裸露、光着。例如"赤膊"。进而延伸表示纯净不杂、专诚不二。如"赤诚""赤胆"。

赦

金文　　小篆　　楷书

国学经典文库

说文解字

《说文解字》原文释义

图文珍藏版

【原文】

赦,置也。从攴,亦声。

【译文】

赦,舍弃,放置。从攴,亦声。

【按语】

"赦"是形声字。金文从攴,亦声。小篆改为赤声并整齐化。隶变以后楷书写成"赦"。

"赦"的原义为舍弃、放置。延伸指宽免罪过。例如《史记·廉颇蔺相如列传》:"臣从其计,大王亦幸赦臣。"

"赦"延伸指宽容。例如《论语·子路》:"先有司,赦小过,举贤才。"

赫

赫　赫

小篆　　楷书

【原文】

赫,火赤貌。从二赤。

【译文】

赫,火红的样子。由两个"赤"字会意。

【按语】

"赫"是会意字。小篆从二"赤",会火红之意。隶变以后楷书写成"赫"。

"赫"的原义为火红色。例如"赫日""赫赤"。火红色较为耀眼,故而可延伸成显赫。如"赫赫有名"。延伸成威仪,发怒的样子。例如《后汉书·张纲传》:"天子赫然震怒。"

豸 部

豸

国学经典文库

说文解字

《说文解字》原文释义

图文珍藏版

金文　　小篆　　楷书

【原文】

豸,兽长脊,行豸豸然,欲有所司杀形。凡豸之属皆从豸。

【译文】

豸,有着长长脊骨的猛兽,行走时突然豸豸地伸直脊背,似有所窥伺而加以格杀的形状。凡是豸的部属全部从豸。

【按语】

"豸"是象形字。金文似一只动物:上部是张口露出利齿的头,有圆耳;下部有腿有尾。小篆继承金文而来。隶变以后楷书写成"豸"。

"豸"可能是猫这一类的动物。例如《尔雅·释虫》中说:"有足谓之'虫',无足谓之'豸'。"其实这是从"兽类"转移为"虫类"。

"豸"属部首字。凡由"豸"组成的字大都与兽有关。例如"豺""豹"。

貉

金文　　小篆　　楷书

【原文】

貉,北方豸种。从豸,各声。

【译文】

貉,北方与豸共处的种族。从豸,各声。

【按语】

"貉"是形声字。金文从豸,各声。小篆字形只是对位置做了调整。隶变以后楷书写成"貉"。

"貉"的原义是指一种动物,俗称狗獾。是一种哺乳动物,外形似狐,穴居于河谷、山边和田野间。例如"一丘之貉",引喻彼此同是丑类,没有什么差别。

豹

甲骨文　　小篆　　楷书

【原文】

豹,似虎,圜文。从豸,勺声。

【译文】

豹,似老虎,有圆形花纹。从豸,勺声。

【按语】

"豹"是形声字。甲骨文就似豹子的形象。小篆则变成了从豸、勺声的形声字。隶变以后楷书写成"豹"。

"豹"的原义为豹子。例如《正字通》中对其解释说:"豹,状似虎而小,白面,毛赤黄,文(纹)黑而钱圈,中五圈左右各四者,曰金钱豹。"例如"管中窥豹",原来指的就是从管子里看豹,只看见豹身上的一块花斑,看不到全豹。引喻只看到事物的一部分而看不到全面。

豆部

豆

豆　豆　豆　豆
甲骨文　金文　小篆　楷书

【原文】

豆,古食肉器也。从口,象形。凡豆之属皆从豆。

【译文】

豆,古代吃肉盛用的器皿。从口,象形。凡是豆的部属全部从豆。

【按语】

"豆"是象形字。甲骨文似古代高足食器。金文的形体与甲骨文相似,其上部多了一横,表示器中装有东西。小篆继承金文。隶变以后楷书写成"豆"。

"豆"的原义为一种盛肉的容器。例如《孟子·告子上》:"一箪食,一豆羹,得之则生,弗得则死。"延伸成一种容量单位。又转化为重量单位,一豆等同于一两的一百四十四分之一。

战国以后,豆从盛肉的器具逐渐转变成为祭祀的器具。汉代以后,"豆"就用来表示农作物中的大豆了。

登

登　登　登　登
甲骨文　金文　小篆　楷书

【原文】

登,上车也。从癶、豆,象登车形。

【译文】

登，登上车。由"癶"字在"豆"字之上会意，（表示两脚立在用来垫脚乘车的石头上），似登车之形。

【按语】

"登"是会意字。甲骨文会双手捧举食器进献之意。金文把两只脚省掉了。小篆下部的双手被省掉。隶变以后楷书写成"登"。

"登"的原义为上车，或者由低处到高处。例如"登山"。由上车延伸指上路、登上路程。例如"登上征程"。又指登载。例如"登报"。

庄稼成熟就要在场院晾晒脱粒，所以也延伸为成熟、丰收。例如"五谷丰登"。

酉 部

酉

| 甲骨文 | 金文 | 小篆 | 楷书 |

【原文】

酉，就也。八月，黍成，可为酎酒。似古文酉之形。凡酉之属皆从酉。

【译文】

酉，成熟。（酉）代表八月，这时黍成熟，可以酿制醇酒。似古文"酉"的样子。凡是酉的部属全部从酉。

【按语】

"酉"是象形字。甲骨文似一个酒坛的模样。金文变得繁复了一些，坛身上有了装饰的花纹。隶变以后楷书写成"酉"。

"酉"的原义为酒坛子，它最初也用来表示酒。

尔后为地支（即子、丑、寅、卯、辰、巳、

午、未、申、酉、戌、亥)的第十位所专用,于是另造"酒"字来表示酒这个含义。

酵

酵 酵

小篆　楷书

【原文】

无。

【按语】

"酵"是形声字。小篆从酉,孝声。隶变以后楷书写成"酵"。

"酵"的原义为酒母,原指含有大量能将糖类发酵成酒精的人工酵母培养液。尔后人们把其用于发面、制酱。例如"酵子""酵头"。

"酵"作动词,指发酵。例如"酵粥",即发酵的粥。

酋

酋 酋

甲骨文　小篆　楷书

【原文】

酋,绎酒也。从酉,水半见于上。《礼》有大酋,掌酒官也。凡酋之属皆从酋。

【译文】

酋,久酿的酒。从酉,由"水"的一半出现在"酉"上会意。《礼》上有"大酋"这样的职务,是掌管酿酒的官。凡是酋的部属全部从酋。

【按语】

"酋"是象形字。小篆从酉,上部似酒满了快要流出来的样子。隶变以后楷书写成"酋"。

"酋"的原义为陈酒。后延伸泛指从事与酒有关工作的人。例如"大酋",指的是古代酒官之长。古时祭典用酒,常由尊者主持,"酋"由此延伸指部落的首领。例如"酋长"。

酣

酣 酣

小篆　　楷书

【原文】

酣,酒乐也。从酉,从甘,甘亦声。

【译文】

酣,因喝酒而快乐尽兴。由酉、由甘会意,甘也表声。

【按语】

"酣"是会意字。小篆从酉(表示与酒相关),从甘,甘兼表读音。隶变以后楷书写成"酣"。

"酣"的原义为酒喝得很畅快。例如"酒酣""酣宴"。尽兴饮酒容易喝醉,故而延伸指酒醉。例如"酣醉"。由醉酒延伸指沉湎于享乐或者尽情地从事某种活动。例如"目酣神醉"。进而延伸特指睡眠恬适,睡得熟。例如"酣睡""酣然入梦"。

"酣"用作副词,指尽情地、痛快地。例如"酣斗""酣鏖"。

醇

醇 醇

小篆　　楷书

【原文】

醇,不浇酒也。从酉,臺声。

【译文】

醇,不浇水的纯酒。从酉,臺声。

【按语】

"醇"是会意兼形声字。小篆从酉,从臺(表示味厚),臺兼表声。隶变以后楷书写成"醇"。

"醇"的原义为没掺水、酒质浓厚的酒。延伸泛指酒味浓厚。由酒的醇厚也延伸指精纯、纯粹。如韩愈《读荀子》"孟氏,醇乎醇者也。"

酝

醖　醞　酝

小篆　楷书(繁体)　楷书

【原文】

醞,酿也。从酉,昷声。

【译文】

醞,酿酒。从酉,昷声。

【按语】

"酝"是形声字。小篆从酉,昷声。隶变以后楷书写成"醞"。汉字简化后写成"酝"。

"酝"的原义为酿酒。如张衡《南都赋》:"酒则九酝醴,十旬兼清。"又如刘威《早春》:"已酝看花酒,娇莺莫预飞。"延伸泛指酿造、造成。如凌义渠《代贺吴云麓荣封序》:"公盖酝百家之精,兼六朝秀,而一禀之。"

"酝"用作名词,指代酒。如梅尧臣《永叔赠酒》:"天门多奇酝,一斗市十千。"

酗

酗 酗

小篆　　楷书

【原文】

酗,醉酱也。从酉,句声。

【译文】

酗,沉醉在酗酒上。从酉,句声。

【按语】

"酗"是形声字。小篆从酉,句声。隶变以后楷书写成"酗"。汉字规范化后写成"酗"。从酉,凶声。

"酗"的原义为酒怒,即无节制地喝酒,酒后发酒疯。泛指沉迷于酒。例如《北史·牛弘传》:"弟弼,好酒而酗,尝醉射杀弘驾车牛。"

配

配 配 配 配

甲骨文　　金文　　小篆　　楷书

【原文】

配,酒色也。从酉,己声。

【译文】

配,酒的颜色。从酉,己声。

【按语】

"配"是会意兼形声字。甲骨文从跪坐之女,从酉(酒器),会置酒相对、成礼婚配之意。小篆改为从酉从己会意,己兼表声。隶变以后楷书写成"配"。

"配"的原义为男女结合成婚。例如"许配""婚配"。延伸泛指雌雄动物交合。例如"配种"。也指配偶,多指夫妻。例如"元配""择配"。又泛指双方相媲美,够得上、有资格。例如"匹配""般配"。进而也延伸指陪衬、衬托。例如"配角"。

"配"也延伸指流放，古代一种把罪人遣放到边远地区充军的刑罚。例如"发配"。也延伸指相互分工，彼此合作。例如"配合"。

"配"也延伸指按照标准或者比例调合或者并合。例如"配药""配料"。

醪

小篆　楷书

【原文】

醪，汁滓酒也。从酉，翏声。

【译文】

醪，汁和渣相混合的酒。从酉，翏声。

【按语】

"醪"是形声字。小篆从酉，翏声。隶变以后楷书写成"醪"。

"醪"的原义为汁渣混合的酒，即浊酒，也叫醪糟。如杜甫《清明》："钟鼎山林各天性，浊醪粗饭任吾年。"大意是，钟鸣鼎食抑或者隐逸山林，各有各的乐趣；我则饮低劣的酒、吃粗制的饭，安度年华。

"醪"也指味厚的醇酒。延伸泛指酒。例如《史记·扁鹊仓公列传》："（疾）在肠胃，酒醪之所及也。"大意是疾病在肠胃里，即酒所到达的地方。

醴

金文　小篆　楷书

【原文】

醴，酒一宿孰也。从酉，豊声。

国学经典文库

说文解字

《说文解字》原文释义

图文珍藏版

【译文】

醴,酒酿一夜就成熟了。从酉,豊声。

【按语】

"醴"是形声兼会意字。金文从酉,豊声,豊兼表致祭之意。小篆与金文基本一致。隶变以后楷书写成"醴"。

"醴"的原义为甜酒。如王充《论衡》:"酒醴异气,饮之皆醉。"意思是说,烈酒和甜酒虽然有不一样的味道,但多饮几杯都会醉倒。

"醴"延伸成甘甜。例如《尚书·中候》有"醴泉出山"句,此处的"醴"就是甘甜的意思。

酱

甲骨文　金文　小篆　楷书

【原文】

酱,醢也。从肉,从酉,酒以和酱也。爿声。

【译文】

酱,就是肉酱。从肉,从酉,表示用酒调和的酱,爿声。

【按语】

"酱"是会意兼形声字。甲骨文从鼎,从肉,会从鼎中取肉奉献祭享之意,爿声。金文把鼎换为酉,突出用酒调和肉酱之意。隶变以后楷书写成"醬",汉字简化后写成"酱"。

"酱"的原义为肉酱。延伸泛指用豆、麦等发酵后做成的一种糊状调味品。例如"豆瓣酱""甜面酱"等。也指似酱一样的糊状食品。例如"芝麻酱""果酱"。还指捣烂成泥的食物。

"酱"用作动词，指用酱或者酱油腌制。例如"猪肘子，酱着吃"。

"酱"用作形容词，指用酱或者酱油腌制的。例如"酱牛肉"。

醉

小篆　　楷书

【原文】

醉，卒也。卒其度量，不至于乱也。

【译文】

醉，尽量。使其酒量满尽，而不到达昏乱的地步。

【按语】

"醉"是会意兼形声字。小篆从酉（酒器），从卒（终止），会饮酒喝到自己的酒量为止之意，卒兼表声。隶变以后楷书写成"醉"。

"醉"的原义为饮酒适量。如诸葛亮《又诫子书》："可以至醉，无致迷乱。"意思是，可以适量地饮酒，但不要喝到酩酊大醉、神志不清的程度。

"醉"延伸指饮酒过量、神志不清。也延伸指沉迷、入迷。如林升《题临安邸》："暖风熏得游人醉，直把杭州作汴州。"也延伸引喻糊涂。例如《史记·屈原列传》中的"举世皆醉我独醒"。

"醉"因与酒相关，所以人们就把用酒浸制的食品以"醉"冠之。例如"醉蟹""醉虾""醉枣"等。

酬

小篆　　楷书

国学经典文库

说文解字

《说文解字》原文释义

图文珍藏版

【原文】

醻,主人进客也。从酉,壽声。

【译文】

醻,主人向客人劝酒。从酉,壽声。

【按语】

"酬"是形声字。小篆从酉(酒坛子),壽(寿)声。隶变以后楷书写成"醻"。汉字简化后写成"酬"。

"酬"的原义为古时酒宴的一种礼节,也叫导饮。古时候的酒宴,主人如果不先自饮,则表示不忠信,故先自饮,再敬宾客酒,叫作"酬"。也延伸泛指报答、报偿,或者回应以财物。例如"酬劳""报酬"。

尔后人们也把以诗文相赠答称作"酬"。也延伸指实行、实现。例如"壮志未酬"。

"酬"用于言语交往,指应对赠答和人际交往。如我们平常所说的"应酬"。

醋

醋 醋

小篆　　楷书

【原文】

醋,客酌主人也。从酉,昔声。

【译文】

醋,客用酒回敬主人。从酉,昔声。

【按语】

"醋"是形声字。小篆从酉,昔声。隶变以后楷书写成"醋"。

"醋"的原义为客人以酒回敬主人,读作 zuò。例如《仪礼》:"祝(司仪)酌授尸(代表鬼神接收祭祀的人),尸以醋主人。"

"醋"借用作"酢",遂成异体字。因尔后二字表义颠倒,所以"醋"尔后用来指调味用的酸味液体,读作 cù。例如"柴米油盐酱醋茶"。

"醋"也延伸特指嫉妒，多用于男女之间。例如"吃醋""醋意"等。

酷

酷 酷

小篆　　楷书

【原文】

酷，酒厚味也。从酉，告声。

【译文】

酷，酒的浓厚的味道。从酉，告声。

【按语】

"酷"是形声字。小篆从酉，告声。隶变以后楷书写成"酷"。

"酷"的原义为酒味浓厚。如曹植《七启》："酷烈馨香。"即是指美酒味道醇厚，香飘万里。延伸泛指香气浓烈。如温庭筠《病中书怀呈友人》："蕊多劳蝶翅，香酷坠蜂须。"又延伸指残暴。例如"酷吏"。

"酷"由味浓厚虚化为副词，表程度，等同于"极其""非常"。例如"酷热""酷似"等。

"酷"还用作英语 cool 的译音，指时髦的、很好的。用于人，指潇洒、有个性；用于物，指时尚、够刺激。

酸

醆 酸

小篆　　楷书

【原文】

酸,酢也。从酉,夋声。关东谓酢曰酸。

【译文】

酸,醋。从酉,夋声。关东地区叫酢作酸。

【按语】

"酸"是形声字。小篆从酉,夋声。隶变以后楷书写成"酸"。

"酸"的原义为醋。例如"大苦碱酸,辛甘行些"。延伸指似醋的味道或者气味。例如"酸奶""酸味"。

人悲伤时鼻子会发酸,故也延伸指悲痛、难过。例如"心酸""辛酸"。

人悲酸与贫寒时多现苦脸,故也延伸形容读书人的贫寒。例如"寒酸""穷酸"。

"酸"又指感觉身体微痛而乏力。例如"浑身发酸""腰酸背痛"。

"酸"现在也指化学上能跟碱中和生成盐和水,跟某些金属反应生成盐和氢气,水溶液有酸味,可使石蕊试纸变红的物质,例如"硫酸""盐酸"。

醒

醒　　醒

小篆　　楷书

【原文】

醒,醉解也。从酉,星声。

【译文】

醒,酒醉后恢复常态。从酉,星声。

【按语】

"醒"是形声兼会意字。小篆从酉(酒器),星声,星兼表微明之意。隶变以后楷书写成"醒"。

"醒"的原义为酒醒。如欧阳修《醉翁亭记》:"醉能同其乐,醒能述以文者,太守也。"意思是,喝醉了能同大家玩乐,酒醒后能用文章把经过记述下来的人,是太守我。

"醒"延伸泛指从麻醉、昏迷状态中恢复正常知觉。例如"苏醒"。也延伸指结束睡眠状态。例如"如梦方醒"进而延伸指认识由模糊而清楚,觉悟过来。例如"幡然醒悟"。

"醒"延伸指明显、清楚。例如"醒目""醒眼"。

酪

酪 酪

小篆　　楷书

【原文】

无。

【按语】

"酪"为形声字,小篆从酉,各声。隶变以后楷书写成"酪"。

"酪"的原义为用动物的乳汁炼成的食品。例如"奶酪""酪酥"。泛指糊粥状食品。例如"红果酪""酪粥"。古代也指醋浆。

酥

酥 酥

小篆　　楷书

【原文】

无。

【按语】

"酥"是会意字。小篆从禾从酉。隶变以后楷书写成"酥"。

"酥"的原义为酪类,由牛羊乳制成,又称"酥油"。延伸指含油而松脆的食品。例如"芝麻酥""酥糖"。也延伸成松软、松脆。例如"香酥鸡"。

"酥"也指肢体松软的,缺乏力量、肌肉松弛的。

酿

醲 釀 酿

小篆　　楷书（繁体）　　楷书

【原文】

釀,酝也。作酒,曰酿。从酉,襄声。

【译文】

釀,酝酿。利用发酵作用造酒,叫酿。从酉,襄声。

【按语】

"酿"是形声字。小篆从酉,襄声。隶变以后楷书写成"釀"。汉字简化后写成"酿"。

"酿"的原义为利用发酵作用造酒。用作名词,指酿造的酒。例如"陈年佳酿"。泛指利用发酵作用制造醋、酱油等。例如"酿制酱菜"。特指蜜蜂做蜜。例如"酿蜜"。

"酿"又引喻逐渐形成。例如"酝酿""酿祸"。

辰 部

辱

𦥑 𦥯 辱

甲骨文　　小篆　　楷书

【原文】

无。

【按语】

"辱"是会意字。"辱"是甲骨文"蓐"的初文,省去草则成为辱,从辰(除去农田害虫),从寸(手),会以手除去农田害虫之意。小篆整齐化。隶变以后楷书写成"辱"。

"辱"的原义为除去农田害虫。古代重视农耕,失耕则戮之,故延伸指羞耻,名誉受到的损害。例如"荣辱"。

"辱"用作动词,指伤害他人名誉、人格。例如"侮辱""羞辱"。又表示使受到羞辱。例如《论语·子路》"使于四方,不辱君命"中的"辱"即是这一用法。

"辱"用作谦辞,表示屈尊对方,等同于"承蒙"。例如《左传·僖公四年》:"辱收寡君,寡君之愿也。"

豕 部

豕

甲骨文　金文　小篆　楷书

【原文】

豕,彘也。竭其尾,故谓之豕。象毛足而后有尾。读与豨同。凡豕之属皆从豕。

【译文】

豕,猪。猪发怒时直竖着它的尾巴,所以叫作豕。似头、四只脚,而身后有尾巴的样子。音读与"豨"字相同。凡是豕的部属全部从豕。

【按语】

"豕"是象形字。甲骨文似直立的大肚子的猪。金文线条化,但猪的长嘴和大耳朵非常突出。隶变以后楷书写成"豕"。

"豕"的原义为人所豢养的猪。例如《左传·庄公八年》:"齐侯游于姑棼,遂田于贝丘,见大豕。"在古代,猪有大小之分:"豕"和"豨"属大猪,"猪"和"豚"属小猪。

豢

甲骨文　小篆　楷书

【原文】

豢,以谷圈养豕也。从豕,关声。

【译文】

豢,用谷在围栏中喂养猪。从豕,关声。

【按语】

"豢"是形声兼会意字。甲骨文从廾(双手),从豕,会养猪之意。小篆改为从豕,关声,关兼表抟米之意。隶变以后楷书写成"豢"。

"豢"的原义为设围栏以谷物养猪。延伸泛指喂养、饲养。例如《左传》中记载的"豢龙氏",就是指养龙的人。

"豢"延伸指以利收买、养。如孔尚任《桃花扇》中写到崇祯帝死后,大将左良玉哭祭他时说:"养文臣帷幄无谋,豢武夫疆场不猛。"说的就是:(国家)养的文臣不能在朝廷出谋划策,养的武夫在战场不够勇猛。

里 部

里

金文　小篆　楷书

【原文】

里,居也。从田,从土。凡里之属皆从里。

【译文】

里,居住的地方。由田、由土会意。凡是里的部属全部从里。

【按语】

“里”是会意字。金文从田,从土,用有田有土供人们聚居、耕作、生活的地方。小篆的形体继承金文并整齐化。隶变以后楷书写成“里”。

“里”的原义为古时居民聚居之地。例如《周礼·地官·遂人》:“五家为邻,五邻为里。”意思是说二十五家为“里”。也延伸指家乡、故乡。如李中《送人南游》:“早思归故里,华发等闲生。”

古代里居有定制,由此延伸用作长度单位。例如《荀子·劝学》:“不积跬步,无以至千里。”

野

| 甲骨文 | 金文 | 小篆 | 楷书 |

【原文】

野,郊外也。从里,予声。

【译文】

野,郊外。从里,予声。

【按语】

“野”是会意兼形声字。甲骨文的形体是两木中间有个“土”。金文形体与甲骨文相似。隶变后楷书写成“野”。

“野”的原义为郊外、野外。例如“荒山野岭”。郊外有农田,故而延伸指原野、田野。例如"乡野村妇"。又进而延伸指朝廷之外、民间。例如"下野"。

野外之物大都自在生长,故延伸指野生的。例如"野人参"。野生之物具有野蛮、不驯的特性,故也延伸指不驯服、不受拘束。例如"野蛮"。野性之物的举止往往不文雅,所以也延伸出粗鲁义。例如"粗野"。

足(𧾷)部

足

𧾷　𧾷　𧾷　足
甲骨文　金文　小篆　楷书

【原文】

足,人之足也。在下。从止、口。凡足之属皆从足。

【译文】

足,人体下肢的总称。在人体的下部。由止、口会意。凡是足的部属全部从足。

【按语】

"足"是象形字。甲骨文的下部是一只脚趾朝上的左脚,上面是"口"。金文的形体与甲骨文大体相似。隶变以后楷书写成"足"。

"足"的原义为包括膝盖和脚在内的整个小腿。延伸泛指脚,例如"画蛇添足"。进而延伸指器物的脚。例如"三足鼎立"。

"足"假借为充实、完备、足够。例如"充足""足以"。完备充足之物往往对人有用处,所以又延伸成值得。如陶渊明《桃花源记》:"不足为外人道也。"

踵

踵　踵　踵
金文　小篆　楷书

【原文】

踵,追也。从足,重声。一曰:往来貌。

【译文】

踵,追逐。从足,重声。另一义说:踵是来往的样子。

【按语】

"踵"是形声字。金文从止,童声。小篆从足,重声。隶变以后楷书写成"踵"。

"踵"的原义为追逐。例如《汉书·武帝纪》:"各将五万骑,步兵踵军后数十万人。"又引申指至、亲到。例如《包公案》:"远近闻知,俱踵其门观看。"

在追逐的过程中需要坚持不懈、连续不断,故而延伸成沿袭、承续。例如"踵古",指沿袭古代。

跌

小篆　　　楷书

【原文】

跌,踢也。从足,失声。一曰:越也。

【译文】

跌,跌踢。从足,失声。另一义说:跌是过度。

【按语】

"跌"是形声兼会意字。小篆从足,失声,失兼表失足之意。隶变以后楷书写成"跌"。

"跌"的原义为失足仆倒。例如"跌倒"。由失足摔倒延伸指失误,过失。例如《汉书·扬雄传下》:"客徒欲朱丹吾毂,不知一跌,将赤吾之族也。"颜师古注:"诛杀者必流血,故云赤族。"

如果在空中跌倒因为没有支撑,所以会掉下来,故也延伸指坠落,降低。如跌

宕起伏。

踪

踨　踪

楷书（繁体）　楷书

【原文】

无。

【按语】

"踪"是后起字，为形声兼会意字。楷书本写成"踨"，从足，從声，從兼表随从之意。俗作"踪"。现在规范化，以"踪"为正体。

"踪"的原义为足印、踪迹。如柳宗元《江雪》："千山鸟飞绝，万径人踪灭。"

"踪"延伸特指古迹。如苏轼《石钟山记》："至唐李渤始访其遗踪，得双石于潭上。"

跋

跋　跋

小篆　　楷书

【原文】

跋，仆倒。从足，发声。

【译文】

跋，人倒下。从足，发声。

【按语】

"跋"是会意兼形声字。小篆从足从犮会意，犮兼表声。隶变以后楷书写成"跋"。

"跋"的原义为人倒下。延伸指在草中行走，越山过岭。例如"跋山涉水"。也延伸指倒转、调转。如严武《巴岭答杜二见忆》:"跋马望君非一度,冷猿秋雁不胜悲。"

"跋"还延伸指一种文体,写在书籍或者文章的后面,评价其内容,或者考释、说明写成经过等。

跑

跑

楷书

【原文】

无。

【按语】

"跑"是后起字,为形声字。楷书写成"跑",从足,包声。

"跑"的原义为兽用蹄子刨地。例如《临安新志》:"是夜二虎跑地作穴,泉水涌出,因号虎跑泉。"

尔后替代古代的"走",表示奔跑。如马戴《边将》:"红缰跑骏马,金镞掣秋鹰。"不想被人抓到就会跑,所以延伸指逃走、溜走。如小偷吓跑了。

跷

蹺　蹻　跷

小篆　楷书(繁体)　楷书

【原文】

无。

【按语】

"跷"是形声字。小篆从足,尧声。隶变以后楷书写成"蹻"。汉字简化后写成"跷"。

"跷"的原义为把腿脚抬高,读作 qiāo。例如"跷蹄辇脚",指高举脚,轻落足。

延伸指跂起脚后跟。例如"跂足",指跂起脚跟。进一步延伸指竖起指头。例如"跂大拇指夸他好"。

"跷"特指高跷,是在传统戏剧、舞蹈中供表演者绑在脚上使用的一种木制道具。

"跷"泛指向上抬的动作,读作qiào,现大都作"翘"。例如"跷生生迈步"。

蹲

小篆　　楷书

【原文】

蹲,踞也。从足,尊声。

【译文】

蹲,坐。从足,尊声。

【按语】

"蹲"是形声字。小篆为足,尊声。隶变以后楷书写成"蹲"。

"蹲"的原义为踞坐。如卢延让《松寺》:"山寺取凉当夏夜,共僧蹲坐石阶前。"

躁

小篆　　楷书(繁体)　　楷书

【原文】

趮,疾也。从走,臊声。

【译文】

趮,疾速。从走,臊声。

【按语】

"躁"是形声字。小篆从走,枭声。隶变以后楷书写成"趮",俗作"躁",从足。现在规范化,以"躁"为正体。

"躁"的原义为动作急疾。延伸指性情急、不冷静。例如"急躁"。也延伸指浮躁、不专一。还延伸指骄狂。例如"骄躁"就是指骄纵浮躁。

"躁"中医上特指脉盛急速。《素问·平人气象论》:"人一吸脉三动,一吸脉之动而躁,尺热曰病温。"

蹄

踶　蹏　蹄

小篆　楷书（繁体）　楷书

【原文】

无。

【按语】

"蹄"是形声字。小篆从足,虒声。隶变以后楷书写成"蹏"。俗作"蹄",改为帝声。现在规范化,以"蹄"为正体。

"蹄"的原义为有蹄类哺乳动物足趾前部的典型角质覆盖物,把趾的末端几乎全部包裹住,又指有角质保护物的脚。例如"马蹄"。

"蹄子",用于人时表示贬斥意味。例如"贱蹄子"。

"蹄"又指捕兔的网。例如《庄子·外物》:"蹄者所以在兔,得兔而忘蹄。"

践

戋　㠷　踐　践

甲骨文　小篆　楷书（繁体）　楷书

【原文】

践，履也。从足，戋声。

【译文】

践，踩踏。从足，戋声。

【按语】

"践"是形声兼会意字。甲骨文从彳，从戈，会负戈以行之意。小篆从足，戋声。戋兼表相残之意。隶变以后楷书写成"踐"。汉字简化后写成"践"。

"践"的原义为踩、践踏。例如《诗经·大雅·行苇》："敦彼行苇，牛羊勿践履。"大意是说，路边那丛生的芦苇，牛羊不要踩伤踏毁。

"践"延伸成登临、依凭。如贾谊《过秦论》："然后践华为城，因河为池。"意思就是，依凭华山作为城墙，就着黄河作为护城河。

"践"也延伸成登上、承袭。例如《孟子·万章上》："夫然后之中国，践天子位焉。"

"践"又可以延伸成履行、实行。例如"践约"，指履行事先约定的事情（多指约会）。

路

路　踏　路

金文　小篆　楷书

【原文】

路，道也。由足，各会意。

【译文】

路，道路。从足，从各。

【按语】

"路"是会意兼形声字。金文从足，从各（表示到来）兼表声。小篆继承金文。隶变以后楷书写成"路"。

"路"的原义是道路。延伸指经过的里程。例如"山高路远"等。还延伸特指车辆行驶的线道。例如"13路公交车"。

"路"延伸指职业。我们常听人说"半路出家"，原指年岁大点，才去当和尚、尼姑或者道士。引喻中途改行，从事另一工作。

脚步所走之路又可延伸成思想或者行为的途径、方法。例如"出路""生路"。

"路"也延伸指种类。例如"一路货色""路数"。还延伸指方面、地区。例如"外路货""各路人马"等。

跽

甲骨文	金文	小篆	楷书

【原文】

跽，长跪也。从足，忌声。

【译文】

跽，上身伸直，双膝着地。从足，忌声。

【按语】

"跽"是形声兼会意字。甲骨文从己从止，会弯曲之意。小篆增加一"足"，右边变为"忌"，就变成了从足、忌声的形声字。隶变以后楷书写成"跽"。

"跽"的原义是长跪，指长时间双膝着地、上身挺直。例如《史记·项羽本纪》中有"项王按剑而跽"，其中的"跽"就是长跪之意。是古人对话时常用的一种姿势。

"跽"也延伸指单膝着地，半跪。如明代黄淳耀《李龙眠画罗汉记》："一人跽左足，蹲右足，以手捧膝作缠结状。"

趾

小篆　　　楷书

【原文】

无。

【按语】

"趾"是会意兼形声字。小篆从足（表示脚）从止（表示走路）会意，止兼表声。隶变以后楷书写成"趾"。

"趾"的原义为脚。如成语"趾高气扬"，就是指走路时脚抬得很高，神气十足。形容得意忘形的样子。

"趾"又指脚趾头，例如"趾骨"。

"趾"也延伸指山脚。如阮籍《咏怀》："驱马舍之去，去上西山趾。"此处的"趾"就是指山脚。

跟

小篆　　　楷书

【原文】

跟，足踵也。从足，艮声。

【译文】

跟，脚后跟。从足，艮声。

【按语】

"跟"是形声兼会意字。小篆从足，艮声，艮（人扭头后看）兼表向后之意。隶变以后楷书写作"跟"。

"跟"的原义为脚的后部。例如"脚后跟""脚跟"。延伸指紧随在后,追随。例如"跟踪""跟从"。进而延伸指赶、及,例如"跟不上"。

"跟"还延伸指侍奉主人。例如《红楼梦》第四十三回:"我茗烟跟二爷这几年,二爷的心事,我没有不知道的。"其中的"跟"就是伺候、侍奉的意思。用作介词,等同于"和""同""与"。

踝

踝 踝

小篆 楷书

【原文】

踝,足踝也。从足,果声。

【译文】

踝,脚的踝骨。从足,果声。

【按语】

"踝"是形声兼会意字。小篆从足,果声,果兼表似果之意。隶变以后楷书写成"踝"。

"踝"的原义为小腿与脚连接处左右两旁凸起的圆骨,即踝子骨。如陆游《春日》六首之四:"雨来三日泥没踝,过尽梅花浑不知。"延伸指脚跟。例如《礼记·深衣》:"负绳及踝以应直。"意思是把绳带系于脚跟以使其直。

跖

跖 跖

小篆 楷书

【原文】

跖，足下也。从足，石声。

【译文】

跖，脚掌。从足，石声。

【按语】

"跖"是形声字。小篆从足，石声。隶变以后楷书写成"跖"。

"跖"的原义为脚掌、脚底。例如"跖骨"指的就是脚掌上的长骨，有五块。

"跖"也延伸特指鸡的足爪。例如《吕氏春秋·用众》中记载："善学者若齐王之食鸡也，必食其跖数千而后足。"此处的"跖"，指的是鸡掌心肉。古人认为这是鸡的精华所在。相传齐王吃鸡，便只吃鸡掌心肉，一个鸡的掌心肉很少。于是齐王一次要吃数千个鸡掌心。这句话是比喻善学者学习别人的长处，取其精华弥补自身的短处，从而使自己变得丰富和强大起来。

跨

跨　　跨

小篆　　楷书

【原文】

跨，渡也。从足，夸声。

【译文】

跨，越过。从足，夸声。

【按语】

"跨"是形声兼会意字。小篆从足，夸声，夸兼表张大之意。隶变以后楷书写成"跨"。

"跨"的原义为迈腿越过。体育运动中"跨栏"的"跨",就是用的原义。由腿跨两边,引申为兼而占有。如成语"跨州连郡",就是用跨越州郡来形容涉足的路远、地方大。

"跨"也延伸指超过时间或者地区之间的界限。例如"跨年度""跨国公司"。

骑马时,两腿要分跨两边,所以也延伸指骑,两脚分在器物的两边坐着或者立着。例如"跨马"。

跳

小篆　　楷书

【原文】

跳,蹶也。从足,兆声。一曰:跃也。

【译文】

跳,跳起。从足,兆声。另一义说:跳是跃过。

【按语】

"跳"是形声字。小篆从足,兆声。隶变以后楷书写成"跳"。

"跳"的原义为跳跃。成语"跳梁小丑"中的"跳"就是跳跃之意。由此延伸成越过。例如《晋书·刘牢之传》:"(刘)牢之策马跳五丈涧,得脱。"说的就是刘牢之骑马越过了五丈涧,逃跑了。

"跳"也延伸指起伏地动、闪动。例如"眼跳""火苗跳动"等。也延伸指上冒、冒出。

跪

小篆　　楷书

【原文】

跪,拜也。从足,危声。

【译文】

跪,(两膝着地、准备)拜倒的一种姿势。从足,危声。

【按语】

"跪"是形声兼会意字。小篆从足,危声,危兼表高直之意。隶变以后楷书写成"跪"。

"跪"的原义为跪坐,即屈腿双膝着地,臀部离开脚后跟,伸直腰股。这是古人表示敬意的一种姿势。如果下跪叩头,则为"拜";如果长时间的跪着,则称"跽"。"三跪九叩"是古代最敬重的行礼方式。就是起跪三次,磕九个头。

"跪"也延伸特指足、小腿。例如《韩非子》中提到的"刖跪"(砍脚),就是这种用法。

蹈

小篆　　楷书

【原文】

蹈,践也。从足,舀声。

【译文】

蹈,践踏。从足,舀声。

【按语】

"蹈"是形声兼会意字。小篆从足,舀声,舀兼表舂捣之意(舂捣与踏足动作相似)。隶变后楷书写成"蹈"。

"蹈"的原义为踩、践踏。例如《尚书·君牙》:"心之忧危,若蹈虎尾,涉于春冰。"意思是，心中忧虑危机，就似踩在老虎的尾巴上，站在春日的薄冰上。

"蹈"延伸指顿足踏地，按节拍跳动。成语"手舞足蹈"中的"蹈"就是顿足踏地的意思，

隹 部

隹

甲骨文　　金文　　小篆　　楷书

【原文】

隹，鸟之短尾总名也。象形。凡隹之属皆从隹。

【译文】

隹，短尾鸟的总名。象形。凡是隹的部属全部从隹。

【按语】

"隹"是象形字。甲骨文就似鸟的样子。金文显得愈加形象。小篆继承金文而来。隶变以后楷书写成"隹"。

"隹"原本短尾鸟的总称，"鸟"最初则作为长尾鸟的总称。

"隹"属部首字。凡由"隹"组成的字，大都与鸟等禽类有关。例如"雕""雞"（鸡）、"雌""雄"。

焦

金文　　小篆　　楷书

【原文】

爨，火所伤也。从火，雥声。焦或省。

【译文】

爇,被火烧伤。从火,雥声。焦,爇的或体,爇的省略。

【按语】

"焦"为会意字。金文从隹,从火,会用火烤鸟之意。小篆的上部增加了两个"隹"。隶变后楷书写成"焦"。

"焦"的原义为烧焦。例如"焦土"。又指酥脆,例如"麻花炸得真焦"。烤焦是因为没有水分,所以又引喻干燥到了极点。例如"舌敝唇焦"。

"焦"表示心情时,延伸成焦躁。例如"心焦""焦虑"。

集

| 甲骨文 | 金文 | 小篆 | 楷书 |

【原文】

雧,群鸟在木上也。从雥,从木。集,雧或省。

【译文】

雧,群鸟聚集在树木上,由雥、由木会意。集,雧的或体,雧的省略。

【按语】

"集"是会意字。甲骨文从隹从木,会鸟栖止树上之意。金文和小篆在木上又加了两个"隹"。隶变以后楷书写成"集"。

"集"的原义是群鸟栖止在树上。例如《诗经·周南·葛覃》:"黄鸟于飞,集于灌木。"由此延伸成聚集、集合。由货物汇集延伸指定期交易的市场。例如"集市"。

尔后人们把多种单篇作品汇合在一起的书册也称为"集"。

雌

甲骨文　　小篆　　楷书

【原文】

雌,鸟母也。从隹,此声。

【译文】

雌,母鸟,从隹,此声。

【按语】

"雌"是形声字。甲骨文从隹,止声。小篆变为从隹。此声隶变以后楷书写成"雌"。

"雌"的原义指母鸟。例如《吕氏春秋》中的"其雄鸣为六,雌鸣亦六"。进而延伸泛指生物中能产生卵细胞的生物。例如"雌蜂""雌性"。又特指女性。

"雌"用作"雌黄",是矿物名,可用来涂改文字,进而延伸指更改文字。例如"信口雌黄",引喻不顾事实,随口乱说。

雄

小篆　　楷书

【原文】

雄,鸟父也。从隹,厷声。

【译文】

雄,公鸟,从隹,厷声。

【按语】

"雄"是形声字,小篆从隹,厷声。隶变以后楷书写成"雄"。

"雄"的原义指公鸟。如李白《蜀道难》:"但见悲鸟号古木,雄飞雌从绕林间。"后延伸指能产生精子细胞的生物。例如"雄鸟""雄蕊"。又特指男性。

雄性强而有力,故延伸成强有力、杰出的。例如"雄踞榜首"。例如"雄才""雄略"。

"雄"用作名词,指杰出的人才或者强盛的国家。例如"英雄""战国七雄"。

雇

| 甲骨文 | 小篆 | 楷书 |

【原文】

无。

【按语】

"雇"是会意兼形声字。甲骨文从隹,从户,会开春候鸟飞来止于户之意,户兼表声。隶变以后楷书写成"雇"。

"雇"的原义为一种按农事季节来去的候鸟。

"雇"又指出钱请人替自己做事。例如"雇佣""雇人"。延伸指租赁交通工具。例如"雇车"。

金 部

金

| 金文 | 小篆 | 楷书 |

【原文】

金,五色金也。黄为之长。西方之行。生于土,从土;左右注,象金在土中形;今声。凡金之属皆从金。

【译文】

金,白、青、赤、黑、黄五色金属的总称。黄金是它们的代表。是代表西方的一种物质。产生在土里面,所以从土;土字左右两笔,似金属块状物在土中的样子;今表声。凡是金的部属全部从金。

【按语】

"金"是会意字。金文左边似两块铜饼,右边上为矢下为斧,会可制作箭和斧的金属之意。小篆整齐化。隶变以后楷书写成"金"。

"金"的原义是青铜。"金文"就是青铜器上的铭文。"金"尔后泛指金属制品。例如"金鼓齐鸣"。

金属的质地多是坚硬的,故延伸成坚固或者无懈可击的事物。例如"固若金汤",金,指金城;汤,指汤池。金属造的城,滚水形成的护城河。形容防守极为牢固。

"金"又专指黄金。例如"金银珠宝"。

"金"还延伸指尊贵、珍贵。例如"金枝玉叶"。

"金"也指钱。例如"奖金"。

鉴

 鑑 鑑 鉴

金文　　小篆　　楷书(繁体)　　楷书

【原文】

无。

【按语】

"鉴"是会意兼形声字。金文似一人低头于盆水中照影形。小篆整齐化,从金从监会意,监兼表声。隶变以后楷书写成"鑑"。异体作"鑒"和"鑑"。汉字简化后写成"鉴"。

"鉴"的原义为用来盛水或者冰的青铜大盆。盆中有水可用来照视,故延伸指铜镜。例如"以铜为鉴""波平如鉴"。

用镜照物能把物展现得一览无余,所以也延伸指明察、审查。例如"鉴别""鉴赏"。对着镜子能看到自己的不足之处,以便改正,故而还可指借鉴。例如"引以为鉴"。

"鉴"又是一种编年史的名称。例如"《资治通鉴》"。

鱼 部

鱼

甲骨文	金文	小篆	楷书（繁体）	楷书

【原文】

无。

【按语】

"鱼"是象形字。甲骨文和金文的均上面是鱼头,中间是鱼身,下面是鱼尾,两侧是鱼鳍,交叉纹是鳞。小篆形体简化了不少。隶变以后楷书写成"魚"。汉字简化后写成"鱼"。

《说文·魚部》:"魚,水虫也。象形。魚尾与燕尾相似。凡魚之属皆从魚。"(魚,水中的动物。似鱼的形状。小篆鱼字的尾形与燕字的尾形相似。凡是鱼的部属全部从鱼。)

"鱼"的原义为水生脊椎动物鱼。又指似鱼的水栖动物。例如"鳄鱼"。

鲜

萎　鮮　鮮　鲜

金文　　　小篆　　楷书（繁体）　　楷书

【原文】

鲜，鱼名。出貉国。从鱼，羴省声。

【译文】

鲜，鱼名。出产在貉国。从鱼，羴省声。

【按语】

"鲜"是形声字。金文从鱼，羴（膻）省声。小篆整齐化。隶变以后楷书写成"鮮"，汉字简化后写成"鲜"。

"鲜"的原义为一种鱼名。延伸泛指供食用的鱼、虾。例如"海鲜"。也指活鱼或者活鱼做的菜肴。也延伸泛指刚生产或者收获的食物。例如"尝鲜"。也延伸指滋味美好。例如"味道鲜美"。

又因为美好的东西不多，故延伸指少。例如"鲜见"，即少见。

鲤

鯉　鯉　鲤

小篆　　楷书（繁体）　　楷书

【原文】

鲤，鳣也。从鱼，里声。

【按语】

鲤，鲤鱼。从鱼，里声。

【按语】

"鲤"为形声字。小篆从鱼,里声。隶变以后楷书写成"鯉"。汉字简化后写成"鲤"。

"鲤"的原义为鲤鱼。例如"鲤鱼跳龙门",引喻中举、升官等飞黄腾达之事,或者是逆流前进。

古人把书信夹在两块鲤鱼形木板中传寄,故延伸指代书信。如李商隐《寄令狐郎中》:"嵩云秦树久离居,双鲤迢迢一纸书。"

孔子之子孔鲤曾在庭中接受父亲训导,故用"鲤庭""鲤对"表示子承父训。

鲁

　　　鲁　鲁

甲骨文　　金文　　小篆　　楷书(繁体)　　楷书

【原文】

魯,钝词也。从白,鮺省声。

【译文】

魯,表示迟钝的词。从白,鮺省羊为声。

【按语】

"鲁"是会意字。甲骨文从口,从鱼,会器中盛有烹调好的味道佳美的鱼之意。金文在口中加一点成甘,强调味道可口。隶变以后楷书写成"魯"。汉字简化后写成"鲁"。

"鲁"的原义为鱼味醇厚佳美。后延伸泛指佳美。味道过浓常令味觉迟钝,故也延伸指迟钝、蠢笨。常用的有"鲁钝""愚鲁"。进而也延伸指冒失、粗野。例如"鲁莽""粗鲁"。

春秋时国名,在山东省南部。"鲁"现在又用作山东省的简称。

雨 部

雨

国学经典文库

甲骨文　　金文　　小篆　　楷书

【原文】

雨,水从云下也。一象天,冂象云,水霝其间也。凡雨之属皆从雨。

【译文】

雨,水从云中降下。"一"似天,"冂"似云,(米)似水从天空云彩间滴落下来。凡是雨的部属全部从雨。

【按语】

"雨"是象形字。甲骨文上面一横表示天,下垂的六条短线表示下落的雨滴。金文的线条有断有续。隶变以后楷书写成"雨"。

"雨"的原义为雨水。用作动词,表示下雨。雨水滋润万物,所以也引喻恩惠、恩泽。如李白《书情》:"愧无横草劲,虚负雨露恩。"

雪

甲骨文　　小篆　　楷书(繁体)　　楷书

【原文】

雪,凝雨,说(悦)物者。从雨,彗声。

【译文】

雪,用雨凝结成的颗粒,使万物喜悦的东西。从雨,彗声。

说文解字

《说文解字》原文释义

图文珍藏版

"雪"是会意字。甲骨文从雨,从羽(似鹅毛大雪之形),会天下大雪之意。小篆把雪片变成彗(手持帚),表示扫雪之意。隶变以后楷书写成"雪"。汉字简化后写成"雪"。

"雪"的原义为雪。例如《诗经·小雅·采薇》:"今我来思,雨雪霏霏。"由雪的洁净又可延伸指洗去、除去(蒙受的耻辱、仇恨、冤枉等)。例如"沉冤得雪"。

雷

| 甲骨文 | 金文 | 小篆 | 楷书(繁体) | 楷书 |

【原文】

䨻,阴阳薄动雷雨,生物者也。从雨,畾象回转形。

【译文】

䨻,阴气,阳气迫击运动而产生雷雨,雷雨是使万物滋生的东西。从雨,畾像雷回旋转动的形状。

【按语】

"雷"是象形兼指事字。甲骨文从申,似闪电伸张形,表示雷声和闪电相伴而作。金文加"雨"旁,表明既有倾盆大雨,又有雷电交加。隶变以后楷书写成"䨻"。汉字简化后写成"雷"。

"雷"的原义为云层放电而发出的巨响。例如《上邪》:"冬雷震震,夏雨雪。"延伸引喻似雷一样迅速、猛烈。例如"雷厉风行"。雷的声音很大,尔后延伸指爆炸性的武器。例如"地雷"。

震

小篆　　　楷书

【原文】

震,劈历,振物者。从雨,辰声。

【译文】

震,霹雳,使万物振动的疾雷。从雨,辰声。

【按语】

"震"是会意兼形声字。小篆从雨,从辰,会春雷一声蛰虫苏醒之意,辰兼表声。隶变以后楷书写成"震"。

"震"的原义为雷、疾雷。例如《左传·隐公九年》:"大雨霖以震,书始也。"也延伸指震动。例如"震天动地""地震"。进而延伸指震惊、惊惧、使惊惧。例如"震骇""震慑"。

霜

小篆　　　楷书

【原文】

霜,丧也。成物者。从雨,相声。

【译文】

霜,(使万物)丧失的东西。也是成就万物的东西。从雨,相声。

【按语】

"霜"是形声字。小篆从雨,相声。隶变以后楷书写成"霜"。

"霜"的原义为气温低于零度时,近地面空气中水汽的白色结晶。例如"霜叶红于二月花"。也引喻白色,尤指白发。如苏轼《江城子》:"纵使相逢应不识,尘满面,鬓如霜。"白色象征纯洁,所以又用来形容人高洁的性格。例如"霜操"引喻高洁的情操。又泛指如霜的粉末。例如"护肤霜""防晒霜"。

霞

小篆　　楷书

【原文】

无。

【按语】

"霞"是形声字。小篆从雨,表示与云雨有关,叚声。隶变以后楷书写成"霞"。

"霞"的原义为早晚的彩云。如王勃《滕王阁序》:"落霞与孤鹜齐飞,秋水共长天一色。"延伸指似霞一样美丽的光彩。例如"凤冠霞帔"。

需

甲骨文　　金文　　小篆　　楷书

【原文】

需,须也,遇雨不进止须也。从雨,而声。

【译文】

需,等待。遇到雨,不前进,停在那里等待。从雨,而声。

【按语】

"需"是会意字,甲骨文形体,似人身上有水滴,会遇雨,停在那里等待之意。金文中,水变成雨,小篆整齐化,下面的人写成为"而"。隶变以后楷书写成"需"。

"需"的原义为等待。等待必有所求,故延伸指索取。例如"按需分配""必需品"。

"需"用作名词,指需用的东西。如成语"不时之需",是指说不定什么时候会出现的需要。

霍

甲骨文　　金文　　小篆　　楷书

【原文】

霍,飞声也。雨而双飞者,其声霍然。

【译文】

霍,飞的声音。雨中成双成对的鸟疾飞,那声音霍霍地响。

【按语】

"霍"是会意字。甲骨文从雨,从隹,会群鸟在雨中疾飞之意。金文与甲骨文形体相似。小篆变为"霍",隶变以后楷书写成"霍"。

"霍"的原义为鸟在雨中疾飞的声音。疾飞又快又突然,故延伸指疾速、忽然。例如"霍然"。

"霍"又作象声词。例如《木兰诗》:"小弟闻姊来,磨刀霍霍向猪羊。"

"霍"用作名词,表示霍乱,这是中医学上的一种急性胃肠疾病。

雹

小篆　　楷书

【原文】

雹,雨冰也。从雨,包声。

【译文】

雹,从天空降下的冰团。从雨,包声。

【按语】

"雹"是象形兼会意兼形声字。小篆从雨,包声。隶变以后楷书写成"雹"。

"雹"的原义为冰雹,俗称"雹子"。传说嵩山有大蜥蜴数百,吸了水后立即吐出冰球,随着雷声化为雨雹下降。事见宋代洪迈《夷坚乙志·嵩山三异》。诗文中每用为雨雹大作之典故。如苏轼《次韵舒尧文祈雪雾猪泉》:"长笑蛇医一寸腹,衔冰吐雹何时足。"

霖

| 甲骨文 | 小篆 | 楷书 |

【原文】

霖,雨三日已往。从雨,林声。

【译文】

霖,下雨三天以上。从雨,林声。

【按语】

"霖"是会意兼形声字。甲骨文从雨,从林,会雨落山林,绵绵不停之意。小篆的形体线条化,仍为雨落山林之意。隶变以后楷书写成"霖"。

"霖"的原义为久下不停的雨。例如《左传·隐公九年》:"凡雨,自三日以往为霖。"也就是说,接连下了三天以上的雨就叫作霖。

齿部

齿

国学经典文库

甲骨文　金文　小篆　楷书（繁体）　楷书

【原文】

齒，口斷骨也。象口齒之形，止聲。凡齒之屬皆从齒。

【译文】

齒，口中的牙齿。似口中牙齿的形状，止声。凡是齒的部属全部从齒。

【按语】

"齿"原本象形字，甲骨文似人的口，上下各露出了两颗牙齿。金文加上了声符"止"，成了形声字。小篆继承金文并整齐化。隶变以后楷书写成"齒"。汉字简化后写成"齿"。

"齿"的原义为门牙，泛指牙齿。例如"明眸皓齿"意思是，明亮的眼睛，洁白的牙齿。形容女子容貌美丽。也指美女。

"齿"也指似牙齿一样整齐排列的东西。例如"齿轮"。

牙齿的数量与年龄有关，故而可表示年龄。例如"犬马之齿"。

牙齿不但能咀嚼食物，还能吐字发音，所以也延伸指说起、提及。例如"不齿"。

齔

小篆　楷书（繁体）　楷书

【原文】

齔，毀齒也。男八月生齒，八歲而齔。女七月生齒，七歲而齔。从齒，从七。

说文解字

《说文解字》原文释义

图文珍藏版

【译文】

齿,缺齿。男孩八月生乳齿,八岁就缺落乳齿。女孩七月生乳齿,七岁就缺落乳齿。从齿,从七。

【按语】

"龀"是会意字。小篆从齿,从七,会牙齿发生变化之意。楷书繁体写成"齔"。汉字简化后写成"龀"。

"龀"的原义指儿童换牙。延伸指年幼或者年幼的人。如康有为《大同书》:"自髫龀以上,比及壮年,知识日开,聪明日长。"大意是,从年幼的孩子到壮年人,知识日益丰富,聪明日益提高。

龄

齢　齡　龄

小篆　楷书（繁体）　楷书

【原文】

齡,年也。从齿,令声。

【译文】

龄,年龄。从齿,令声。

【按语】

"龄"是形声字。小篆从齿,令声。隶变以后楷书写成"齡"。汉字简化后写成"龄"。

"龄"的原义为岁数、年龄。女子的年龄大都称"芳龄";问长者的年龄大都称"高龄"。

传说龟、鹤都能活一千年,故大都用"龟鹤遐龄"引喻长寿延伸指年限、年数。如鲍照《代升天行》:"暂游越万里,少别数千龄。"这是说人升天之后,瞬间可遨游万里,一别可有千年,引喻做神仙的逍遥和长寿。

隶 部

隶

甲骨文　金文　小篆　楷书

【原文】

隶,及也。从又,从尾省。又持尾者,从后及之也。凡隶之属皆从隶。

【译文】

隶,追上去捕获。由又、由尾省去尸构成。由"又"(手)持握着"尾"会意,表示从后面追上去捕获。凡是隶的部属全部从隶。

【按语】

"隶"是会意字。甲骨文从又(手)持一兽,会用手捕获一兽加以整治的意思。金文稍减,小篆整齐化。隶变以后楷书写成"隶"。

"隶"的原义为捕获一兽加以整治。

尔后用于表示奴隶。例如"仆隶",就是指奴仆。

奴隶是属于主人的,所以也延伸指附属、跟从。例如"隶属"。

青 部

青

金文　小篆　楷书

【原文】

青,东方色也。木生火,从生、丹。凡青之属皆从青。

【译文】

青,代表东方的颜色。木生火,由生、丹会意。凡是青的部属全部从青。

【按语】

"青"是会意兼形声字。金文从生,从丹,用植物初生之色会绿色之意,生兼表声。小篆整齐化,隶变以后楷书写成"青"。

"青"的原义为似叶子一样的绿色。例如"青山绿水"。由此延伸成青色物。例如"青黄不接",指陈粮已经吃完了,新的庄稼却还未成熟。引喻人力、财力等因一时接续不上而暂时缺乏。现在特指人才方面后继无人。此处的"青"指未成熟的庄稼。

"青"又特指蓝色。例如"青出于蓝"。

古人认为春属东方,其色青,故称主春之神为"青帝"。

"青"延伸指人的青年时期。例如"青春年华"。

食 部

食

甲骨文　　金文　　小篆　　楷书

【原文】

食,一米也。从皀,亼声。或说亼皀也。凡食之属皆从食。

【译文】

食,聚集的米。从皀,亼声。另一义说:(食)由亼、皀会意。凡是食的部属全部从食。

【按语】

"食"是会意字。甲骨文下部是一个装着丰盛食物的食器,上面是一张嘴张口就食的样子。金文变化不大。小篆愈加抽象美观。隶变以后楷书写成"食"。

"食"的原义为可以吃的食物。延伸成吃。例如"食不下咽"。

"食"还可读作 sì,表示拿东西给人吃。例如"食以草具"。

飨

飨 飨 飨 饗 飨

甲骨文　　金文　　小篆　　楷书（繁体）　楷书

【原文】

饗，乡人饮酒也。从食，从鄉，鄉亦声。

【译文】

飨，乡人相对喝酒。由食、由乡会意，乡也表声。

【按语】

"飨"是会意兼形声字。甲骨文和金文均似两人相对而坐，中间放着食器，表示相向对食。小篆增加义符"食"，从食从鄉会意，鄉兼表声。隶变以后写成"饗"。汉字简化后写成"飨"。

"飨"的原义为乡人相聚宴饮。例如《诗经·豳风·七月》："朋酒斯飨，曰杀羔羊。"延伸泛指设宴款待宾客。例如"飨客"。

餐

 餐

小篆　　　楷书

【原文】

餐，吞也。从食，奴声。

【译文】

餐，吞吃。从食，奴声。

【按语】

"餐"是形声字。小篆从食，奴声。隶变以后楷书写成"餐"。

"餐"的原义指吃、吞食。如成语"秀色可餐"，其中的"餐"就是吃的意思。也延伸成饭食、食物。如李绅《悯农》:"谁知盘中餐,粒粒皆辛苦。"又例如"中餐""西餐"。

革部

革

草　革　革

金文　小篆　楷书

【原文】

革,兽皮治去其毛,革更之。凡革之属皆从革。

【译文】

革,兽皮除去它的毛,改变它的样子。凡是革的部属全部从革。

【按语】

"革"是象形字。金文似一张拉平的动物皮的俯视图:腿被分开了,最上面的是头和角。小篆加以简化,但变化不大。隶变以后楷书写成"革"。

"革"的原义为去毛的兽皮。例如"皮革"。兽皮去毛而成革,所以也延伸泛指免除或者丢掉。例如"革职"。也延伸指变更、改变。例如"革新"。

古代常用革做武士护身的甲胄,"兵革"原本指兵器和甲胄,后泛指军力或者战争。例如《战国策·秦策》:"兵革大强,诸侯畏惧"。

鞮

鞮　鞮　鞋

【原文】

鞮,生革鞮也。从革,奚声。

【译文】

鞮,生皮革制的鞋子。从革,奚声。

【按语】

"鞋"是形声字。小篆从革,奚声。隶变以后楷书写成"鞮",俗体写成"鞋"。现在规范化,以"鞋"为正体。

"鞋"的原义为鞋子。如李煜《菩萨蛮·花明月黯》:"刬袜步香阶,手提金缕鞋。"

靶

靶　靶

【原文】

靶,辔革也。从革,巴声。

【译文】

靶,缰绳上御人所把之革。从革,巴声。

【按语】

"靶"是形声字。小篆从革,巴声。隶变以后楷书写成"靶"。

"靶"的原义为驾马人把握的缰绳的部位,读作 bà。延伸指刀剑等物的柄,通"把"。

"靶"读作 bǎ,练习射箭或者射击时特意设置的目标。例如"靶场""靶子"。

鞠

鞠　鞠

小篆　楷书

【原文】

鞠,踏鞠也。从革,匊声。

【译文】

鞠,踏鞠,打皮球。从革,匊声。

【按语】

"鞠"是形声兼会意字。小篆从革,匊声,匊兼表转曲之意。隶变以后楷书写成"鞠"。

"鞠"的原义为古时用来踢打玩耍的皮球。例如"鞠院"指古球场,有围墙。

踢球时需要弯曲身体,所以延伸指弯曲、弯身。例如"鞠躬"。

骨 部

骨

骨　骨

甲骨文　小篆　楷书

【原文】

骨,肉之覈(实)也。从冎有肉。凡骨之属皆从骨。

【译文】

骨,附肉的核。由"冎"上附有"肉"会意。凡是骨的部属全部从骨。

【按语】

"骨"是象形字。甲骨文似骨头转折处突出的样子,其中的斜线似骨架支撑之形。金文下面带着一块肉,取"骨肉相连"之义。隶变以后楷书写成"骨"。

"骨"的原义为骨头。延伸指人的尸骨。例如"路有冻死骨"。也延伸指人的品质、气概。如"风骨奇伟"。

骼

小篆　　楷书

【原文】

骼,禽兽之骨曰骼。从骨,各声。

【译文】

骼,禽兽的骨头叫作骼。从骨,各声。

【按语】

"骼"是形声字。小篆从骨,各声。隶变以后楷书写成"骼"。

"骼"的原义为禽兽的骨头、枯骨。例如《礼记·月令》:"(孟春之月)掩骼埋胔。"郑玄注:"骨枯曰骼,肉腐曰胔。"延伸泛指人或者动物的骨骼。例如"骨骼健壮"。

鬼 部

鬼

甲骨文　　金文　　小篆　　楷书

【原文】

鬼，人所归为鬼。从人，象鬼头。鬼阴气贼害，从厶。凡鬼之属皆从鬼。

【译文】

鬼，人归向天地，就变成了鬼。从人，（甶）似鬼的脑袋。鬼的阴滞之气伤害人们，所以又从厶。凡是鬼的部属全部从鬼。

【按语】

"鬼"是象形字。甲骨文似个大头人。金文的"人"站起来了。小篆在"人"背后加一个"厶"。隶变以后楷书写成"鬼"。

"鬼"的原义为人死后的精灵。延伸泛指万物的精怪。

魔

魔　魔

小篆　　楷书

【原文】

魔，鬼也。从鬼，麻声。

【译文】

魔，鬼。从鬼，麻声。

【按语】

"魔"是形声字。小篆从鬼，麻声。隶变以后楷书写成"魔"。

"魔"的原义为梵语魔罗的简称。例如《大智度论》："夺慧命，坏道法，功德善本，是故名为魔。"延伸泛指恶鬼、怪物。例如"妖魔鬼怪""魔鬼"。有些人比鬼怪还可恶，故而又延伸指邪恶的人或者势力。例如"大魔头"。妖魔很奇异，容易引起人们好奇，所以也延伸指神奇的。例如

"魔力""魔术"。形容人对某事物爱好入迷,可称为"着魔"。

魂

魂　魂
小篆　楷书

【原文】

魂,阳气也。从鬼,云声。

【译文】

魂,阳气。从鬼,云声。

【按语】

"魂"是形声字。小篆从鬼,云声。隶变以后楷书写成"魂"。

"魂"的原义为灵魂,古人认为魂是阳气,附身则人活,离身则人死,故指能离开人体而存在的精神。

"魂"延伸泛指精神、神志。例如"神魂颠倒""惊魂未定"。也延伸泛指一切事物的精灵。例如"花魂""诗魂""柳魂"。

魄

魄　魄
小篆　楷书

【原文】

魄,阴神也。从鬼,白声。

【译文】

魄,阴神。从鬼,白声。

【按语】

"魄"是形声字。小篆从鬼,白声。隶变以后楷书写成"魄"。

"魄"的原义为人始生时就依附于人身的精神。古人认为魄是阴神,魂是阳神;魄是先天的,随形而生,魂是后天的,随气而生。例如《左传·昭公七年》说:"人生始化为魄,既生魄,阳曰魂。"

面 部

面

甲骨文　　小篆　　楷书

【原文】

面,颜前也。从百,象人面形。凡面之属皆从面。

【译文】

面,颜额前的部分。从百,(囗)似人的面孔与后脑分界之形。凡是面的部属全部从面。

【按语】

"面"是象形字。甲骨文似人脸之形,中间是一只大眼睛(目)。小篆发生了讹变。隶变以后楷书写成"面"。

"面"的原义就是指人的脸部。

"面"作动词,表示朝向、面对、面向。例如"面山而居"即指朝向山居住。又例如"面面相觑"。又用作量词,例如"一面镜子""一面旗子"。

靥

小篆　　楷书(繁体)　　楷书

【原文】

靥,姿也。从面,厌声。

【按语】

"靥"是形声字。小篆从面,厌声。隶变以后楷书写成"靥"。汉字简化后写成"靥"。

"靥"的原义为酒窝,即嘴两旁的小圆窝儿。例如《红楼梦》中形容林黛玉说:"态生两靥之愁,娇袭一身之病。"

音 部

音

| 甲骨文 | 金文 | 小篆 | 楷书 |

【原文】

音,声也。生于心,有节于外,谓之音。宫、商、角、徵、羽,声;丝竹金石匏土革木,音也。从言,含一。凡音之属皆从音。

【译文】

音,言语的声音。从心底产生,受口腔节制的,叫作音。宫、商、角、徵、羽(单独发出的),是乐声(用丝、竹、金、石、匏、土、革、木等乐器),是音乐。由"言"含"一"会意。凡是音的部属全部从音。

【按语】

"音"是会意字。甲骨文似口吹箫管喇叭等乐器。金文和小篆与甲骨文大概相同。隶变以后楷分别写成"音"和"言"。现在二字表意有明确分工。

"音"的原义为音乐。例如《礼记·乐记》:"凡音之起,由人心生也。声成文,谓之音。"延伸泛指声音。

人发出的声音不完全相同,所以也延伸特指语音、口音。例如"乡音"。

由人的声音散发出的讯息也延伸指消息。例如"杳无音信"。

韵

韻　韻　韵

小篆　　楷书（繁体）　　楷书

【原文】

韻,和也。从音,員声。

【译文】

韻,和谐的声音。从音,員声。

【按语】

"韵"为形声字。从音,員声。隶变以后楷书写成"韻",俗作"韵"。现在规范化,以"韵"为正体。

"韵"的原义为和谐悦耳的声音。又指诗赋中的韵脚或者押韵的字。还指气韵、风度。例如"韵度",指风韵态度。

鬲 部

鬲

甲骨文　　金文　　小篆　　楷书

【原文】

鬲,鼎属。实五觳。斗二升曰觳。象腹交文,三足。凡鬲之属皆从鬲。

【译文】

鬲,鼎类的空足炊具。容积有五斛大。一斗二升叫作一斛。(中间的✕)似腹部交错的纹饰,(下面的丷)似三只脚。凡是鬲的部属全部从鬲。

【按语】

"鬲"是象形字。甲骨文似烹饪之类的用具,下部有三足,上端有盖子,中间能装东西。金文形体大概与甲骨文相似。小篆线条化。隶变以后楷书写成"鬲"。

"鬲"的原义即指古代的一种陶制炊具,圆口,有三空心足。例如《汉书·郊祀志上》说,鼎之类的用器"空足曰鬲"。

鬻

小篆   楷书

【原文】

鬻,䭈也。从,米声。

【译文】

鬻,糜。从䰜,米声。

【按语】

"鬻"是会意兼形声字。小篆从米,从䰜(hǐ 煮)会意,䰜兼表声。隶变以后楷书写成"鬻"。

"鬻"的原义为米粥,是"粥"的本字。

"鬻"借作"賣"(卖),指出售、以物换钱。例如《国语·齐语》:"以其所有,易其所无,市贱鬻贵。"韦昭注:"市,取也;鬻,卖也。"也指买。例如"卖官鬻爵"。是指当权者出卖官职、爵位以聚敛财富。

髟部

髯

髯

<small>楷书</small>

【原文】

无。

【按语】

"髯"是会意兼形声字。楷书写成"髯",从髟从冉(柔软下垂)会意,冉兼表声。"髯"的原义为两腮的胡须。后泛指胡须。

髡

髡　髡

<small>小篆　　楷书</small>

【原文】

髡,剔发也。从髟,兀声。

【译文】

髡,剃发。从髟,兀声。

【按语】

"髡"是形声字。小篆从髟,兀声。隶变以后楷书写成"髡"。

"髡"的原义为古代一种剃去头发的刑罚。例如"髡刖",指古代去发断足的刑罚。

髻

髻 髻

【原文】

髻,总发也。从髟,吉声。

【译文】

髻,把头发绾结在一起。从髟,吉声。

【按语】

"髻"是形声字。小篆从髟,吉声。隶变以后楷书写成"髻"。

"髻"的原义为把所有头发挽在头顶或者脑后形成发结。例如《陌上桑》:"头上倭堕髻,耳中明月珠;缃绮为下裙,紫绮为上襦。"

鬓

鬓 鬢 鬓

【原文】

鬓,颊发也。从髟,宾声。

【译文】

鬓,脸旁靠近耳朵的头发。从髟,宾声。

【按语】

"鬓"是形声字。小篆从髟,宾声。隶变以后楷书写成"鬓"。

"鬓"的原义为脸旁靠近耳的头发。如贺知章《回乡偶书》:"少小离家老大回,乡音未改鬓毛衰。"

髫

髫 髫

小篆　　楷书

【原文】

髫,小儿垂结也。从髟,召声。

【译文】

髫,小孩儿下垂的发结。从髟,召声。

【按语】

"髫"是形声字。小篆从髟,召声。隶变以后楷书后写成"髫"。

"髫"的原义为古代小孩头上扎起来的下垂的头发。例如《后汉书·伏湛传》:"髫发厉志,白首不衰。"又如陶渊明《桃花源记》:"黄发垂髫,并怡然自乐。"

"髫年""髫龄"等,全部指童年。如汤之旭《皇清州同知尹思袁公墓志铭》:"忆旭髫年时,常往来外家。"又如谢灵运《昙隆法师诔》:"慧心朗识,发于髫辫。"

鹿部

鹿

甲骨文　　金文　　小篆　　楷书

【原文】

鹿,兽也。象头角四足之形。鸟鹿足相像,从匕。凡鹿之属皆从鹿。

【译文】

鹿,兽名。像头、角和四只脚的样子。鸟、鹿的脚相似,所以全部从匕。凡是鹿的部属全部从鹿。

【按语】

"鹿"是象形字。甲骨文似一只鹿,头上还长着很漂亮的鹿角。金文大概相同。小篆的形体变化较大,已经不太似鹿的形象了。隶变以后楷书写成"鹿"。

"鹿"现在在中国的野外并不常见,但是在远古的时候,人类全部过着"与木石居,与鹿豕游"的生活,鹿是他们重要的食物来源。人们认为鹿象征吉祥,这大概是因"鹿"与"禄"同音。

麋

甲骨文　小篆　楷书

【原文】

麋,鹿属。从鹿,米声。麋冬至解其角。

【译文】

麋,鹿一类。从鹿,米声。麋,冬至左右脱落它的角。

【按语】

"麋"是形声字。甲骨文似头朝左、尾朝右的一只麋鹿的形象。小篆从鹿,米声。隶变以后楷书写成"麋"。

"麋"的原义是指麋鹿。俗称"四不像"。

《诗经·小雅·巧言》:"居河之麋。"这个"麋"是"湄"的假借字,意思是居于河边。

《荀子·非相》中"伊尹之状,面无须麋"里的"麋",则是"眉"的假借字。这句话的意思是伊尹这个人的样子,无胡须也无眉毛。

黑 部

黑

金文　小篆　楷书

【原文】

黑，火所熏之色也。从炎上出囦;囦,古窗字。凡黑之属皆从黑。

【译文】

黑，被火熏成的颜色。由"炎"向上从"囦"中冒出会意;囦,是古"窗"字。凡是黑的部属全部从黑。

【按语】

"黑"是会意字。甲骨文似人头上有饰物之形。金文从囦,从炎,会烟火熏黑之意。小篆与金文的形体相似。隶变以后楷书写成"黑"。

"黑"的原义为黑色，特别是熏黑的颜色。延伸指昏暗无光。例如"黑夜"。

尔后引喻恶势力一时嚣张造成的紧张局面，所以延伸指狠毒，象征反动、坏。例如"黑店""黑道"。

黑恶势力的行为是违法的，所以延伸指秘密的、非法的。例如"黑话"。

墨

小篆　楷书

【原文】

墨，书墨也。从土，从黑，黑亦声。

【译文】

墨，用以书写的墨。由土、由黑会意，黑也表声。

【按语】

"墨"是会意兼形声字。小篆从黑，从土会意。"黑"兼表声。隶变以后楷书写成"墨"。

"墨"的原义为书画所用的墨。

"墨"延伸指书法、绘画、诗文。例如"翰墨""墨宝"。

"墨"也延伸指黑色。如杜甫《茅屋为秋风所破歌》："俄顷风定云墨色，秋天漠漠向昏黑。"

黔　黔

小篆　　楷书

【原文】

黔，黎也。从黑。今声。

【译文】

黔，黎黑。从黑，今声。

【按语】

"黔"是形声字。小篆从黑，今声。隶变以后楷书写成"黔"。

"黔"的原义为黑色。

"黔"作动词，指晒黑、染黑、熏黑。例如《庄子·天运》："夫鹄不日浴而白，乌不日黔而黑。"

头发是黑色的，所以延伸指百姓。例如"布衣黔首"。

"黔"现在还用作贵州省的简称。

鼠 部

鼠

𪖖　鼠

小篆　　楷书

【原文】

鼠，穴虫之总名也。象形。

【译文】

鼠，住在洞穴里的虫兽的统名。象形。

【按语】

"鼠"是象形字。小篆字形似一只蹲踞的鼠。隶变以后楷书写成"鼠"。

"鼠"的原义指老鼠。

猥琐之人的形象与老鼠相似，故而延伸指小人、奸臣。例如"鼠辈"。

"鼠"延伸用作鼠类动物的泛称。例如"鼹鼠"。

"鼠"还指十二生肖之一的"子鼠"。

鼻 部

鼻

𪖋　鼻

小篆　　楷书

【原文】

鼻，引气自畀也。从自畀。凡鼻之属皆从鼻。

【译文】

鼻，引气以自助。由自、畀会意。凡是鼻的部属全部从鼻。

【按语】

“鼻”是会意兼形声字。小篆从自（鼻子），丛畀（表示给予、付与），会用鼻子一呼一吸，自相给予之意，畀兼表声。隶变以后楷书写成“鼻”。

“鼻”的原义为用鼻子闻。尔后当鼻子讲的“自”被延伸义所专用，所以“鼻”被借用来表示鼻子。例如“仰人鼻息”，意思是依赖别人的呼吸来生活。引喻依赖别人，不能自主。

动物出生时先露出鼻子，因此，延伸成创始。例如“鼻祖”。另外也延伸成器物上面突出带孔的部分或者零件。例如“针鼻”“门鼻”。

附录　汉字汉语总汇

一、对　联

　　对联俗称对子,它是我国汉文化的一朵奇葩,是汉语的一种独特艺术形式,我们一般把上下两句字数相等、词语对偶、音韵平仄对称,内容上相互关联呼应,形式上彼此排比对称的两句话组成的文体,称为对联。我们把上句叫上联,把下句叫下联,上下合称一副对联。由于它的形式独特,语言鲜明,音韵和谐,内容风趣,意义深远,用途广泛,上下关联,一气呵成,具有诗的神韵,再加上优美的书法,显著的张贴,从而成为艺术中的艺术。自产生到现在,雅俗共赏,贫富咸宜,历来为我国各族人民群众和国际友人所喜闻乐见。上至帝王将相,下至黎民百姓,不论民族、年龄、贵贱都喜欢玩赏和运用,成为节庆大

事、游行集会、婚礼丧祭、居室补壁、装点亭台、抒发激情、寄托理想、传播文化、状物抒志、传神壮威不可或缺的艺术形式,在艺苑中具有特殊的位置和艺术的魅力。

(一)对联的起源

　　关于对联的起源,说法很多,实际以讲究对称和谐为美的中华民族的文化理念是对联产生和发展的文化根源。在一些古文献中,对句的运用已达到了炉火纯青的地步,如《尚书洪范》中就有"无偏无颇,遵王之义,无有作好,尊主之道"等语。而对联作为一种独特的艺术形式登上大雅之堂,则是后来的事。一种说法是,对联由题桃符演变而来,宋代诗人王安石就有"爆竹声中一岁除,春风送暖入屠苏。千门万户瞳瞳日,总把新桃换旧符"的诗句,桃符就是对联的别称了。起初,人们为了

辟邪在桃符上刻的是神荼、郁垒两个神名,后来为了方便就写成对联了。据《蜀祷杌》载后蜀主孟昶于归宋前之岁除日,题桃符于寝门云"新年纳余庆,嘉节号长春",这是见于史册的最早的一副对联,一般把它称为对联的起源。后来对联的运用日益广泛,逐渐出现了迎春用的春联、婚庆用的喜联、贺寿用的贺联、哀挽用的挽联以及亭台楼阁、风景名胜楹联柱上悬挂的楹联,书斋厅堂悬挂的厅堂联。不论悬挂和张贴都形成了一定的格式,从艺术到形式上也日益成熟了。

对联是由对偶句发展而成,说准确些,它是在诗、赋、骈文的创作实践中对偶艺术臻于成熟后的产物。人们自觉地和广泛地运用对偶艺术到诗文创作中,是始于西汉的司马相如等赋家。后来又出现了骈体文,骈文和诗歌中出现了大量书对精工的作品。至此,对联产生的条件完全具备,即从骈文的母体中分娩而出,发展成为一种独立的文学样式——对联。

(二)对联的发展

从文学史的角度看,楹联系从古代诗文辞赋中的对偶句逐渐演化、发展而来。这个发展过程大约经历了三个阶段:

1.对偶阶段

时间跨度为先秦、两汉至南北朝。在我国古诗文中,很早就出现了一些比较整齐的对偶句。流传至今的几篇上古歌谣已见其滥觞。如"凿井而饮,耕田而食""日出而作,日入而息"之类。至先秦两汉,对偶句更是屡见不鲜。《易经》卦爻辞中已有一些对偶工整的文句,如:"眇能视,跛能履。""初登于天,后入于地。"《易传》中对偶工整的句子更常见,如:"仰以观于天文,俯以察于地理。"

成书于春秋时期的《诗经》,其对偶句式已十分丰富。刘麟生在《中国骈文史》中说:"古今作对之法,《诗经》中殆无不毕具。"他列举了正名对、同类对、连珠对、双声对、叠韵对、双韵对等各种对格的例句。如:"青青子衿,悠悠我心。"(《郑风·子衿》)、"山有扶苏,隰有荷华。"(《郑风·山有扶苏》)《道德经》其中对偶句亦多。刘麟生曾说:"《道德经》中裁对之法已经变化多端,有连环对者,有参差对者,有分字作对者,有复其字作对者,有反正作对者。"(《中国骈文史》)如:"信言不美,美言不信。善者不辩,辩者不善。"(八十一章)、"独立而不改,周行而不殆。"(二十二章)再看诸子散文中的对偶句。如"满招损,谦受益。"(《尚书·武成》)、"乘肥马,衣轻裘。"(《论语·雍也》)、"君子坦荡荡,小人长戚戚。"(《论语·述而》)等。辞赋兴起于汉代,是一种讲究文采和韵律的新兴文学样式。对偶这种具有整齐美、对比美、音律美的修辞手法,开始普遍而自觉地运用于赋的创作中。如司马相如的《子虚赋》中有:"击灵鼓,起烽燧;车按行,骑就队。"

2.骈偶阶段

骈体文起源于东汉的辞赋,兴于魏晋,盛于南北朝。骈体文从其名称即可知,它是崇尚对偶,多由对偶句组成的文体。这种对偶句连续运用,又称"排偶"或"骈偶"。刘勰在《文心雕龙·明诗》评价骈体文是"俪采百字之偶,争价一句之奇"。初唐王勃的《滕王阁序》一段为例:"时维九月,序属三秋。潦水尽而寒潭清,烟光凝而暮山紫。俨骖𬴂于上路,访风景于崇阿。临帝子之长洲,得天人之旧馆。层峦耸翠,上出重霄;飞阁流丹,下临无地。鹤汀凫渚,穷岛屿之萦回;桂殿兰宫,即冈峦之体势。披绣闼,俯雕甍,山原旷其盈视,川泽纡其骇瞩。闾阎扑地,钟鸣鼎食之家;舸舰迷津,青雀黄龙之轴。云销雨霁,彩彻区明。落霞与孤鹜齐飞,秋水共长天一色。渔舟唱晚,响穷彭蠡之滨;雁阵惊寒,声断衡阳之浦。"全都是用对偶句组织,其中"落霞与孤鹜齐飞,秋水共长天一色"更是千古对偶名句。

这种对偶句是古代诗文辞赋中对偶句的进一步发展,它有如下三个特点:一是对偶不再单纯作为修辞手法,已经变成文体的主要格律要求。骈体文有三个特征,即四六句式、骈偶、用典,此其一。二是对偶字数有一定规律,主要是"四六"句式及其变化形式。主要有:四字对偶、六字对偶、八字对偶、十字对偶、十二字对偶。三是对仗已相当工巧,但其中多有重字("之、而"等字),声律对仗未完全成熟。

3.律偶阶段

律偶,格律诗中的对偶句。这种诗体又称"近体诗",正式形成于唐代,但其溯源,则始于魏晋。曹魏时,李登作《声类》10卷,吕静作《韵集》5卷,分出清、浊音和宫、商、角、徵、羽诸声。另外,孙炎作《尔雅音义》,用反切注音,他是反切的创始人。一般的五、七言律诗,都是八句成章,中间二联,习称"颔联"和"颈联",必须对仗,句式、平仄、意思都要求相对。这就是标准的律偶。举杜甫《登高》即可见一斑:

风急天高猿啸哀,渚清沙白鸟飞回。

无边落木萧萧下,不尽长江滚滚来。

万里悲秋常作客,百年多病独登台。

艰难苦恨繁双鬓,潦倒新停浊酒杯。

这首诗的颔联和颈联,"无边落木萧萧下,不尽长江滚滚来","万里悲秋常作客,百年多病独登台"对仗极为工稳,远胜过骈体文中的骈偶句。除五、七言律诗外,唐诗中还有三韵小律、六律和排律,中间各联也都对仗。

律偶也有三个特征：一是对仗作为文体的一种格律要求运用；二是字数由骈偶句喜用偶数向奇数转化，最后定格为五、七言；三是对仗精确而工稳，声律对仗已成熟。

（三）对联的分类

1.按照用途分类

（1）春联。也叫"门对""春贴""对联"，比如："杨柳吐翠九州绿；桃杏争春五月红。"

（2）门联。常年贴在大门上的，叫门联。比如过去一些有钱的读书人家，常在大门上贴这么一副门联："忠厚传家久；诗书继世长。"

（3）喜联。送给结婚人家的对联，叫喜联、婚联。比如："一对红心向四化；两双巧手绘新图。"

（4）寿联。为了祝贺别人过生日送的对联，叫寿联。比如："福如东海；寿比南山。"

（5）挽联。为悼念死去的人写的对联，叫挽联、丧联。比如有一副悼念周恩来总理的挽联："悼总理继承革命志；举红旗横扫害人虫。"

（6）楹联、名胜古迹联。挂在殿堂、住室或者建筑物的柱子上的对联，叫楹联。过去也常把对联叫作楹联。比如，济南大明湖沧浪亭上有一副楹联是："四面荷花三面柳；一城山色半城湖。"

写在名胜古迹上的对联，叫名胜古迹联。上边的沧浪亭楹联也是名胜古迹联。

（7）赠联、自勉联。送给朋友的叫赠联，写给自己的叫自勉联。革命老人徐特立早在1938年写过一副对联，送给一家商店的青年店员："有关家国书常读；无益身心事莫为。"

著名教育家陶行知写过一副自勉联，表达了自己献身祖国教育事业的决心："捧着一颗心来；不带半根草去。"

（8）行业联。三百六十行，像茶馆、酒楼、药铺、粮店什么的，全有自己的行业联。比如，书店联："欲知千古事；须读五车书。"

钟表店联："刻刻催人资惊醒；声声呼君惜光阴。"

眼镜店联："悬将小日月；照澈大乾坤。"

旅店联："欢迎春夏秋冬客；款待东西南北人。"

煤店联："雪中送炭家家暖；锦上添花户户春。"

理发店联:"理世上万缕青丝;创人间头等事业。"

(9)口头对联。一些文人、读书人平时在口头上一问一答作的对子,叫口头对联。我们这本书里介绍的,就有好些是口头对联。

从艺术角度分,对联里有回文联、嵌字联、谐音双关联、叠字联、合字联、拆字联、数字联、方位联、比喻联等。

2.按字数分类

(1)短联(十字以内)。

(2)中联(百字以内)。

(3)长联(百字以上)。

3.按修辞技巧分类

(1)对偶联:言对、事对、正对、反对、工对、宽对、流水对、回文对、顶针对。

(2)修辞联:比喻、夸张、反诘、双关、设问、谐音。

(3)技巧联:嵌字、隐字、复字、叠字、偏旁、析字、拆字、数字。

4.按联语来源分类

(1)集句联:全用古人诗中的现成句子组成的对联。

(2)集字联:集古人文章,书法字帖中的字组成的对联。

(3)摘句联:直接摘他人诗文中的对偶句而成的对联。

(4)创作联:作者自己独立创作出来的对联。

(四)对联的格律

对联的正规名称叫楹联,俗称对子,是我国特有的一种汉语言文学艺术形式,为社会各阶层人士所喜闻乐见。对联格律,概括起来,是六大要素,又叫"六相",分叙如下:

1.字数要相等

上联字数等于下联字数。长联中上下联各分句字数分别相等。有一种特殊情况,即上下联故意字数不等,如民国时某人讽袁世凯一联:"袁世凯千古;中国人民万岁。"上联"袁世凯"三个字和下联"中国人民"四个字是"对不起"的,意思是袁世凯对不起中国人民。

对联中允许出现叠字或重字,叠字与重字是对联中常用的修辞手法,只是在重叠时要注意上下联一致。如明代顾宪成题无锡东林书院联:"风声雨声读书声,声声入耳;家事国事天下事,事事关心。"

但对联中应尽量避免"异位重字"和"同位重字"。所谓异位重字,就是同一个字出现在上下联不同的位置。所谓同位重字,就是以同一个字在上下联同一个位置相对。不过,有些虚词的同位重字是允许的,如杭州西湖葛岭联:"桃花流水之曲;绿荫芳草之间。"

上下联"之"字同位重复,但因为是虚字,是可以的。不过,有一种比较特殊的"异位互重"格式是允许的(称为"换位格"),如林森挽孙中山先生联:"一人千古;千古一人。"

2.词性相当

在现代汉语中,有两大词类,即实词和虚词。前者包括:名词(含方位词)、动词、形容词(含颜色词)、数词、量词、代词六类。后者包括:副词、介词、连词、助词、叹词、拟声词六类。词性相当指上下联同一位置的词或词组应具有相同或相近词性。首先是"实对实,虚对虚"规则,这是一个最为基本,含义也最宽泛的规则。某些情况下只需遵循这一点即可。其次词类对应规则,即上述 12 类词各自对应。大多数情况下应遵循此规则。再次是义类对应规则,义类对应,指将汉字中所表达的同一类型的事物放在一起对仗。古人很早就注意到这一修辞方法。特别是将名词部分分为许多小类,如天文(日、月、风、雨等)、时令(年、节、朝、夕等)、地理(山、风、江、河等)、官室(楼、台、门、户等)、草木(草、木、桃、李等)、飞禽(鸡、鸟、凤、鹤等)等。最后是邻类对应规则,即门类相临近的字词可以互相通对。如天文对时令、天文对地理、地理对宫室等。

3.结构相称

所谓结构相称,指上下联语句的语法结构(或者说其词组和句式之结构)应当尽可能相同,也即主谓结构对主谓结构、动宾结构对动宾结构、偏正结构对偏正结构、并列结构对并列结构等。如李白题湖南岳阳楼联:"水天一色;风月无边。"此联上下联皆为主谓结构。其中,"水天"对"风月"皆为并列结构,"一色"对"无边"皆为偏正结构。

但在词性相当的情况下,有些较为近

似或较为特殊的句式结构,其要求可以适当放宽。

4.节奏相应

就是上下联停顿的地方必须一致。如"莫放——春秋——佳日过;最难——风雨——故人来"。

这是一副七字短联,上下联节奏完全相同,都是"二——二——三"。比较长的对联,节奏也必须相应。

5.平仄相谐

什么是平仄?普通话的平仄归类,简言之,阴平、阳平为平,上声、去声为仄。古四声中,平声为平,上、去、入声为仄。平仄相谐包括两个方面:

(1)上下联平仄相反。一般不要求字字相反,但应注意:上下联尾字(联脚)平仄应相反,并且上联为仄,下联为平;词组末字或者节奏点上的字应平仄相反;长联中上下联每个分句的尾字(句脚)应平仄相反。

(2)上下联各自句内平仄交替。当代对联家余德泉等总结了一套"马蹄韵"规则。简单说就是"平平仄仄平平仄仄"这样一直下去,犹如马蹄的节奏。

6.内容相关

什么是对联?就是既"对"又"联"。上面说到的字数相等、词性相当、结构相同、节奏相应和平仄相谐都是"对",还差一个"联"。"联"就是要内容相关。一副对联的上下联之间,内容应当相关,如果上下联各写一个不相关的事物,两者不能照应、贯通、呼应,则不能算一副合格的对联,甚至不能算作对联。

(五)妙联赏析

1.清朝朱应镐《楹联新话》言,清时有人与其友合作五十岁生日,撰联云:

"与我同庚,忝居三日长;

得君知己,共作百年人。"

同庚,即同年所生。忝,谦辞。三日长,即比其友大三天。末句既可理解为两人合起来庆贺一百岁,也可理解为两人都要活到一百岁。

2.魏寅《魏源楹联辑注》云,清代魏源幼时,见当地一举人喜抄人诗作对以为炫耀,颇憎恶之,时或予以揭穿。一日举人指着手提的烛灯出联要魏源对。联曰:

"油醮蜡烛,烛内一心,心中有火;"

魏源对道:

"纸糊灯笼,笼边多眼,眼里无珠。"

"心中有火"与"眼里无珠"均语带双关。"烛,烛""心,心"与"笼,笼""眼,眼"为连珠。

3.《评释古今巧对》云,秦观与苏小妹成婚之夜,苏小妹不知何故,决定不理秦观,并用如下一联表意:

"月朗星稀,今夜断然不雨;"

秦观会意,并对下联:

"天寒地冻,明朝必定成霜。"

联语主要用双关法。月朗星稀者,无云也。无云加不雨,即不会云雨也。不雨亦谐不语。成霜,犹言成双。

4.《解人颐》云,明代解缙七岁时,随父出,见一女吹箫。父出句命对,曰:

"仙子吹箫,枯竹节边出玉笋;"

解缙应对道:

"佳人撑伞,新荷叶底露金莲。"

枯竹,箫也。玉笋,歌女之手也,乃比喻。金莲,乃脚之代称。两联极具形象。

5.景常春《近现代历史事件对联辑注》载有挽黄花岗烈士温生才等人联,曰:

"生径白刃头方贵,死葬黄花骨亦香。"

上联极具豪侠气。下联之"黄花"既指黄花岗,又指菊花,语带双关,且隐喻烈士精神不朽。

6.相传清康熙年间,某年春节将近,康熙命大学士李光地写春联百副,以替换宫中原有的旧联。光地正为此事犯愁的时候,其弟光坡恰好来京,表示愿意代作。除夕之日,光坡将如下一联呈与皇上:

"地下七十二大贤,贤贤易色;天上二十八星宿,宿宿皆春。"

康熙见后,大为赞赏。七十二加二十八,正好一百,是以一副代百副也,可谓巧于用数。"贤,贤"与"宿,宿"为连珠。"贤贤""宿宿"为叠词。七十二大贤,指孔子特别优秀的弟子。易色,有多解,按颜师古的说法为不重容貌。

7.《中国古今巧对妙联大观》云,湖南彭更曾出一上联在天津《智力》杂志上征对。联曰:

"信是人言,苟欲取信于人,必也言而有信;"

河南于万杰对道:

"烟乃火因,常见抽烟起火,应该因此戒烟。"

联语为析字对。"人"与"言"成"信","火"与"因"成"烟",联中皆凡两见。

8.相传民国初年,重庆一酒家悬一瓶法国三星牌白兰地酒于门,征求对联,应对者甚多,老板总不满意。其时郭沫若还很年轻,闻讯赶去,想到四川有一道名菜,正可与酒相对成联,于是题道:

"三星白兰地;五月黄梅天。"

一般只知"黄梅天"指气候而不知其是菜名,误认此联是"无情对",其实一酒一菜,意思十分连贯。上联嵌商标名和酒名,下联嵌时间名和菜名。

9.《解人颐》云,唐伯虎见张灵,常在一起喝酒。一日唐曰:

"贾岛醉来非假倒;"

张对曰:

"刘伶饮尽不留零。"

贾岛,唐代诗人。刘伶,西晋"竹林七贤"之一,嗜酒,曾著《酒德颂》。此联用了两种手法。"贾岛"与"假倒""刘伶"与"留零"音同字异,是为"混异";"假倒"与"留零"为动宾词组,又可视为"贾岛"与"刘伶"的谐音拆字。

10.《对联话》载,民国初年,《长沙报》有龙龚二君任主笔,时人撰一谐联刊于《大公报》云:

"龙主笔,龚主笔,龙龚共主笔;马宾王,骆宾王,马骆各宾王。"

龙龚二主笔,均未详。马宾王,即马周,唐初人,太宗时曾任监察御史。骆宾王,亦唐初人,"唐初四杰"之一,其诗多悲愤之词,曾作《讨武曌檄》。联语的手法主要为析字,亦有重言和嵌名等。

11.《古今巧联妙对趣话》云,明代汤显祖新婚之夜,新娘出联曰:

"红烛蟠龙,水里龙由火里去;"

显祖久而无对。后见新娘穿的绣花鞋,遂得句云:

"花鞋绣凤,天边风向地边来。"

因蜡烛上的龙同是蜡烛做的,燃烧时同时烧掉,故言"由火里去"。因凤绣在穿于双脚的鞋上,故言"向地边来"。联话以矛盾统一见趣。

12.《联语》云,南京燕子矶武庙,至清末仅存一勒马横刀偶像。某人庙见之而得上联云:

"孤山独庙,一将军横刀匹马;"

未得下句。后一赶考书生系船于江边时逢两渔翁对钓,遂得下联:

"两岸夹河,二渔翁对钓双钩。"

联语之巧在用数。上联之数全为一,而用"孤""独""一""横""匹"等变言之。

下联之数全为二,而用"两""夹""对""双"变言之,使人不觉有雷同之感。

13.《纪晓岚外传》云,乾隆游泰山,至玉皇顶,见东岳庙北有弥高岩,出对要纪昀对:

"仰之弥高,钻之弥坚,可以语上也;"

纪对道:

"出乎其类,拔乎其萃,宜若登天然。"

联为用典。坚,深也。上联首二句本讲孔子之道,语出《论语·子罕》。此言泰山。下联首二句本讲孔子之伟大,语出《孟子·公孙丑上》,此亦言泰山。上下联首二句为自对,"之弥"与"乎其"为重言。

14.《评释古今巧对》云,唐伯虎幼时,一日随父外出,见一和尚带枷示众,与父言之,父出句曰:

"削发又犯法;"

伯虎对道:

"出家却带枷。"

"发"与"法""家"与"枷"音同而字异,是为混异。削发出家,与犯法带枷,相映成趣。

15.《楹联丛话》载,北京宣武门外赵象庵家,菊花最盛。一日刘金门等借园赏菊,主人求题新联。问主何好,答曰:"无他好,唯爱菊如性命耳。"金门信手书云:

"只以菊花为性命;"

一时无对。又问主人何姓,答曰姓赵,于是得下联:

"本来松雪是神仙。"

松雪,既为自然物与"菊花"相对,又为赵孟頫之号,是隐切赵姓无疑,对主人亦甚恭维。

16.清洪薛成《庸庵笔记》言,安庆有位12岁的诸生叫孟昭暹,工诗文书法,尤善对。曾以"盘庚"对"箕子"名噪一时。适逢曾国藩驻兵安庆,闻其名而召见他。问其家世,知其祖亦是诸生,遂口占四字命对,曰:

"孙承祖志;"

对曰:

"孟受曾传。"

孟,本指孟子,此借指自己。曾,本指曾子,此借指曾国藩,无怪曾听后要"大加赞赏"了。联语自对后又上下联相对,非常工整。

17.《古今谭概》载,关懒其貌不扬。为推官时,一次过南徐(今镇江),见一穿大红衣服的客人伸开脚坐着,有些傲慢的样子。关很有礼貌地上前相问。回答说,他是:

"太子洗马高乘鱼;"

过了好久,高回过头来问关。关答到,他是:

"皇后骑牛低钓鳖。"

高惊骇,问是何官。关笑着说:"不是什么官,不过是想与您的话对得真切罢了。"这种不管内容,只图对仗工稳的对联,乃无情对。

18.《名联谈趣》言,河南名酒"状元红"之代理商中庆公司和香港《商报》联合为状元红酒举行过一次征联。出联是:

"千载龙潭蒸琥珀;"

得对一千五百多,获优异奖者共五联。其一是:

"深宵牛渚下丝纶。"

状元红已有三百余年的历史,此言"千载"是一种夸张的说法。龙潭,在河南蔡县卧龙岗,状元红即以此泉水酿成。状元红色泽红润晶莹,形似树脂化石琥珀,故此以"琥珀"喻代之。

下联"深"虽不是数词,但有深必有浅,其中隐含有数。牛渚,地名,在安徽当涂采石矶。丝纶,既可解作钓丝,亦可解做皇帝的诏旨,此处喻指一种志向,即太公钓鱼,不在鱼而在社稷也。此对句堪为佼佼者。

19.明末有史可法,坚守扬州,城破,不屈而死。又崇祯时兵部尚书洪承畴,降清苟且,朝野不齿。或撰一联曰:

"史鉴流传真可法;洪恩未报反成仇。"

成仇,谐承畴,语带双关。联嵌史可法与洪承畴之名。

此联后被扩展成为:

"史笔流芳,虽未成功终可法;洪恩浩荡,不能报国反成仇。"

联语虽有扩有改,基本意思和手法未变。

20.相传宋代刘少逸幼时,一日随师往拜名士罗思纯。罗出对曰:

"家藏千卷书,不忘虞廷十六字;"

少逸对道:

"目空天下士,只让尼山一个人。"

虞廷,指舜的朝廷。相传舜为古代明主,故常以"虞廷"作"圣朝"的代称。十六字,指《书·大禹谟》之"人心惟危,道心惟微,唯精唯一,允执厥中"。宋儒将此十六字视为尧、舜、禹心心相传个人道德修养和治理国家的原则。尼山,本为山名,在山东曲阜,此代指孔子。联语使用了用典和借代二法。刘少逸小小年纪在前辈面前便竞以此种口气说话,令人震惊。

21.相传旧时有一书生,衣食无着,一日饿极,伏于泉畔饮水充饥。一老秀才路过,见面问之曰:

"欠食饮泉,白水何能度日?"

书生答道:

"才门闭卡,上下无处逃生。"

联语用析字双关法。"欠"与"食"组成"饮"字,"白"与"水"组成"泉"字,"才"与"门"组成"闭"字,"上"与"下"组成"卡"字。

抗战时期,蒋介石政权层层克扣教育经费,加上通货膨胀,教职员工苦不堪言。某大学教师愤题如下一联:"欠食饮泉,白水何堪足饱;无才抚墨,黑土岂能充饥?"此联显然是老秀才联句之脱化和仿作,手法与前完全一样。

22.《中国古今巧对妙联大观》云,明万历年间,艾自修与张居正同科中举,艾名列榜末,旧称背虎榜。张嘲之曰:

"艾自修,自修勿修,白面书生背虎榜;"

艾当时未对出。张当上宰相后,相传与皇后有暧昧关系,艾抓住这一点。遂得了下联:

"张居正,居正勿正,黑心宰相卧龙床。"

联语对得很工。两联先用嵌名,然后联珠("自修,自修"与"居正,居正")、重言(修、正)。

23.《笑笑录》云,唐伯虎为一商人写对联,曰:

"生意如春意,财源似水源;"

其人嫌该联表达的意思还不明显,不太满意。唐伯虎给他另写了一副,曰:

"门前生意,好似夏月蚊虫,队进队出;柜里铜钱,要像冬天虱子,越捉越多。"

其人大喜而去。蚊子、虱子,皆为嗜血动物,人人见而厌之。以此比喻生意和铜钱,形象不言而喻。此商人居然"大喜",足见其无知与浅薄,联趣正在这里。此联除用比喻外,还用了重言(队、越)。

24.《解人颐》言,明代僧人姚广孝,在街上遇到林御史。林曰:

"风吹罗汉摇和尚;"

姚对道：

"雨打金刚淋大人。"

罗汉，小乘佛教所理想的最高果位，仅次于菩萨一级。皆因是光头，故常以用作对和尚的尊称。摇，谐姚。金刚，佛教护法神，因个头都塑得很大，故此用称"大人"。淋，谐林。联中用了嵌名和双关。

25.清周起渭任江南主考，一日游碧波洞，见洞口右侧贴有如下一联：

"乌须铁爪紫金龙，驾祥云出碧波洞口；"

周起渭索笔对下联于左侧：

"赤耳银牙白玉兔，望明月卧青草池中。"

联以颜色见趣。上联含乌、紫、碧三色，下联则以赤、白、青三色对之。又嵌"紫金龙""碧波洞""白玉兔""青草池"之名，极为形象。

26.文革中，曾有一个半文盲到被派到某图书馆担任驻馆代表，领导学习《反杜林论》。人们在批判时，常有"杜林胡说什么"一语。可这位驻馆代表听不懂，误以为"杜林胡"是中国的什么人，便大声说："杜林胡反马克思主义毛泽东思想，应该拉出去枪毙！"此人又将小说《镜花缘》读为"镜花录"。于是有人以此为题，写了这样一副对联：

"一代奇书镜花录，千秋名士杜林胡。"

这副对联先录其错读，再录其错断，并加以讽刺，用的是"飞白"手法。

27.《坚瓠集》云，常熟人桑民悦以才自负，居成均之时，为丘仲深所屈，遂入书院任教，书一联于明伦堂云：

"文章高似翰林院，法度严于按察司。"

翰林院，官署名。清代掌编修国史及草拟制诰等。在其中供职的成员由每年考中的进士选拔。法度，此指学观。按察司，一省主管司法的最高机构。此联仍是自负，真可谓文如其人。联语用借代，翰林院代翰林学士，按察司代按察司的法度。

28.袁枚《随园诗话》载，清乾隆进士蒋起凤有一诗联云：

"人生只有修行好，天下无如吃饭难。"

后不知何人将其改作对联，曰：

"人生唯有读书好，天下无如吃饭难。"

此联仅将蒋联之"只"改作"惟""修行"改作"读书"，境界便大不相同。此种将别的诗词联句改动一下便出新意者，谓之"脱化"。"人生"二字，或作"世间"。"间"与"下"均为方位词，对得更工。但世间即是天下，有合掌之嫌，似又不可取。

29.杜甫《闻官军收河南河北》一诗有句云：

"白日放歌须纵酒,青春做伴好还乡。"

清末,聂伯毅换下其下句以言袁寒云曰：

"白日放歌须纵酒,黄金散尽为收书。"

下联亦成句,只未详出自何人。

又梁羽生任香港《新晚报》编辑,或投一联云：

"白日放歌须纵酒,黑灯跳舞好揩油。"

下联形象地反映了香港舞场情况。揩油,借喻越轨行为。

30.《奇趣妙绝对联》云,旧时有一文人,因无钱贿赂而屡试不第,愤而弃文经商。一日在店堂挂一联曰：

"主考秉公,公子公孙公女婿同登金榜；"

旁加小注,谓凡应试不第者对上下联,该店聘为二掌柜。后有张生者,满腹诗书而名落孙山,返店时对出下联：

"小生有怨,怨天怨地怨丈人不是朝官。"

联语"公"字与"怨"字先连珠而后重言。上下联前后呼应,浑然天成,无情地揭露官场的黑暗腐败。

31.《奇趣妙绝对联》介绍,明代江西吉水人罗洪先,乃嘉靖年间状元。一次与友人乘船到九江,遇一船夫出联请对：

"一孤帆,二商客,三四五六水手,扯起七八叶风蓬,下九江还有十里；"

罗未对上。一直到一九五七年,佛山市工人李戒翎找九江香木材,托八七五六号轮船自十里二日运到。而一九四三年有人找此木材却整整一年才到货。有感于此,遂得下联：

"十里运,九里香,八七五六号轮,虽走四三年旧道,只二日胜似一年。"

32.《坚瓠集》载,清代朱亦巢幼善作对,其家附近田中有一巨石名石牛,旁有僧庵曰石牛庵。一日偶同父友某漫步至庵,某即出对曰：

"石牛庵畔石牛眠,种得石田收几石？"

亦巢对道：

"金鸡墩上金鸡宿,衔来金弹值千金。"

金鸡墩,亦当为附近地名。弹,谐蛋,语带双关。上下联皆嵌名,上联重"石"与"牛",下联重言"金"与"鸡"。

33.相传旧时有位学生想试探先生才学,傍晚时分,装着前来问字。时值先生

关学堂门,学生出联云:

"门内有才何闭户?"

先生对曰:

"寺边无日不逢时。"

上联谓先生如果关门就是无才,下联言现在日已下山,本当关门了,学生你来得不是时候,两句都是寓意双关。而这种双关又是靠析字来实现的:"门"中加个"才"字正好是"闭"字,"寺"字边加个"日"字便是"時"(时的繁体)字。

34.《对联话》载,清代有施粥厂,施粥以济饥民。朱彝尊题一联云:

"同是肚皮,饱者不知饥者苦;一般面目,得时休笑失时人。"

联语以对比手法写,颇合哲理。第二句之"饱者"与"饥者""得时"与"失时"为自对,"者"与"时"又为重言。

35.清曾衍东《小豆棚》云,王梅读书有过目不忘之功,但二十年穷愁潦倒,只能于上肖寺寄读。一日外出,为一翁约至家中进食,见其女有怠慢之意,谓"人不患有司之明,当患吾学不成耳",遂请女面试。女出句令对曰:

"鸟惜春归,嗛住落花啼不得。"

王无对,谓女以此相扼。女谓王何不以此扼人。王出对云:

"芍药花开,红粉佳人做春梦;"

女知其谤已,应声对道:

"梧桐落叶,青皮光棍打秋风。"

两联皆用比喻。梧桐落叶之的,即成青皮光棍,在秋风中摇摆。光棍,乃无家无室之人。打秋风,旧指利用关系向人家取财物。下联影射王梅,同上联一样,皆语带双关,而刻薄则有胜于上联。

36.清余得水《熙朝新语》云,浙江乾隆丙子科乡试,两主考,一姓庄一姓鞠。庄氏糊涂,鞠氏不谨。或嘲之云:

"庄梦未知何日醒,鞠花从此不须开。"

试毕回京,鞠语人云:"杭人欠通,如何鞠可通菊?"未答。再问之,答曰:"吾适思《月令》'鞠(即菊)有黄花(即花)'耳。"鞠大惭,不久死去,人以为谶语。

上联用庄周梦蝶故事,暗指庄氏。下联出自杜甫《九日五言》诗,以"鞠"代"菊",暗指鞠氏。两联皆双关。

37.《坚瓠集》载,有两吏员候选典史,南者欲得北,北者欲得南,于是相争。主持者命对曰:

"吏典争南北,南方之强欤,北方之强欤?"

一吏对道:

"相公要东西,东夷之人也,西夷之人也。

强,胜也。东西夷,指未开化地区。"南北"与"南""北","东西"与"东""西"皆为总分。"东西"用其物件之义又借其方向之义与"南北"相对,是为借对。"方之强欤""夷之人也"又为重言。

38.相传清代一捐官,不通文墨。到某地担任主考,不能阅卷,便将考生号码写置筒中,先出者为第一,依次类推,直到名额检满为止。有人作联嘲之云:

"尔小生论命莫论文,碰! 咱老子用手不用眼,摇。"

联语仿主考官的口吻来写,是为假称,又重言"论""用"。"碰""摇"二字尤其使人觉得滑稽。

此联尚有另一版本。"尔小生"作"尔等","咱老子"作"吾侪"。这个版本显得更雅,但"尔小生"与"咱老子"带点粗野,更能表达这位主考官的真面目。

39.孙保龙《古今对联丛谈》云,郑板桥在淮县上任不久,一塾师前来告状,谓主人请他教学,议定一年酬金八吊,但年终未曾兑现。板桥疑塾师误人子弟,遂以大堂灯笼为题,出联曰:

"四面灯,单层纸,辉辉煌煌,照遍东西南北;"

塾师对道:

"一年学,八吊钱,辛辛苦苦,历尽春夏秋冬。"

板桥见塾师并非无能之辈,即判塾师为胜,并留其在衙办事。联语用了叠词、自对及上下对句相对(以"春夏秋冬"四季对"东西南北"四方)等技巧。

40.《中国古今巧对妙联大观》载有一联:

"玉澜堂,玉兰蕾茂方逾栏,欲拦余览;清宴舫,清艳荷香引轻燕,情湮晴烟。"

此联以妙用音同或音近的字取胜。将此联反复快读,即成绕口。玉澜堂,在颐和园昆明湖畔,为当年光绪帝寝宫。清宴舫,一名石舫,在颐和园万寿山西麓岸边,为园中著名水上建筑。

41.《奇趣绝妙对联》言,明代解缙一日与友宴饮。友出联曰:

"上旬上,中旬中,朔日望日;"

解缙对道:

"五月五,九月九,端阳重阳。"

每个月前十日为上旬,初一(即上旬上)为朔日。中间十日为中旬,十五(即中旬中)为望日。五月初五为端午节,亦称端阳。九月初九为重九节,亦称重阳。上下联前二句各为回文,末句共嵌四个名称。"旬"与"日","月"与"阳"又为重言。

42.传张学良将军曾撰一联云:

"两字让人呼不肖,一生误我是聪明。"

两字,即"不肖"。此将"不肖"置后,是为同位语倒装。九一八事变,蒋介石令张学良不得抵抗,并退出东北,张为执行命令而深感痛悔,上联即反映此种心情。下联则为后来发生的西安事变所证明,即轻信蒋介石的"诺言"而遭终身软禁,此将"聪明"置后,亦是倒装。

43.《素月楼联语》云,乾隆状元秦涧泉学士,江宁(今南京)人,秦桧,亦江宁人,人以为涧泉为桧后。一日涧泉至西湖,人故请其瞻拜岳坟并题联,涧泉无奈,题云:

"人从宋后无名桧,我到坟前愧姓秦。"

忠奸之判,俨如冰炭。秦桧之害岳飞,遗臭一至如此!"无名桧",亦作"羞名桧",还有作"少名桧"者。联语以抒发真情实感取胜。

44.《长安客话》云,明太祖与刘三吾微服出游,入市小饮,无物下酒。朱出句云:

"小村店三杯五盏,无有东西;"

三吾未及对出,店主送酒至,随口对道:

"大明国一统万方,不分南北。"

次日早朝传旨将店主召去,赐官,店主固辞不受。东西,在联中指下小酒菜,但它又可表示方向。下联"南北",正是与其方向之义相对,是为借对。

45.相传某地有个王老头很会做对联,附近一位朱秀才见他普普通通的样子,颇有些不以为然。一日秀才登门便言:

"王老者一身土气;"

王老头对道:

"朱先生半截牛形。"

秀才默然。朱秀才的上联用了析字法。因"王""老""者"三字,均含有土字在内,故云"一身土气"。王老头的对句也用析字法,因"朱""先""生"三字都含有牛字在内,且都在上部,故云"半截牛形"。

46.《楹联丛话》载,郑板桥辞官归田后,一日在家宴客,有李啸村者至,送来一联,观之出句,云:

"三绝诗书画;"

板桥曰:"此难对。昔契丹使者以'三才天地人'属对,东坡对以'四诗风雅颂',称为绝对。吾辈且共思之。"限对上后就食,久而未能,再启下联,曰:

"一官归去来。"

感叹其妙。唐玄肃二宗时,有诗人郑虔,诗书画皆工,时称"郑虔三绝"。上联以郑板桥比郑虔者。又东晋陶潜,于彭泽令上挂冠归隐,作《归去来辞》,下联又以郑板桥比陶潜。两比皆为暗誉,且皆确。

47.《奇趣妙绝对联》云,郁达夫某年游杭州西湖,至茶亭进餐。面对近水遥山,餐罢得句云:

"竺六桥九溪十八涧;"

一时未得对句。适逢主人报账曰:

"茶四碟二粉五千文。"

达夫以为主人是说对句,经交谈,不禁大笑。三竺,指上、中、下。六桥,指苏堤上有六座桥,即映波桥、锁澜桥、望山桥、压堤桥、东浦桥和跨虹桥。九溪,在烟霞岭西南。十八涧,在龙井之西。因巧合与误会而成联是这副对联的情趣所在。上联全为杭州山水,下联全为食单账单,两联数字对得尤其工整,很难得。

48.旧时娄某与薛某是朋友。娄某先在南方发展,颇有成就。薛欲投靠,娄予以婉拒:

"南日暖难存雪;"

后薛北上谋生,几经坎坷,终成家业。此时娄日渐衰败,不得已想寄居薛下。薛回敬道:

"塞北风高不住楼。"

"雪"与"薛""楼"与"娄"谐音双关,此联浑然天成。

49.清代状元林大钦,少年时便才学远近闻名。一日,一位姓叶的私塾先生想考考他的真才实学,便出联道:

"竹笋初生,何时称得林大秀?"

林大钦随声答道:

"梅花放发,哪曾见得叶先生?"

50.旧时某夫妇新婚之夜,新郎揭开新娘盖头,忽出一联:

"十八年前未谋面;"

新娘是个有胆有识的女子,细声应道:

"二三更后便知心。"

妙哉!一切尽在此言中。

51.旧时一穷书生,好打抱不平,为此被富绅诬陷。公堂审案,县官知其为人,想找个理由将其释放,便言:"吾出一联,能对则免罪;不能则严办。"出句云:

"云锁高山,哪个尖峰得出?"

书生见壁洞透进阳光,对道:

"日穿漏壁,这条光棍难拿!"

惺惺相惜,结果不言而喻。

52.1921年冬,陈毅同志在法国因为闹学被法国政府遣送回国,过春节时给自己家里写了这样一副对联:

"年难过,年难过,年年难过;事必成,事必成,事事必成。"

这副对联表现了青年时代的陈毅忧国忧民和对革命一定胜利的信心。

53.清末以来,我国涌现出一批杰出的戏曲表演艺术家,小翠花、小翠喜、马连良、马连昆就是其中的四位。或嵌四人姓名,撰有一联:

"小翠花,小翠喜,一文一武,一京一汉;马连良,马连昆,同乡同姓,同教同科。"

小翠花,京剧演员于连泉的艺名,北京人。小翠喜,汉剧演员,武汉人。马连良,回族,马边昆亦是,且与马连良同为北京人。同教,同信回教。同科,同习老生。联语除嵌名外,还借助了人名中相同的文字取巧,又重言"一"字与"同"字。

54.清赵翼《檐曝杂记》云,金山寺有一小和尚善对,润州(府治在镇江)太守出对云:

"史君子花,朝白午红暮紫;"

小和尚答道:

"虞美人草,春青夏绿秋黄。"

联语共含有六种颜色。史君子与虞美人为嵌名,上下联第二句为自对。

55.《长安客话》载,元丞相脱脱将赴三河,至宫廷向元主辞别,元主赐宴。至深夜,脱脱站起来说,他明天一早就会走,偶然得了一句七字联:

"半醉半醒过半夜;"

元主笑曰,明天也不必走得太早,他也偶得一句七字联:

"三更三点到三河。"

脱脱叩谢,尽欢而罢。联语为流水对。上联重言"半"字,下联重言"三"字,并嵌"三河"之名。

56.《对类》载一联云:

"马笼笼马马笼松,笼松马跑;鸡罩罩鸡鸡罩破,罩破鸡飞。"

此联的手法有多种。马笼与笼马、笼马与马笼,鸡罩与罩鸡、罩鸡与鸡罩为句内回环。笼松、笼松,罩破、罩破为连珠。笼笼与罩罩均为一个名词一个动词,又为转类。

57.《对类》有联云:

"门子封门,门外有风封不得;狱囚越狱,狱中无月越将来。"

门子,看门人。此联用了多种技巧。前两个"门"与"狱"以及两"封"字与两"越"字为重言。"门、门"与"狱、狱"为连珠。"风封"与"月越"为混异。因"有风"而"封不得",因"无月",才可"越将来",所表达的因果关系都极形象。

58.相传某知府欲革两役吏之职,遂出一联令二吏属对:

"一史不通难作吏;"

一吏对道:

"二人相聚总由天。"

上联以"一史不通"作为革役吏之职的由头。下联则以"二人"暗指役吏本身,又发"相聚总由天"一语奉承知府。联用析字法。"一"与"史"合起来便是"吏"字,"二"与"人"合起来就是"天"字。同时亦用了寓意双关。

59.相传旧时有二人登当地临江楼,一见江中倒映的北斗星,得句云:

"北斗七星,水底连天十四点;"

一见楼头一雁迎月飞去,对道:

"南楼孤雁,月中带影一双飞。"

联语以写物影见趣,故后一数(十四、双)皆为前一数(七、孤)之两倍。

60.明张岱《琅环文集》载,张岱六岁时,随祖父游杭州。祖父之友陈眉公跨鹿而至,指屏上之《太白骑鲸图》出联曰:

"太白骑鲸,采石江边捞夜月;"

岱应声对曰:

"眉公跨鹿,钱塘县里打秋风。"

打秋风,指利用关系向人索求财物。六岁孩童调侃如此,意趣尤浓。此事《陶庵梦忆》等书亦有载。陶庵,张岱字。

61.《评释古今巧对》云,明代杨循吉幼时,与塾师一同赏月,师出一联曰:

"月缺月圆,缺似梳而圆似镜;"

循吉对曰:

"雪飞雪缀,飞如絮而缀如银。"

联语首句之"月""雪"二字重言,第二句"似梳""似镜""如絮""如银"为比喻。以"梳"喻缺月,以"镜"喻圆月,以"絮"喻雪飞,以"银"喻雪缀,十分生动贴切。

62.乾隆五十大庆时,在乾清宫举行千叟宴。参加者有位141岁的老人。乾隆以其年齿为题出句云:

"花甲重开,外加三七岁月;"

纪晓岚对道:

"古稀双庆,又多一个春秋。"

花甲,指60岁。重开,指两个花甲,120岁。三七为21岁。上联加起来共141岁。古稀,指70岁。双庆,指两个古稀,140岁。一个春秋,即1岁。下联加起来也是141岁。联语的特点在巧于用数。

63.《评释古今巧对》云,明代都与楼仲彝路遇盗牛被擒者。都出句曰:

"村前木贼夜牵牛,连翘怎过?"

楼对道:

"路上槟榔朝贝母,滑石难行。"

联语串组"木贼""牵牛""连翘""贝母""滑石"六个中药名。翘,谐桥。槟榔,谐宾郎。贝,谐背。皆语带双关。

64.相传明代王臣,嘉靖进士。一日约友人观赏芍药,友人出联曰:

"芍药还为药;"

王对道:

"山茶不当茶。"

芍药花可入药,山茶叶则不能泡茶。二物之性,不能由字面求之。联语先嵌名而后又用名中之字重言取巧。当,手抄件作"是","是"似比"当"好。

65.清钟耘航《振振堂集》载,某年除夕,钟曾题一联云:

"过苦年,苦年过,过年苦,苦过年,年去年来今变古;读好书,好书读,读书好,好读书,书田书舍子而孙。"

联语用了换位、连珠、重言等手法,表达了钟氏穷愁潦倒时的心情。此联因"过年苦"和"读好书"三字组合与排列的不同,还有构成"越递"者。

66.《纪晓岚外传》云,纪晓岚等人在醉月轩为翰林陈半江赴南昌饯行,陪酒歌伎风燕求联,获赠云:

"凤枕鸳帐,睡去不知春几许;燕歌赵舞,醒来莫问夜如何。"

联语首嵌"凤燕"二字,又用隐切法,含蓄调侃式地道出歌伎的夜生活,不可言传者由此意会,极其高妙。

67.《中国古今巧联妙对大观》云,从前有一小姐出联求偶,曰:

"羊毫笔写白鸾笺,鸿雁传书,南来北往;"

一位皮匠对道:

"马蹄刀切黄牛皮,猪鬃引线,东扯西拉。"

上联含三种动物,两个方位,下联亦含三种动物,两个方位。上联表达小姐的愿望,下联表现皮匠的职业,都很确切。联语末四字乃自对而后又上下联相对。全联对仗极工整。据说,二人因此结成伉俪。

68.安徽定远县城隍庙里,有一副妙联,不仅有色有味,而且还具有警世作用,颇为难得。这副对联写道:

"泪酸血咸,悔不该手辣口甜,只道世间无苦海;金黄银白,但见了眼红心黑,哪知头上有青天。"

这副对联用酸、咸、辣、甜、苦"五味"对黄、白、红、黑、青"五色",对得极为精巧。但在精巧的对句背后,又寓意有不可对人残暴,不可见钱眼开的劝世深心。用对联来省人劝世,真是绝世无双。

(六)选择对联的秘诀

选择对联,应符合张贴的条件、位置和内容等因素,选择适合自己需要的对联;同时,还应注意行业、身份、阅历、场合、欣赏的兴趣爱好等等。总之,选择对联时应掌握一个原则,即张贴出的对联使人人看后都皆大欢喜或赞许。基本上应做到如下三点:

1.张贴的条件

选择对联要根据场地的大小,这是最初步的要求。例如:一般家庭对联应选用七言联、八言联、九言联为佳,这样可使字的大小排列与门的大小基本对称,不会给人头重脚轻之感。而机关、单位、学校等大门处张贴对联,则宜选用十言以上二十言以下的行业专用对联。工地及庆典大会的会场等地,选择十言以上的对联较合适。

2.使用要求

根据场合及内容的要求选择对联是很重要的。例如：春联是人们欢庆春节时用的，所以，用词选句要热烈欢快，色彩要鲜艳，内容要健康，要表现出人们对未来生活的憧憬和美好的愿望。新婚用联应以祝贺新婚夫妇团结互助、相亲相爱、共同进步为主要内容，用词要欢快、热烈、端庄、雅而不俗。

又如：挽联是追悼死者生平、事迹，要恰如其分地评价死者性格特点，表达对死者的深沉而真挚的悼念、哀惜之情，所以它不能只是歌颂、盛赞，否则，就变成寿联了。

3.张贴的位置

不同的位置贴不同的对联，是选用对联的基本要求。例如，新婚时张贴大门处的对联，应着重表现家人及宾客为新婚夫妻结为燕尔之好和家庭又添新人的喜悦、幸福之情；而张贴在洞房门处的对联应重在激励和祝福新婚夫妇结发之后，互帮互学，相敬如宾，恩爱相处。

除以上谈的几点外，我们选用对联时，还应注意行业、职业乃至身份、年龄、阅历、场合、欣赏的兴趣和爱好等等。力求做到张贴出的对联令人皆大欢喜。

（七）选择横批要贴切

有的对联除了上下联以外，还有横批。横批就是贴在上下联中间上面的横联。一般是四个字。好的横批具有总结或补充对联的作用，它与对联浑然一体，使意境更加深远和优美。因此，横批一定要与上下联紧密联系。比如：上下联是"先抓吃穿用，实现农轻重"，横批是"综合平衡"；上下联是"遍地牛羊六畜旺，满山花果四季香"，横批是"春光明媚"。

所以，横批是全联的总结或者提示，应该是点睛之笔，不要随便就写一个，应该仔细琢磨对联的内容，配上恰当的横批。

（八）张贴对联的窍门

张贴对联，可遵照这样的基本口诀："人朝门立，右手为上，左手为下"。就是说，出句应贴在右手边（即门的左边），对句应贴在左手边（即门的右边）。因为按传统读法，直书是从右向左读的。

出句和对句的辨别，最简单的是记下"上仄下平"。在汉字的一、二、三、四四种声调中，"一"为平声，"二、三、四"声为仄声，如果对联某一句的最后一字为"三声"

或"四声",则此句为出句,另一句就是对句无疑。如果对联最后一字都是仄声,那就要从对联的内容和语气上来分辨。

对联的横批,它揭示对联的中心主题,是一副对联的眉目,起着画龙点睛的作用。所以我们应将它贴在门楣中央,而且要十分醒目。

(九)写好对联的方法

对联的分类

对联可分为五大类:

实用对联　它包括春联、婚联、挽联、行业联等。

寺庙风景联　它包括寺院、庙宇、墓碑联等。

游联　它是旅游胜地的对联。

讽喻对联　它包括直谕、间谕、讽喻等。

箴诫联　它包括劝勉联、自勉联、格言联、明志联等。

对联的特征有以下几点:

字数相等上联与下联字数相等,给人们一种对称美的直观感。

对仗整齐 工对联(即要求对仗结构很严谨)要做到两句字字对应、词类相同、平仄相反、互为对仗,要求十分严格。而宽对联不像工对联严谨,虽不计求对仗,但好的宽对也是很工整的,从实用角度看,用宽对较多,不论是正对(上、下联语意相同)或是反对(上、下联语意相反)或串对(上、下联相连惯,意思相同)都是平仄相反,词类相同。

平仄要协调 对联中的平仄要一一相对,不能一平到底或一仄到底,要求上联句尾为仄声,下联句尾为平声,千万不能用俗语去写对联,这样会闹出笑话。但实用联也有不用平仄这个尺子去测量的。

节奏要一致 一般来说,四言联是2—2,五言联是2—3或3—2,六言联是2—2—2,七言联是3—4或4—3,八言联是4—4,字数多的联一般均由以上几言组成。

例如:四言:吉星——高照　五言:一轮——秋夜月

瑞气——垂临　　几点——晓天星

七言:三春月照——千山路

十里花开——一夜香

上联下联　出对的句子主题意思要统一,相反的对句也有内在的必然联系。

例:横眉冷对千夫指

俯首甘为孺子牛

鲁迅此联上、下句意虽相反,但都是鲁迅的文墨佳品。

写好对联的规律

书写对联除遵循五大特征外,还必须掌握以下五大规律。

做到信、达、雅　内容要多提炼,文字要多推敲,一定要达到内容、形式和谐统一。

用　典　就是在书写时使用古代故事、民间习俗、警句、传说,来表达一定的意义,有明、暗两种。

议　论　即抓住所写对象的特点,略发议论,情与景相映生辉,如"状物联"廖廖数语,便把所写的状物描绘得生动形象,就像看到一样。

嵌　字　又分藏头、藏尾、嵌中,一般以藏头为多。

对　比　即把一事物的两个方面,如民与官、廉与贪、好与坏、阴与阳、天与地等来比较,从而更加增添对联的语意。

以上是常见的写好对联的基本规律,另外还有衬托、借代、双关、双声、折合、重叠等都是写好对联的修辞手法。

写作对联的注意事项

注重构思　就是要讲究新、巧。一般要从所写的对象本身出发,考虑采取适当的表现手法,或正反相对,或虚实相衬,或俗中见雅,以期更好地表现客观对象、抒发主观情感。

把握特点　就是要有针对性。从情调上讲,春联应激情满怀,喜联须喜气洋洋,挽联应情意深厚,讽喻联应战斗性强,山水寺庙联应文学色彩较浓。

讲究格调　对联要有健康的思想内容,奋发向上的精神,充实而真挚的感情,雄放而高昂的格调。要体现出时代特色,万不可陈词滥调。

锤炼语言　对联的语言要精练,具有高度的概括性;同时要给人鲜明而深刻的印象,具有直观形象感;还要富于音乐美,即要求写作对联讲究平仄格律,注意节奏。

二、谜　语

最早的谜语,先由民间集体创作,口传心授,当初并未引起文人的注意,所以在文字上没有反映出来;这样就形成了长期流传在不识字的劳动人民口头上的民间谜语;另外主要是在上层社会和文人中流传的文字谜,由书面传播。

(一) 谜语风格

谜语风格大致可以分为主流、民间、典雅和通俗风格四种类型。

1.主流

这样的谜多产生于某个时期、某种场合,多是为了某种特定的需要而特别创作的。其特点是主题突出,内容严肃,针对性强,效果显著。虽然主题不同,但都具有主流性的特征。

下面举例加以说明:

中国在腾飞。(猜化学名词)谜底:升华。

法网恢恢,疏而不漏。(猜京剧剧目)谜底:《全部罗成》。

2.民间

民间风格的猜谜多以百姓常见、熟悉的事物为谜材,谜面语言朗朗上口,易记易传。大多数民间猜的谜都属于这种类型。

3.典雅

典雅风格,又称"书家意"。此类谜作注重文采,书卷气浓厚,多以典故入谜,或以前人诗词名句做面,在扣合上追求贴切自然,浑然天成。猜答起来有一定的难度。

举例如下:

霜禽欲下先偷眼。(猜《西厢记》)谜底:恐怕张罗。

萧疏听雨声。(猜《汉书》)谜底:此天下所稀闻。

到黄昏,点点滴滴。(猜国外名著二)谜底:《天才》《黑雨》。

4.通俗

这样的谜猜起来障碍要少得多。因为谜面多源于生活,使用通俗的语言。即使是成句,也是耳熟能详的。在扣合方面,即使有别解,也只是汉字一字多义等手法,所以大众容易理解和接受。

例如：

天庭饱满,地阁方圆。(猜一礼貌用语)谜底:首长好。

故友两离别。(猜阴历一名词)谜底:腊月。

可以看出,以上谜作朴实无华,深入浅出,而且扣合贴切,妙趣横生。可见通俗并非庸俗、粗俗,所谓"雅而不俗"就是这个道理。

(二)谜语构成

一般由谜面、谜目和谜底三部分组成。有些运用谜格制成的灯谜还有谜路。如:第一个教室(学校用语),谜底:先进班级(作"最先进入班级"解)。这里"第一个教室"是谜面,"学校用语"是谜目,"先进班级"是谜底。节约能收(秋千格)、(地理名词),谜底:省会(作"会省"解)。这里的"秋千格"是谜格。以下具体介绍灯谜各组成部分。

1.谜面

谜面是灯谜的主要部分,是猜谜时以隐语的形式表达描绘形象、性质、功能等特征,供人们猜测的说明文字。

它是为了揭示谜底所给的条件或提供的线索,是灯谜艺术的表现部分,也可以说是灯谜提出问题的部分,通常由精练而富于形象的诗词、警句、短语、词、字等组成。谜面文字要求简洁明了,通俗易懂。

谜面可以说出来让人猜,也可以写出来。一般来讲,民间谜语(事物谜,包括简单的字谜)多是说出来的,灯谜差不多都得写出来。

还有一些灯谜的谜面不是文字,而是由图形、实物、符号、数字、字母、印章、音像、动作等组成。不论谜面采用哪种形式,都应该简洁明快,隐喻得当,富于巧思。

2.谜目

谜目是给谜底限定的范围,是联系谜面和谜底的"桥梁"。它的作用有点像路标,给人指明猜测的方向。

如"猜字一",就是限定谜底只能是一个字,不能是别的东西,也不能多余一个字。即使猜别的东西也能扣合谜面,仍算没有猜中。

谜目附在谜面的后边,比如"打一字","打"是"猜"的意思,"打一字"就是"猜一字"。

一般谜目规定的谜底是一个,也有的是两个或者几个。比如:客满(打字二)。谜目规定了谜底有两个。用会意法来猜,谜底就是"促""侈"。客满,表示人已经足够了,"人""足"合成"促";也可以表示人已经非常多了,"人""多"合成"侈"。

标谜目时,应特别注意其范围。标的范围过大,猜测起来就难;标的范围太小,猜测起来就容易。

3.谜底

谜底就是谜面所提出问题的答案。谜底字数一般很少,有的是一个字、一个词、一个词组,有的是一种事物的名称或者动作,最多也不过是一两句诗词。如果谜底字数较多,制谜者就不容易制出好谜,猜谜语者也不好猜中。有趣的是,有些灯谜的谜底和谜面互相调换以后,还能成谜。比如:泵(打成语一)。泵是一种机械,有气泵、水泵等。"泵"字"石"在上,"水"在下,用会意法猜出谜底:水落石出。"水落石出"是个成语。反过来,用"水落石出"做谜面(打一字),它的谜底就是"泵"。

谜底是指谜面含蓄转折所指的、要人猜测的事物本身,是灯谜隐藏的内在部分,也可以说是谜面所提问题的答案。

谜底既要符合谜面的内在含义,又必须符合谜目所限定的范围,使人一见谜底就有"恍然大悟"之感。

一般说来,灯谜的谜底应专一。一则好的灯谜,应该而且只能有一个谜底,不应该有两个或者更多的谜底。

4.谜格

谜格产生于明代。当时,由于灯谜的不断发展,通常使用的制谜方法已远远不能满足人们的需求。于是人们创造出各种各样的谜格,借助它们来制作谜语。

按照谜格的规定,或者把谜底中字的位置移动一下,或者把谜底中的字读成谐音(就是字音相同或相近),或者对谜底中文字的偏旁部首进行一番加工整理,然后再去扣合谜面。

(三)动物谜语百则

谜语1.耳朵像蒲扇,身子像小山,鼻子长又长,帮人把活干。

谜语2.八只脚,抬面鼓,两把剪刀鼓前舞,生来横行又霸道,嘴里常把泡沫吐。

谜语3.身披花棉袄,唱歌呱呱叫,田里捉害虫,丰收立功劳。

谜语4.头戴红帽子,身披五彩衣,从来不唱戏,喜欢吊嗓子。

谜语5.腿细长,脚瘦小,戴红帽,穿白袍。

谜语6.夏前它来到,秋后没处找,摧咱快播种,年年来一遭。

谜语7.尾巴一根钉,眼睛两粒豆,有翅没有毛,有脚不会走。

谜语8.一个黑大汉,腰插两把扇,走一步,扇几扇。

谜语9.粽子头,梅花脚,屁股挂把指挥刀,坐着反比立着高。

谜语10.年纪并不大,胡子一大把,不论遇见谁,总爱喊妈妈。

谜语11.金箍桶,银箍桶,打开来,箍不拢。

谜语12.一位游泳家,说话呱呱呱,小时有尾没有脚,大时有脚没尾巴。

谜语13.皮黑肉儿白,肚里墨样黑,从不偷东西,硬说它是贼。

谜语14.名字叫作牛,不会拉犁头,说它力气小,背着房子走。

谜语15.前有毒夹,后有尾巴,全身二十一节,中药铺要它。

谜语16.有头无颈,有眼无眉,无脚能走,有翅难飞。

谜语17.嘴像小铲子,脚像小扇子,走路左右摆,不是摆架子。

谜语18.身穿梅花袍,头上顶双角,蹿山又越岭,全身都是宝。

谜语19.脸上长鼻子,头上挂扇子,四根粗柱子,一条小辫子。

谜语20.鹿马驴牛它都像,很难肯定像哪样,四种相貌集一体,说像又都不太像。

谜语21.凸眼睛,阔嘴巴,尾马要比身体大,碧绿水草衬着它,好像一朵大红花。

谜语22.红船头,黑篷子,二十四把快篙子,撑到人家大门前,吓坏多少小孩子。

谜语23.八字须,往上翘,说话好像娃娃叫,只洗脸,不梳头,夜行不用灯光照。

谜语24.远看是颗星,近看像灯笼,到底是什么,原来是只虫。

谜语25.一个白胡老头,带了一袋黑豆,一面走,一面漏。

谜语26.不是狐,不是狗,前面架铡刀,后面拖扫帚。

谜语27.小货郎,不挑担,背着针,满地蹿。

谜语28.小伙子,长得愣,生下来,就会蹦,不像样,不姓他爹的姓。

谜语29.有个懒家伙,只吃不干活,戴顶帽子帽边大,穿件褂子纽扣多。

谜语30.薄扇脚跟,木瓢嘴唇,赛跑不行,游泳有名。

谜语31.头有毛栗大,尾巴像钢叉,睡觉在泥里,离地一丈八。

谜语32.大将军披头散发;二将军黄袍花甲;三将军肥头肥脑;四将军瘦瘦巴巴。(打四种动物)

谜语33.一只顺风船,白篷红船头,划起两支桨,湖上四处游。

谜语34.身上乌里乌,赤脚走江湖,别人看它吃饱,其实天天饿肚。

谜语35.一把刀,水里漂,有眼睛,没眉毛。

谜语 36.小小瓶,小小盖,小小瓶里好荤菜。

谜语 37.胖子大娘,背个大筐,剪刀两把,筷子四双。

谜语 38.小小一条龙,胡须硬似棕,活着没有血,死了满身红。

谜语 39.有个小姑娘,穿件黄衣裳,你要欺侮她,她就戳一枪。

谜语 40.头戴绿帽,身穿绿袍,腰细肚大,手拿双刀。

谜语 41.身体花绿,走路弯曲,洞里进出,开口恶毒。

谜语 42.小时着黑衣,长大穿绿袍,水里过日子,岸上来睡觉。

谜语 43.一个白发老妈妈,走起路来四边爬,不用铁鎝不用锄,种下一片好芝麻。

谜语 44.小时穿黑衣,大时换白袍,造一间小屋,在里面睡觉。

谜语 45.远看芝麻撒地,近看黑驴运米,不怕山高道路陡,只怕跌进热锅里。

谜语 46.腿长胳膊短,眉毛盖住眼,有人不吱声,无人大声喊。

谜语 47.上肢下肢都是手,有时爬来有时走,走时很像一个人,爬时又像一条狗。

谜语 48.眼如铜铃,身像铁钉,有翅无毛,有脚难行。

谜语 49.说它是虎它不像,金钱印在黄袄上,站在山上吼一声,吓跑猴子吓跑狼。

谜语 50.头插野鸡毛,身穿滚龙袍,一旦遇敌人,作战呱呱叫。

谜语 51.一身毛,尾巴翘,不会走,只会跳。

谜语 52.小小飞贼,武器是针,抽别人血,养自己身。

谜语 53.小小玲珑一条船,来来往往在江边,风吹雨打都不怕,只见划桨不挂帆。

谜语 54.口吐白云白沫,手拿两把利刀,走路大摇大摆,真是横行霸道。

谜语 55.小小诸葛亮,独坐军中帐,摆成八卦阵,专抓飞来将。

谜语 56.头戴两根雄鸡毛,身穿一件绿衣袍,手握两把锯尺刀,小虫见了拼命逃。

谜语 57.小时四只脚,大时两只脚,老时三只脚。

谜语 58.两撇小胡子,油嘴小牙齿,贼头又贼脑,喜欢偷油吃。

谜语 59.坐也是坐,立也是坐,行也是坐,卧也是坐。

谜语 60.坐也是立,立也是立,行也是立,卧也是立。

谜语 61.坐也是行,立也是行,行也是行,卧也是行。

谜语62.坐也是卧,立也是卧,行也是卧,卧也是卧。

谜语63.说它是条牛,无法拉车走,说它力气小,却能背屋跑。

谜语64.一条小小虫,自己做灯笼,躲在灯笼里,变个飞仙女。

谜语65.八字胡须往外翘,说话好像娃娃叫。藏在深山密林处,只会洗脸不会笑。

谜语66.名字叫小花,喜欢摇尾巴,夜晚睡门口,小偷最怕它。

谜语67.白天草里住,晚上空中游,金光闪闪动,见尾不见头。

谜语68.头戴红顶帽,身穿白布袄,走路像摇船,说话像驴叫。

谜语69.水里游着穿青袄,平生都是弯着腰在水中。

谜语70.尖细嘴长尾巴,嗡嗡嗡满天飞,白天躲着不敢动,夜里出来吸血乐。

谜语71.尖嘴尖耳尖下巴,细腿细角细小腰,生性狡猾多猜疑,尾后拖着一丛毛。

谜语72.天空捍卫小飞军,井然排列人字形,冬天朝南春回北,规规矩矩纪律明。

谜语73.瞳孔遇光能大小,唱起歌来喵喵喵,夜半巡逻不需灯,四处畅行难不倒。

谜语74.小小年纪,却有胡子一把,不论谁见,总是大喊妈妈。

谜语75.一肚子没学问,开口闭口知道,瞧瞧这小家伙,实在真是骄傲。

谜语76.生来粗壮,长成狗样,满身肥肉,人人怕它。

谜语77.长长身体两排脚,阴湿暗地是家窝,剧毒咬人难忍痛,治病倒是好中药。

谜语78.性情躁烈暴,常披黄皮袄,山中称大王,我说那是猫。

谜语79.黑背白肚皮,一副绅士样,两翅当划桨,双脚似鸭蹼。

谜语80.不管翻地或打洞,天生爱动到处钻,松松土来施点肥,人人称我为地龙。

谜语81.细细身体长又长,身后背着四面旗,斗大眼睛照前方,专除害虫有助益。

谜语82.锥子尾,橄榄头,最爱头尾壳内收,走起路来慢又慢,有谁比它更长寿。

谜语83.任劳又任怨,田里活猛干,生产万吨粮,只把草当饭。

谜语84.一身金钱袍,猫脸性残暴,爬树且游水,食肉不食草。

谜语85.此物生得怪,肚下长口袋,宝宝袋中养,跳起来真快。

谜语 86.从头到脚硬盔甲,走起路来横着走,张牙舞爪八只脚,两把利剪真吓人。

谜语 87.顶上红冠戴,身披五彩衣,能测天亮时,呼得众人醒。

谜语 88.小小娃娃兵,四处寻猎物,物虽比己大,团结便解决。

谜语 89.红头绿身真漂亮,五彩薄衫披两旁,可是专干坏勾当,传播痢疾和霍乱。

谜语 90.两眼外突大嘴巴,有个尾巴比身大,青草假山来相伴,绽放朵朵大红花。

谜语 91.全身片片银甲亮,瞧来神气又威武,有翅寸步飞不起,无脚五湖四海行。

谜语 92.似鸟又非鸟,有翅身无毛,一脸丑模样,专爱夜遨游。

谜语 93.远瞧犹如岛一座,总有水柱向上喷,模样像鱼不是鱼,哺乳幼儿有一手。

谜语 94.纵横沙漠中,展翅飞不起,快走犹如飞,是鸟中第一。

谜语 95.活动地盘在墙壁,专门收拾飞蚊虫,尾断无碍会再生,医学名称是守宫。

谜语 96.个子虽不大,浑身是武器,见敌缩成团,看你奈我何。

谜语 97.有种鸟儿本领高,尖嘴会给树开刀。坏树皮,全啄掉,钩出害虫一条条。

谜语 98.说它像鸡不是鸡,尾巴长长拖到地,张开尾巴像把扇,花花绿绿真美丽。

谜语 99.远看像只猫,近看像只鸟,夜晚捉老鼠,白天睡大觉。

谜语 100.头长小树杈,身开白梅花,四腿细又长,奔跑快如马。

(四)动物谜语谜底

1.大象

2.螃蟹

3.青蛙

4.公鸡

5.鹤

6.布谷鸟

7.蜻蜓

8.鸵鸟

9.狗

10.山羊

11.蛇

12.青蛙

13.乌贼

14.蜗牛

15.蝎子

16.鱼

17.鸭子

18.鹿

19.大象

20.麋鹿（四不像）

21.金鱼

22.蜈蚣

23.猫

24.萤火虫

25.羊

26.狼

27.刺猬

28.骡子

29.猪

30.鸭子

31.燕子

32.狮、虎、熊、狼

33.鹅

34.鱼鹰

35.鱼

36.螺蛳

37.螃蟹

38.虾

39.马蜂

40.螳螂

41.蛇

42.青蛙

43.蚕

44.蚕

45.蚂蚁

46.蝈蝈

47.猴子

48.蜻蜓

49.金钱豹

50.蟋蟀

51.麻雀

52.蚊子

53.鸭子

54.螃蟹

55.蜘蛛

56.螳螂

57.人

58.鼠

59.青蛙

60.马

61.鱼

62.蛇

63.蜗牛

64.蚕

65.娃娃鱼

66.狗

67.萤火虫

68.鹅

69.虾

70.蚊子

71.狸

72.大雁

73.猫

74.羊

75.蝉

76.熊

77.蜈蚣

78.老虎

79.企鹅

80.蚯蚓

81.蜻蜓

82.乌龟

83.牛

84.豹

85.袋鼠

86.螃蟹

87.公鸡

88.蚂蚁

89.苍蝇

90.金鱼

91.鱼

92.蝙蝠

93.鲸鱼

94.鸵鸟

95.壁虎

96.刺猬

97.啄木鸟

98.孔雀

99.猫头鹰

100.梅花鹿

(五)经典字谜

1.非典,非典,携手清除(打一字)

2.看上去很美(打一我国足球运动员2字)

3."玄德请二人到庄"(打2字古礼仪用语)

4.遮住了花容月貌(打3字出版新词)

5.七日速变俏姿容(打一影星名)

6.宾客尽脱帽,洒泪来反思(打一音乐人,2字)

7.细雨如丝正及时(打古称谓二)

8.玄德先来,云长未到(打一田径运动员,2字)

9.此章节错误较少(打5字口语)

10.元宵隔日始营业(打4字出版名词,纸张类型)

11.战乱重圆何感叹(打9笔字)

12.不孝遭父笞,药疗得痊愈(打公安名词二)

13.太阳出来喜洋洋(打3字天文名词)

14.吾与一家人,离散又重逢(打一党史人物,2字)

15."有连山"(打2字国际名词)

16.娘娘懿旨:刀下留人(打7字成语)

17.介入一部分(打2字音乐名词)

18."夫妻本是同林鸟"(打4字电视剧)

19.滚滚长江东逝水(打2字手机品牌二)

20.文章不写半句空(打2字文学名词二)

21.不要江山要美人(打汽车品牌二)

22.寄人篱下为糊口(打16笔字)

23."煌煌太宗业"(打一相声演员,3字)

24.做事手段好精明(打一3字教育机构简称)

25.曲意奉承不可取(打一港台歌星,2字)

26.还是分开吧(打一2字外国名)

27.这一章情节纯属虚构(打5字口语)

28.弃曹会刘本为云长心愿(打《三国演义》歌词一句)

29. 高不成,低不就(打一金融机构名称)

30. 早穿皮袄午穿纱(打医学名词一)

31. 大会(打成语一)

32. 不舒服(打成语一)

33. 人比黄花瘦(打农业名词一)

34. 中华民族繁荣昌盛(打近代烈士一)

35. 天下谁人不识君(打我国地名二)

36. 荐之于平原君(打成语一)

37. 东京北京通贸易(打成语一)

38. 未成油团(打外国著名小说一)

39. 卷尾猴(打一字)

40. 贞观之治(打一电影演员)

41. 唐代瑰宝(打一古代医学家)

42. 儿童节放假(打一中成药名)

43. 并非阴历初一(打一广西地名)

44. 孟母三迁(打杂志三)

45. 家中添一口(打一字)

46. 湖光水影月当空(打一字)

47. 百病不单由口入(打外国故事片)

48. 千分之一百分之一(打一字)

49. 因(打一谚语)

50. 甜咸苦辣各味具备(打一字)

51. 魏蜀相争(打一经济名词)

52. 只公开谜目(打二个出版名词)

53. 重点支援大西北(打一字)

54. 到黄昏点点滴滴(打一气象术语)

55. 座中泣下谁最多(打二个文学名词)

56. 山中无老虎(打二个法律名词)

57. 大胆改组(打一鲁迅作品篇名)

58. 巧立名目(打一字)

59. 专吃金木火(打一医学术语)

60.天苍苍,野茫茫(打一白居易七言诗句)

61.减四余二,减二余四(打一字)

62.遇水则清,遇火则明(打一字)

63.冷冷清清凄凄惨惨戚戚(打二个故事片)

64.丫丫(打一文艺名词)

65.长安美女(此谜用心方能猜中,打一词牌)

66.2110(打一字)

67.凤凰台上凤凰游(打一数学名词)

68.为什么要控制人口(打一成语)

69.半价出售(打一字)

70.伐(打二句《十五的月亮》歌词)

71.拦河坝(打一字)

72.羊叫(打一词牌)

73.蟋蟀对鸣(打一《木兰辞》句)

74.曲(打一曹操诗句)

75.分(打一广告用语)

76.他有你没有,地有天没有(打一字)

77.九辆车(打一字)

78.有凤凰而没有孔雀(打一字)

79.画中不是田(打一字)

80.谜面空白无字(打一字)

81.说与旁人浑不解(用红笔书写,打一现代散文家)

82.百年松柏老芭蕉(打一成语)

83.塞外秋菊漫野金(打三个中药名)

84.谢绝参观(打一常用语)

85.夫人何处去(打一字)

86.一人一张口,口下长只手。(打一字)

87.推开又来(打一字)

88.高尔基(打一字)

89.日近黄昏(打一中国地名)

90.珍珠港(打一中国地名)

91.大热天,猫、狗等都在气喘吁吁,只有羊在吃草。(打一成语)

92.有头无颈,有眼无眉,无脚能走,有翅难飞。(打一动物)

93.同穿衣服同穿鞋(打一与人有关的东西)

94.一线相通,飞行空中。(打一物)

95.一片全是草的地(打一植物名称)

96.两对听觉器官(打一音乐家名)

97.刽子手的嘴脸(打一两字官名)

98.开花结桃,桃不能吃(打一物)

99.房子三个门住着半个人(打一服装物)

100.有果子万万千(打一计算工具)

101.两国交战,兵强马壮(打一棋类物品)

102.生在水中,就怕水冲,一到水里,无影无踪(打一佐料名称)

103.一物生来身穿三百多件衣,每天脱一件,年底剩张皮(打一日常用品)

104.金箍桶,银箍桶,打开来,箍不拢(打一动物)

105.一枝红杏出墙来(打一成语)

106.五句话(打一成语)

107.扁担作字两头看(打一成语)

108.反刍(打一成语)

109.掠(打一成语)

110.动物作标本(打一成语)

111.空袭警报(打一成语)

112.静候送礼人(打一成语)

113.律师贪污(打一成语)

114.弃文就武(打一成语)

115.力争上游(打一成语)

116.垃圾当肥料(打一成语)

117.潜艇攻击(打一成语)

118.细菌开会(打一成语)

119.王八屁股(两字词)

120.米汤淋头(打一明星)

121.欲话无言听流水(打一字)

122.点点营火照江边(打一字)

123.存心不善,有口难言(打一字)

124.太阳西边下,月亮东边挂(打一字)

125.宝岛姑娘(打一字)

126.千里相逢(打一字)

127.添丁进口(打一字)

128.与我同行(打一字)

129.二小姐(打一字)

130.依山傍水(打一字)

131.十五天(打一字)

132.九十九(打一字)

133.一曲高歌夕阳下(打一字)

134.两山相对又相连,中有危峰插碧天(打一字)

135.田中(打一字)

136.旭日东升(打一字)

137.斩草不除根(打一字)

138.金木水火(欠缺了土)(打一字)

139.春和秋都不热(打一字)

140.挥手告别(打一字)

141.弄瓦之喜(打一字)

142.弄璋之喜(打一字)

143.昨日不可留(打一字)

144.正字少一横,莫作止字打。(打一字)

145.久雷不雨(打一字)

146.乘人不备(打一字)

147.人不在其位(打一字)

148.九点(打一字)

149.十二点(打一字)

150.十三点(打一字)

151.十六两多一点(打一字)

152.矮冬瓜(打一字)

国学经典文库

说文解字

汉字汉语总汇

图文珍藏版

153.独眼龙（打一字）

154.无头无尾一亩田（打一字）

155.傻瓜（打一字）

156.出一半有何不可（打一字）

157.边打边谈（打一字）

158.休要丢人现眼（打一字）

159.书香门第（打一字）

160.镜中人（打一字）

161.元旦（打一字）

162.平均地权（打一字）

163.结实（打一字）

164.观不见有鸟飞来（打一字）

165.十日谈（打一字）

166.没有钱（打一字）

167.打断念头（打一字）

168.再见（打一字）

169.手无寸铁（打一字）

170.日落香残,洗却凡心一点（打一字）

171.火尽炉冷,平添意马心猿（打一字）

172.人无信不立（打一字）

173.飞沙走石（打一字）

174.九泉之地（打一字）

175.三口重重叠,莫把品字猜（打一字）

176.真心相伴（打一字）

177.付出爱心（打一字）

178.心香飘失,闻香无门。（打一字）

179.学子远去,又见归来。（打一字）

180.部位相反（打一字）

181.阎罗王（打一字）

182.太阳王（打一字）

183.四退八进一（打一字）

184.孔子登山(打一字)

185.刀出鞘(打一字)

186.龙袍(打一字)

187.大口多一点(打一字)

188.因小失大(打一字)

189.独留花下人,有情却无心(打一字)

190.日复一日(打一字)

191.一夜又一夜(打一字)

192.人我不分(打一字)

193.春雨绵绵妻独睡(打一字)

(六)经典字谜谜底

1.排

2.张帅

3.备座

4.封面秀

5.周迅

6.洛兵

7.在下、小的

8.刘翔

9.这回差不多

10.十六开张

11.哉

12.严打、治安

13.日心说

14.伍豪

15.峰会

16.置之死地而后

17.音阶

18.难舍真情

19.波导、海尔

20.成语、实录

21.爱丽舍、皇冠

22.噙

23.李国盛

24.高招办

25.阿杜

26.古巴

27.没有那回事

28.离合总关情

29.中行

30.日服二次

31.年幼无知

32.适得其反

33.植物肥

34.黄兴

35.常熟、大名

36.引人入胜

37.日中为市

38.羊脂球

39.电

40.唐国强

41.李时珍

42.六一散

43.阳朔

44.《为了孩子》《健康》《读书》

45.古

46.豪

47.《白痴》

48.伯

49.有火就有烟

50.口

51.专利权

52.封面、封底

53.头

54.晚间有气象小雨

55.独白、悲剧

56.申诉、自首

57.《明天》

58.啰

59.水土不服

60.两处茫茫皆不见

61.园

62.登

63.《李双双》《绝唱》

64.二人转

65.忆秦娥

66.言

67.相似三角形

68.多难兴邦

69.催

70.有你的一半,也有我的一半

71.汇

72.声声慢

73.唧唧复唧唧

74.对酒当歌

75.时间就是金钱

76.也

77.轨

78.几

79.十

国学经典文库

说文解字

汉字汉语总汇

图文珍藏版

国学经典文库

说文解字

汉字汉语总汇

图文珍藏版

三、歇后语

歇后语是俗语的一种,多为群众熟悉的语言。俗语包括谚语、熟语和歇后语三种形式,歇后语形式上是半截话,采用这种手法制作的联语就是"歇后语"。

歇后语是中国人民在生活实践中创造的一种特殊语言形式。它一般由两个部分组成,前半截是形象的比喻,像谜面,后半截是解释、说明,像谜底,自然贴切。在一定的语言环境中,通常说出前半截,"歇"去后半截,就可以领会和猜想出它的本意,所以称它为歇后语。

歇后语具有鲜明的民族特色,浓郁的生活,气息幽默风趣,耐人寻味,为广大人民所喜闻乐见。古代的歇后语虽然很少见于文字记载,但在民间流传肯定是不少的。如钱大昕《恒言录》所载:"千里寄鹅毛,礼物轻情意重,复斋所载宋时谚也。"这类歇后语,直到今天还继续为人们所使用。

(一)常用歇后语

A

阿拉伯数字 8 字分家——零比零(0:0)

阿公吃黄连——苦也(爷)(比喻双方旗鼓相当,不分胜负、高下、优劣)

阿斗当皇帝——软弱无能

矮子骑大马——上下两难

矮子坐高凳——够不着

矮子推掌——出手不高

矮子爬坡——贪便宜

庵庙里的尼姑——没福(夫)

安禄山起兵——反了

案板底下放风筝——飞不起来

按老方子吃药——还是老一套

案板上砍骨头——干干脆脆

暗地里耍拳——瞎打一阵

岸边的青蛙——一触即跳

B

八级工拜师傅——精益求精

八十岁学吹打——上气不接下气

八月十五的月亮——光明正大

抱住木炭亲嘴——碰一鼻子黑

抱着元宝跳井——舍命不舍财

半夜吃柿子——专拣软的捏

半夜三更放大炮——一鸣惊人

冰糖煮黄莲——同甘共苦

C

曹操遇蒋干——倒了大霉

茶壶煮饺子——道（倒）不出

拆了的破庙——没神

出窑的砖——定型了

厨房里的垃圾——鸡毛蒜皮

D

大姑娘坐轿——头一回

大老爷坐堂——吆五喝六

大炮打麻雀——不够本钱

大水淹了龙王庙——不认自家人

刀尖上走路——悬乎

肚皮上磨刀——好险

肚子里敲鼓——心中乱扑腾

E

二十一天不出鸡——坏蛋

F

飞蛾扑火——自取灭亡

飞机上吹笛子——唱高调

飞机上吹喇叭——空想（响）

飞机上点灯——高明

飞机上挂口袋——装疯（风）

飞机上挂暖壶——高水平（瓶）

飞机上做梦——天知道

G

擀面杖吹火——一窍不通

刚孵出的小鸡——嘴硬腿软

高射炮打蚊子——大材小用

H

何家的姑娘嫁郑家——正合适

和尚打伞——无法无天

怀里抱冰——心寒

黄连树下吹喇叭——苦中作乐

火车拉汽笛——名（鸣）声挺大

J

捡芝麻丢西瓜——贪小失大

姜太公钓鱼——愿者上钩

近视眼看月亮——好大的星

井里划船——前途不大

K

开弓不放箭——虚张声势

孔夫子搬家——净输（书）

口袋里装钉子——个个想出头

L

拉磨的驴断了套——空转一遭

拉琴的丢唱本——没谱

懒婆娘的裹脚布——又臭又长

老九的弟弟——老实（十）

梁山上的兄弟——不打不相识

林黛玉进贾府——谨小慎微

刘备借荆州——有借无还

刘备摔阿斗——收买人心

刘备招亲——弄假成真

刘皇叔哭荆州——拿眼泪吓人

刘姥姥进大观园——看得出神

聋子的耳朵——摆设

鲁智深出家——毫无牵挂

捋着胡子过河——谦虚过度（渡）

M

麻子不叫麻子——坑人

麻子管事——点子多

麻子敲门——坑人到家了

麻子的脸——尽是缺点

麻子跳伞——天花乱坠

麻布片绣花——白费劲

麻布袋做龙袍——不是这块料

麻布下水——拧不干

麻布袋里的菱角——硬要钻出来

麻绳上安电灯泡——搞错了线路

麻绳拴豆腐——提不起来

麻绳穿绣花针——通不过

麻绳蘸水——紧上加紧

麻绳吊鸡蛋——两头脱空

麻线穿针眼——过得去就行

麻油煎豆腐——下了大本钱

麻柳树解板子——不是正经材料

国学经典文库

说文解字

汉字汉语总汇

图文珍藏版

麻茎当秤杆——没个准垦

麻花儿上吊——脆鬼

麻包里装钉子——露头

麻秆搭桥——担不起

麻秆打老虎——不痛不痒

麻雀嫁女——细吹细打

麻雀饮河水——干不了

麻雀搬家——唧唧喳喳

麻雀飞进照相馆——见面容易说话难

麻雀飞到旗杆上——鸟不大,架子倒不小

麻雀飞到糖堆上——空欢喜

麻雀的肚腹——心眼狭小

麻雀掉在面缸里——糊嘴

麻雀开会——细商量

麻雀飞大海——没着落

麻雀鼓肚子——好大的气

蚂蚁背田螺——假充大头鬼

蚂蚁嘴碾盘——嘴上的劲

蚂蚁爬扫帚——条条是路

蚂蚁关在鸟笼里——门道很多

蚂蚁讲话——碰头

蚂蚁尿书本——识(湿)字不多

蚂蚁搬磨盘——枉费心机

蚂蚁脖子戳一刀——不是出血的筒子

蚂蚁拖耗子——心有余而力不足

蚂蚁搬家——大家动口

蚂蚁抬虫子——个个使劲

蚂蚁背螳螂——肩负重任

蚂蚁头上砍一刀——没血肉

蚂蚁吃萤火虫——亮在肚里

蚂蚁戴谷壳——好大的脸皮

蚂蚁搬泰山——下了狠心

蚂蚁扛大树——不自量力

蚂蚁头上戴斗笠——乱扣帽子

蚂蚁碰上鸡——活该

蚂蚁挡道儿——颠不翻车

蚂蚁抓上牛角尖——自以为上了高山

蚂蚁搬家——不是风，就是雨

蚂蚁看天——不知高低

蚂蚁喝水——点滴就够

蚂蚁下塘——不知深浅

蚂蚁进牢房——自有出路

蚂蚱上豆架——借大架子吓人

蚂蚱驮砖头——吃不住劲

蚂蚱斗公鸡——自不量力

蚂蚱打喷嚏——满口青草气

蚂蟥的身子——软骨头

蚂蟥见血——叮（叮）住不放

马大哈当会计——全是糊涂账

马来西亚的咖啡——耐人寻味

马勺碰锅沿——常有的事

马嚼子套在牛嘴上——胡勒

马路不叫马路——公道

马蜂过河——歹（带）毒

马蜂蜇秃子——没遮没盖

盲人打牌九——瞎摸

盲人聊天——瞎扯谈

盲人买喇叭——瞎吹

盲公打灯笼——照人不照己

盲人骑瞎马——乱闯

盲人戴眼镜——假聪(充)明

盲人拉风箱——瞎鼓捣

盲人剥蒜——瞎扯皮

盲人学绣花——瞎逞能

盲人上大街——目中无人

盲人给盲人带路——瞎扯

猫不吃鱼——假斯文

猫儿抓老鼠——祖传手艺

猫儿捉老鼠狗看门——各守本分

猫儿教老虎——留一手

猫钻狗洞——容易通过

猫钻鼠洞——通不过

猫儿念经——假充善人

猫爪伸到鱼缸里——想捞一把

猫披老虎——抖威风

猫肚子放虎胆——凶不起来

猫守鼠洞——不动声色

猫头鹰抓耗子——干好事,落骂名

猫头鹰唱歌——瞎叫唤

馒头里包豆渣——人家不夸自己夸

埋下的地雷——一触即发

买回彩电带回发票——有根有据

买咸鱼放生——尽做冤枉事

买椟还珠——不识货

卖了衣服买酒喝——顾嘴不顾身

卖了儿子招女婿——颠倒着做

卖完孩子唱大戏——庆的什么功

卖水的看大河——尽是钱

卖炒勺的——拣有把握的来

卖米不带升——居心不良(量)

图文珍藏版

卖煎饼的赔本——摊(贪)大了

卖螃蟹的上戏台——角(脚)色不少,能唱的不多

卖木脑壳被贼抢——大丢脸面

卖瓦盆的——要一套有一套

卖瓦盆的摔跟头——乱了套

卖虾的不拿秤——抓瞎(虾)

卖盐的喝开水——没味道

卖馒头的掺石灰——面不改色

卖豆芽的抖搂筐——干净利索

卖油的不打盐——不管闲(咸)事

卖油条的拉胡琴——游(油)手好闲(弦)

卖牛卖地娶回个哑巴——无话可说

卖豆腐的扛马脚——生意不大架子大

卖花的,说花香;卖菜的,说菜鲜——各有一套

卖鸭子儿的换筐——捣(倒)蛋

麦秆吹火——小气

麦芒戳到眼睛里——又刺又痛

麦糠搓绳——搭不上手

麦茬地里磕头——戳眼

麦秆顶门——白费力

麦秆儿当秤——没斤没两

麦秸秆里瞧人——小瞧

麦秸堆里装炸药——乱放炮

满天刷糨糊——胡(湖)云

满口黄连——说不完的苦

满口金牙——开口就是谎(黄)

满园果子——就数(属)你红

满身沾油的老鼠往火里钻——哪还有它好过的

茅厕里啃香瓜——不对味儿

茅坑里的石头——又臭又硬

国学经典文库

说文解字

汉字汉语总汇

图文珍藏版

茅坑里丢炸弹——激起公愤(粪)

茅坑里安电扇——出臭风头

茅坑里放玫瑰花——显不出香味

帽沿儿做鞋垫儿——一贬到底

冒名顶替——以假乱真

没弦的琵琶——从哪儿谈(弹)起

没有根的浮萍——无依无靠

没牙老婆啃骨头——靠舔

煤球放在石灰里——黑白分明

煤灰拌石灰——黑白不分

美食家聊天——讲吃不讲穿

梅兰芳唱霸王别姬——拿手好戏

霉烂的冬瓜——肚子坏水

霉烂了的莲藕——坏心眼

煤炭下水——一辈子洗不清

煤面子捏的人——黑心肝

煤铺的掌柜——赚黑钱

媒婆子烂嘴——口难张

媒婆夸闺女——天花乱坠

媒婆提亲——净拣好听的说

媒婆迷了路——没说的了

眉毛上失火——红了眼

眉毛上放爆竹——祸在眼前

眉毛上搭梯子——放不下脸

眉毛胡子一把抓——主次不分

眉毛上荡秋千——玄乎

眉毛上掐虱子——有眼色(虱)

磨上睡觉——转向了

磨眼里推稀饭——装什么糊涂

妹妹贴对联——不分上下

梅香拜把子——都是奴才

梦中聚餐——嘴馋

梦里见黄连——想苦了

梦里娶媳妇——想得倒美

梦里吃蜜——想得甜

梦里坐飞机——想头不低

梦里拾钱——瞎高兴

梦里结亲——好事不成

梦里讲的话——不知是真是假

梦里讲新郎——空喜一场

孟获归降——口服心服

孟姜女寻夫——不远千里

猛火烤烧饼——不出好货

蒙着被子放屁——独（毒）吞

蒙上眼睛拉磨——瞎转悠

棉花耳朵——经不起吹

棉花换核桃——吃硬不吃软

棉花里藏针——柔中有刚

棉花堆失火——没救

棉花堆里找跳蚤——没着落

棉花地里种芝麻——一举两得

棉花耳朵——根子软

棉花塞住了鼻子——憋得难受

棉花卷儿找锣——没回音

棉花槌打鼓——没音

棉纱线牵毛驴——不牢靠

棉裤没有腿——凉了半截

棉袄改皮袄——越变越好

摸着石头过河——稳稳当当

摸着光逗乐——耍滑头

摸黑儿打耗子——到处碰壁

门缝里看人——把人看扁了

门槛下的砖头——踢进踢出

门缝里看天——目光狭小

门槛上拉屎——里外臭

门上的封条——扯不得

门后面的扫帚——专拣脏事做

门角落里的秤砣——死(实)心眼

门框脱坯子——大模大样

门头上挂席子——不像话(画)

弥勒佛——笑口常开

米筛挡阳光——遮不住

米筛里睡觉——浑身是眼

米筛装水——漏洞多

米饭煮成粥——糊涂

米店卖盐——多管闲(咸)事

蜜蜂的屁股——刺儿头

蜜蜂的眼睛——突出

蜜蜂窝——窟窿

蜜蜂飞到彩画上——空欢喜

密封船下水——随波逐流

庙里的和尚——无牵无挂

庙里的泥像——有人样,没人味

庙里头放屁——熏爷爷来了

庙里的佛爷——有眼无珠

庙里的马——精(惊)不了

庙里的钟——声大肚里空

茉莉花喂骆驼——那得多少

墨里藏针——难找寻

墨鱼肚肠河豚肝——又黑又毒

N

拿着凤凰当鸡卖——贵贱不分

泥菩萨过河——自身难保

P

判官的女儿——鬼丫头

皮球抹油——又圆又滑

Q

七窍通了六窍——一窍不通

骑驴看唱本——走着瞧

秦琼卖马——没办法

秦始皇灭六国——一统天下

秋后的蚂蚱——蹦跶不了几天

R

热锅上的蚂蚁——团团转

肉包子打狗——有去无回

S

入秋的高粱——老来红

三十晚上盼月亮——没指望

沙滩上走路——一步一个脚印

上鞋不用锥子——真（针）行

十五只吊桶打水——七上八下

屎壳郎搬家——滚蛋

屎壳郎下饭馆——臭讲究

寿星拿琵琶——老调常谈

司马昭之心——无路人皆知

宋江的军师——无（无）用

孙二娘开店——进不得

孙猴子穿汗衫——半截不像人

孙悟空大闹天宫——慌了神

孙悟空的金箍棒——能大能小

孙悟空翻跟头——十万八千里

孙悟空碰见如来佛——有法难施

孙悟空听见金箍咒——头疼

T

紧箍咒偷来的锣鼓——打不得

头发里找粉刺——吹毛求疵（刺）

头上点灯——高明

秃头上的虱子——明摆着

驼子上山——前（钱）紧

W

温水烩饼子——皮热心凉

温水烫鸡毛——难扯

温水煮板栗——半生不熟

温火爆牛肉——慢工夫

温汤里煮鳖——不死不活

捂着耳朵放炮——怕听偏听见

捂着屁股过河——小心过度（渡）

屋檐边的水——点滴不离窝

屋檐下躲雨——不长久

屋顶上的王八——上不着天，下不着地

娃娃逗妹妹——嘻嘻哈哈

娃娃鱼爬上树——左看右看不是人

娃娃鱼的嘴——好吃

蚊子叮鸡蛋——无缝可钻

蚊子咬人——全凭你一张好嘴

蚊子放屁——小气

蚊子飞过能认公母——好眼力

蚊子衔秤砣——好大的口气

蚊叮菩萨——认错了人

蚊子肚里找肝胆——有意为难

蚊打哈欠——日气不小

蚊子找蜘蛛——自投罗网

蚊子唱小曲儿——要叮人

蚊虫遭扇打——吃了嘴的亏

晚上赶集——散了

蜗牛壳里睡觉——难翻身

蜗牛赴宴——不速之客

蜗牛的房子——背在身上

蜗牛赛跑——慢慢爬

蜈蚣吃蝎子——以毒攻毒

万岁他掉在井里——不敢劳（捞）你的大驾

围着叫花子逗乐——拿穷人开心

围着火炉吃西瓜——心上甜丝丝，身上暖烘烘

围棋盘内下象棋——不对路数

财神爷敲门——福从天降

娃娃看戏——欢天喜地

娃娃看魔术——莫名其妙

娃娃上街——哪里热闹到哪里

娃娃玩火——万万不可

娃娃当司令——小人得志

娃娃下棋——胸无全局

娃娃骑木马——不进不退

闻鼻烟蘸唾沫——假行家

挖井碰上自流泉——正合心意

挖了眼当判官——瞎到底了

瓦石榴——看得吃不得

袜子改长裤——高升

歪嘴吃石榴——尽出歪点子

歪嘴吹喇叭——一股邪（斜）气

歪嘴吹笛子——对不上眼

歪嘴吹灯——满口邪(斜)气

歪嘴和尚——没正经

歪嘴吹海螺——两将就

歪嘴婆婆喝汤——左喝右喝

歪嘴婆娘跌跤——上错下也错

歪嘴和尚念经——说不出一句正经话

歪嘴当骑兵——马上丢丑

歪脖子说话——嘴不对心

歪戴帽子歪穿袄——不成体统

歪锅配扁灶——一套配一套

歪头看戏怪台斜——无理取闹

歪嘴戴口罩——看不出毛病

歪脖子看表——观点不正

歪脖子挂项链——不见得美

歪嘴佬吹喇叭——调子不正

外甥披孝——无救(舅)

外婆得了个小儿子——有救(舅)了

外屋里的灶王爷——独座儿

外头拾块铺衬,屋里丢件皮袄——得不偿失

外贸商品不合格——难出口

弯刀遇见瓢切菜——正合适

弯腰树——直不起来

王老道求雨——早晚在今年

王八吃秤砣——铁了心

王八吃西瓜——滚的滚,爬的爬

王八肚上插鸡毛——归(龟)心似箭

王八咬手指——死不松口

王八做报告——憋(鳖)声憋(鳖)气

王八的屁股——规定(龟腚)

王八心肠——直肠直肚,装不住啥

王小二过年——一年不如一年

王小二敲锣打鼓——穷得叮当响

王母娘娘的棒槌石——经过大阵势

王安石画圆圈——留下一个尾巴

王悄斗石崇——甘拜下风

王母娘娘的蟠桃——再好也吃不到

王母娘娘伸手——要风得风,要雨得雨

王麻子吃核桃——里外出点子

王道士画符——自己明白

王婆卖瓜——自卖自夸

王宝钗爱上叫花子——有远见

X

膝盖上钉掌——离题(蹄)太远

瞎子点灯——白费蜡

瞎子认针——对不上眼

小葱拌豆腐——一清(青)二白

小和尚念经——有口无心

小泥鳅跳龙门——妄想成龙

小子打老子——岂有此理

秀才遇到兵——有理说不清

徐悲鸿的马——中看不中用

徐庶进曹营——一言不发

Y

哑巴挨打——痛不堪言

哑巴吃黄连——有苦难言

哑巴吃饺子——心里有数

哑巴拾黄金——说不出的高兴

阎王爷贴告示——鬼话连篇

叶公好龙——口是心非

一根筷子吃藕——专挑眼

鱼口里的水——有进有出

月亮跟着太阳走——借光

Z

张飞吃豆芽——小菜一碟

张飞穿针——大眼瞪小眼

张飞卖豆腐——人硬货不硬

张飞遇李逵——黑对黑

芝麻开花——节节高

芝麻落进针眼里——巧极了

周瑜打黄盖——一个愿打，一个愿挨

周瑜归天——气死的

竹篮打水——一场空

锥子上抹油——又尖又滑

走夜路吹口哨——壮自己的胆子

做一天和尚撞一天钟——得过且过

(二)十二生肖歇后语

鼠

老鼠过街——人人喊打

老鼠见了猫——骨头都软了

老鼠吃猫——怪事

老鼠啃皮球——客(嗑)气

老鼠钻到风箱里——两头受气

老鼠啃碟子——全是词(瓷)

老鼠碰见猫——难逃

老鼠跳进糠囤里——空欢喜

老鼠钻进书箱里——咬文嚼字

牛

牛蹄子——两瓣儿

牛口里的草——扯不出来

老牛上了鼻绳——跑不了

老牛拖破车——一摇三摆

牛鼻子穿环——让人家牵着走

牛吃卷心菜——各人心中爱

老牛追兔子——有劲使不上

虎

老虎嘴边的胡须——谁敢去摸

老虎下山——来势凶猛

老虎上山——谁敢阻拦

老虎上街——人人害怕

老虎长了翅膀——神了

老虎当和尚——人面兽心

老虎打架——劝不得

老虎挂念珠——假慈悲

老虎拉车——谁敢(赶)

老虎屁股——摸不得

老虎头上拔毛——不知厉害

老虎头上拍苍蝇——好大的胆子

老虎嘴里拔牙——找死

兔

兔子不吃窝边草——留青(情)

兔子的腿——跑得快

兔子的耳朵——听得远

兔子的嘴——三片儿

兔子的尾巴——长不了

兔子撵乌龟——赶得上

兔子拉车——连蹦带跳

龙

两个人舞龙——有头有尾

叶公好龙——假爱

龙灯胡须——没人理

龙船上装大粪——臭名远扬

鲤鱼跳龙门——高升

龙王跳海——回老家

蛇

蛇吃鳗鱼——比长短

蛇钻到竹筒里——只好走这条道儿

蛇钻窟窿——顾前不顾后

蛇头上的苍蝇——自来的粮食

蛇入曲洞——退路难

马

马尾穿豆腐——提不起来

马槽里伸个驴头——多了一张嘴

马撩后腿——逞强

马群里的骆驼——高一等

马尾做琴弦——不值一谈（弹）

马背上看书——走着瞧

马打架——看题（蹄）

马拉独轮车——说翻就翻

马后炮——弄得迟了

马尾搓绳——用不上劲

马尾绑马尾——你踢我也踢，你打我也打

羊

羊钻进了虎嘴里——进得来，出不去

羊羔吃奶——双膝跪地

羊群里跑出个兔——数它小，数它精

羊身上取鸵毛——没法

羊群里跑出个骆驼——抖什么威风

羊撞篱笆——进退两难

猴

猴子爬树——拿手好戏

猴子长角——出洋相

猴子照镜子——里外不是人

猴子捞月亮——空忙一场

猴子的脸——说变就变

猴子看书——假斯文

鸡

鸡屙尿——没见过

鸡给黄鼠狼拜年——自投罗网

鸡毛做毽子——闹着玩的

鸡孵鸭子——干着忙

鸡毛炒韭菜——乱七八糟

鸡蛋壳发面——没多大发头

狗

狗吃王八——找不到头

狗扯羊肠——越扯越长

狗逮老鼠猫看家——反常

狗吠月亮——少见多怪

狗掀门帘——全仗一张嘴

狗咬耗子——多管闲事

猪

猪向前拱,鸡往后扒——各有各的路

猪脑壳——死不开窍猪肉汤洗澡——腻死人

猪鬃刷子——又粗又硬

猪嘴里挖泥鳅——死也挖不出来

猪大肠——扶不起来

猪鼻子插葱——装像(象)

四、大众谚语

谚语是中华传统文化的重要组成部分,在民间文学艺术宝库中占有特殊地位。它言简意赅,富含哲理,以形象生动、简洁凝练、质朴明快、含蓄隽永的艺术语言向人们揭示真理、传授经验,使人们从中获得智慧,得到启迪。

谚语历史悠久,源远流长,历代著述,均有引录;它更用于警戒、劝讽、启迪或教育后人。一位西文哲人曾经说过,一种语言本身就储藏着那个民族的文化。的确,一个民族的历史、传统、习俗、心态乃至于思维和观念,都能在语言中活生生地反映出来,谚语也是如此。所以它也常常被人们誉为"智慧的花朵""哲理的小诗""生活的小百科"。

经过几千年的语言与文化的积累,谚语成为人们社会生活经验的浓缩体现,是劳动人民智慧和情感的结晶。它虽是人民群众口头流传的习用的固定语句,但是却能在简单通俗的话语里反映深刻的道理。

谚语不仅被群众广泛应用,而且在许多历史古籍中也有所体现,早在先秦时期的文献里就有不少"引谚"的实例,在《易经》《尚书》《左传》《战国策》《国语》《孟子》《史记》等古籍中,都提到并且记载了谚语,宋代以后还出现了关于俗谚的专著,如《古今谚》等。谚语是劳动人民对生活和生产劳动的经验总结,是一种广泛流传于民间的简练通俗而富有意义的"现成语",它体现了人们对生活和生产的经验感受,是劳动人民的智慧结晶。

谚语反映着人们生活的各个方面,给人以启迪,现总结如下:

(一)实践、经验、人生感悟

1.不当家,不知柴米贵;不生子,不知父母恩。

2.不摸锅底手不黑,不拿油瓶手不腻。

3.水落现石头,日久见人心。

4.打铁的要自己把钳,种地的要自己下田。

5.打柴问樵夫,驶船问艄公。

6.宁可做过,不可错过。

7.头回上当,二回心亮。

8.发回水,积层泥;经一事,长一智。

9.耳听为虚,眼见为实。

10.老马识路数,老人通世故。

11.老人不讲古,后生会失谱。

12.老牛肉有嚼头,老人言有听头。

13.老姜辣味大,老人经验多。

14.百闻不如一见,百见不如一干。

15.吃一回亏,学一回乖。

16.当家才知盐米贵,出门才晓路难行。

17.光说不练假把式,光练不说真把式,连说带练全把式。

18.多锉出快锯,多做长知识。

19.树老根多,人老识多。

20.砍柴上山,捉鸟上树。

21.砍柴砍小头,问路问老头。

22.砂锅不捣不漏,木头不凿不通。

23.草遮不住鹰眼,水遮不住鱼眼。

24.药农进山见草药,猎人进山见禽兽。

25.是蛇一身冷,是狼一身腥。

26.香花不一定好看,会说不一定能干。

27.经一番挫折,长一番见识。

28.经得广,知得多。

29.要知山中事,乡间问老农。

30.要知父母恩,怀里抱儿孙。

31.要吃辣子栽辣秧,要吃鲤鱼走长江。

32.树老半空心,人老百事通。

33.一人说话全有理,两人说话见高低。

34.一正辟三邪,人正辟百邪。

35.一时强弱在于力,万古胜负在于理。

36.一理通,百理融。

37.人怕没理,狗怕夹尾。

38.人怕理,马怕鞭。

39.人横有道理,马横有缰绳。

40.人多出正理,谷多出好米。

41.不看人亲不亲,要看理顺不顺。

42.天上无云不下雨,世间无理事不成。

43.天下的弓都是弯的,世上的理都是直的。

44.天无二日,人无二理。

45.井越掏,水越清;事越摆,理越明。

46.无理心慌,有理胆壮。

47.牛无力拖横耙,人无理说横话。

48.认理不认人,不怕不了事。

49.认理不认人,帮理不帮亲。

50.水大漫不过船,手大遮不住天。

51.水不平要流,理不平要说。

52.水退石头在,好人说不坏。

53.以势服人口,以理服人心。

54.让人一寸,得理一尺。

55.有理说实话,没理说蛮话。

56.有理地想着说,没理地抢着说。

57.有理不怕势来压,人正不怕影子歪。

58.有理不在言高,有话说在面前。

59.有理不可丢,无理不可争。

60.有理赢,无理输。

61.有理摆到事上,好钢使到刃上。

62.有理走遍天下,无理寸步难行。

63.有斧砍的树倒,有理说的不倒。

64.有志不在年高,有理不在会说。

65.吃饭吃米,说话说理。

66.吃人的嘴软,论人的理短。

67.吃要吃有味的,说要说有理的。

68.会走走不过影,会说说不过理。

69.舌头是肉长的,事实是铁打的。

70.灯不亮,要人拨;事不明,要人说。

71.灯不拨不亮,理不辩不明。

72.好人争理,坏人争嘴。

73.好茶不怕细品,好事不怕细论。

74.好酒不怕酿,好人不怕讲。

75.走不完的路,知不完的理。

76.走路怕暴雨,说话怕输理。

77.坛口封得住,人口封不住。

78.理不短,嘴不软。

79.菜没盐无味,话没理无力。

80.脚跑不过雨,嘴强不过理。

81.做事循天理,出言顺人心。

82.船稳不怕风大,有理通行天下。

83.煮饭要放米,讲话要讲理。

84.隔行如隔山,隔行不隔理。

85.鼓不敲不响,理不辩不明。

86.路是弯的,理是直的。

87.人有志,竹有节。

88.人有恒心万事成,人无恒心万事崩。

89.人不在大小,马不在高低。人往高处走,水往低处流。

90.人往大处看,鸟往高处飞。

91.人争气,火争焰,佛争一炷香。

92.人老心不老,身穷志不穷。

93. 人要心强,树要皮硬。

94. 人凭志气,虎凭威势。

95. 人怕没志,树怕没皮。

96. 人起心发,树起根发。

97. 三百六十行,行行出状元。

98. 山高有攀头,路远有奔头。

99. 山高流水长,志大精神旺。

100. 小人记仇,君子长志。

101. 一天省下个葫芦头,一年省下只大黄牛。

102. 一天省下一两粮,十年要用仓来装。

103. 一天省一把,十年买匹马。

104. 一天一根线,十年积成缎。

105. 一天吃餐粥,一年省石谷。

106. 一滴汗珠万粒粮,细水长流度灾荒。

107. 万石谷,粒粒积累;千丈布,根根织成。

108. 万物土中生,全靠两手勤。

109. 寸土寸金,地是老根。

110. 寸土不空,粮食满囤。

111. 上山弯弯腰,回家有柴烧。

112. 千靠万靠,不如自靠。

113. 门前有马非为富,家中有人不算穷。

114. 不怕天寒地冻,就怕手脚不动。

115. 不怕慢,就怕站;站一站,二里半。

116. 不怕少年苦,只怕老来穷。

117. 不怕吃饭拣大碗,就怕干活爱偷懒。

118. 少不惜力,老不歇心。

119. 手艺是活宝,天下饿不倒。

120. 长江不拒细流,泰山不择土石。

121. 今日有酒今朝醉,明天倒灶喝凉水。

122. 从俭入奢易,从奢入俭难。

123.毛毛雨,打湿衣裳;杯杯酒,吃垮家当。

124.心要常操,身要长劳。

125.火越烧越旺,人越干越壮。

126.尺有尺用,寸有寸用。

127.双手是活宝,一世用不了。

128.水滴石穿,坐食山空。

129.功成由俭,业精于勤。

130.好问不迷路,好做不受贫。

131.求人不如求己,使人不如使腿。

132.囤尖省,日子长;囤底省,打饥荒。

133.男也懒,女也懒,下雨落雪翻白眼。

134.坐吃山空,立吃地陷。

135.每日省一钱,三年并一千。

136.近河莫枉费水,近山莫枉烧柴。

137.冷天不冻下力汉,黄土不亏勤劳人。

138.没有乡下泥腿,饿死城里油嘴。

139.三勤一懒,想懒不得懒;三懒一勤,想勤不得勤。

140.居家要俭,行旅要慎。

141.前留三步好走,后留三步好退。

142.紧行无好步,慢尝得滋味。

143.柴经不起百斧,人经不起百语。

144.家不和,外人欺。

(二)为人、处世、生活体会

1.一人修路,万人安步。

2.一人作恶,万人遭殃。

3.一人不说两面话,人前不讨两面光。

4.一字两头平,戥秤不亏人。

5.一好遮不了百丑,百好遮不了一丑。

6.一个鸡蛋吃不饱,一身臭名背到老。

7.人怕放荡,铁怕落炉。

8.人怕引诱,塘怕渗透。

9.人怕私,地怕荒。

10.人怕没脸,树怕没皮。

11.人靠自修,树靠人修。

12.人靠心好,树靠根牢。

13.人心换人心,八两换半斤。

14.人前若爱争长短,人后必然说是非。

15.人要实心。火要空心。

16.人是实的好,姜是老的辣。

17.入山不怕伤人虎,只怕人情两面刀。

18.刀伤易治,口伤难医。

19.大路有草行人踩,心术不正旁人说。

20.千金难买心,万金不卖道。

21.小时偷针,大了偷金。

22.小人记仇,君子感恩。

23.不怕怒目金刚,只怕眯眼菩萨。

24.不怕虎狼当面坐,只怕人前两面刀。

25.不怕人不敬,就怕己不正。

26.不怕鬼吓人,就怕人吓人。

27.不要骑两匹马,不要喝两头茶。

28.不是你的财,别落你的袋。

29.不吃酒,脸不红;不做贼,心不惊。

30.不图便宜不上当,贪图便宜吃大亏。

31.天凭日月,人凭良心。

32.歹马害群,臭柑豁筐。

33.劝人终有益,挑唆害无穷。

34.打人两日忧,骂人三日羞。

35.打空拳费力,说空话劳神。

36.击水成波,击石成火,激人成祸。

37.只可救人起,不可拖人倒。

38.只可救苦,不可救赌。

39.只有修桥铺路,没有断桥绝路。

40.只有千里的名声,没有千里的威风。

41.鸟惜羽毛虎惜皮,为人处世惜脸皮。

42.宁可认错,不可说谎。

43.宁可荤口念佛,不可素口骂人。

44.宁可无钱,不可无耻。

45.宁可正而不足,不可邪而有余。

46.宁可明枪交战,不可暗箭伤人。

47.宁可一日没钱使,不可一日坏行止。

48.宁叫心受苦,不叫脸受热。

49.宁伸扶人手,莫开陷人口。

50.宁救百只羊,不救一条狼。

51.一个和尚挑水喝,两个和尚抬水喝,三个和尚没水喝。

52.一心想赶两只兔,反而落得两手空。

53.一问三不知,神仙没法治。

54.一年算得三次命,无病也要变有病。

55.一瓶子水不响,半瓶子水乱晃。

56.人心不足蛇吞象,贪心不足吃月亮。

57.人在福中不知福,船在水中不知流。

58.人见利而不见害,鱼见食而不见钓。

59.人越嬉越懒,嘴越吃越馋。

60.自家的肉不香,人家的菜有味。

61.多鸣之猫,捕鼠必少。

62.论旁人斤斤计较,说自己花好稻好。

63.好药难治冤孽病,好话难劝糊涂虫。

64.伶俐人一拨三转,糊涂人棒打不回。

65.身穿三尺衣,说话无高低。

66.纸做花儿不结果,蜡做芯儿近不得火。

67.鸡大飞不过墙,灶灰筑不成墙。

68.看人挑担不吃力,自己挑担步步歇。

69.看佛警僧,看父警子。

70.说话看势头,办事看风头。

71.爹不识耕田,子不识谷种。

72.家人说话耳旁风,外人说话金字经。

73.家无主心骨,扫帚颠倒竖。

74.能大能小是条龙,只大不小是条虫。

75.眼大肚子小,争起吃不了。

76.大王好见,小鬼难求。

77.大树一倒,猢狲乱跑。

78.三年清知府,十万雪花银。

79.上了赌场,不认爹娘。

80.门前有个讨饭棍,骨肉至亲不上门。

81.门前出起青草墩,嫡亲娘舅当外人。

82.小人自大,小溪声大。

83.天下乌鸦一般黑,世上财主一样狠。

84.天下衙门朝南开,有理无钱莫进来。

85.不种泥田吃好饭,不养花蚕着好丝。

86.牛角越长越弯,财主越大越贪。

87.牛眼看人高,狗眼看人低。

88.财大折人,势大压人。

89.拍马有个架,先笑后说话。

90.贫居闹市无人问,富在深山有远亲。

91.一手难遮两耳风,一脚难登两船。

92.一手捉不住两条鱼,一眼看不清两行书。

93.一人传虚,百人传实。

94.一样事,百样做。

95.好饭不怕晚,好话不嫌慢。

96.买卖不成仁义在。

97.你敬人一尺,人敬您一丈。

98.你对人无情,人对你薄意。

99.冷天莫遮火,热天莫遮风。

100.君子动口,小人动手。

101.君子争礼,小人争嘴。

102.忍一句,息一怒;饶一着,赢一步。

103.若要好,大让小。

104.事怕合计,人怕客气。

105.和人路路通,惹人头碰痛。

106.美言美语受人敬,恶言恶语伤人心。

107.说归说,笑归笑,动手动脚没家教。

108.逢着瞎子不谈光,逢着癞子不谈疮。

109.病好不谢医,下次无人医。

110.爱徒如爱子,尊师如尊父。

111.敬老得老,敬禾得宝。

112.出笼的鸟儿难回,出口的话儿难收。

113.只有大意吃亏,没有小心上当。

114.过头话少说,过头事少做。

115.对人要宽,对己要严。

116.字不可重写,话不可乱传。

117.自夸没人爱,残花没人戴。

118.豆腐莫烧老了,大话莫说早了。

119.吃饭防噎,走路防跌。

120.绊人的桩,不一定高;咬人的狗,不一定叫。

121.实干能成事,虚心能添智。

122.宁走十步远,不走一步险。

123.失事容易,得事艰难。

124.宁可悔了改,不可做了悔。

125.盐多了咸,话多了烦。

126.逢人莫乱讲,逢事莫乱闯。

127.一娇百病生,浅水溺死人。

128.说话细思考,吃饭细咀嚼。

129.食多伤胃,言多语失。

130.树大招风,气大遭凶。

131.一个朋友一条路,一个冤家一堵墙。

132.人急投亲,鸟急投林。

133.儿子疼小的,媳妇疼巧的。

134.儿多不如儿少,儿少不如儿好。

135.亏地不结籽,亏人不相交。

136.广交不如择友,投师不如访友。

137.子不嫌母丑,狗不嫌家贫。

138.马好坏骑着看,友好坏交着看。

139.马好不在叫,人美不在貌。

140.无妻不成家,无梁不成屋。

141.月有圆有缺,人有聚有别。

142.今天来客,往日有意;今天打架,往日有气。

143.水大不能漫船,职大不能欺亲。

144.打铁不惜炭,养儿不惜饭。

145.节令不到,不知冷暖;人不相处,不知厚薄。

146.在家靠父母,出门靠朋友。

147.宁交双脚跳,不交眯眯笑。

148.有情饮水饱,无情吃饭饥。

149.朽木不可为柱,坏人不可为伍。

150.吃得好,穿得好,不如两口白头老。

151.岁寒知松柏,患难见交情。

152.会选的选儿郎,不会选的选家当。

153.会嫁嫁对头,不会嫁嫁门楼。

154.会交的交三辈,不会交的交一辈。

155.行要好伴,居要好邻。

156.交友分厚薄,穿衣看寒暑。

157.交义不交财,交财两不来。

158.衣不如新,人不如故。

159.好狗不咬鸡,好汉不打妻。

160.买马要看口齿,交友要摸心底。

161.男怕入错行,女怕嫁错郎。

162.近邻不可断,远友不可疏。

(三)意志、干劲、科学态度

1.有志者事竟成。

2.无志山压头,有志人搬山。

3.志在顶峰的人,不在半坡留恋。

4.理想是力量,意志是力量,知识是力量。

5.没有松柏性,难得雪中青。

6.三军可以夺帅,匹夫不可夺志。

7.决心要成功的人,已成功了一半。

8.鹰飞高空鸡守笼,两者理想各不同。

9.鸟有翅膀,人有理想。

10.有志漂洋过海,无志寸步难行。

11.树怕烂根,人怕无志。

12.船的力量在帆上,人的力量在心上。

13.天下无难事,只怕有心人。

14.有志不在年高,无志空长百岁。

15.好儿女志在四方。

16.没有意志的人,一切都感到困难;没有头脑的人,一切都感到简单。

17.人若无志,纯铁无钢。

18.没有铁锨挖洞难,没有志气进取难。

19.不怕知浅,就怕志短。

20.不怕百战失利,就怕灰心丧气。

21.不怕人老,就怕心老。

22.决心攀登高峰的人,总能找到道路。

23.没有目标的生活,就像没有舵的船。

24.人无志向,和迷途的盲人一样。

25.聪明人把希望寄托在事业上,糊涂人把希望寄托在幻想上。

26.宁可折断骨头,不可背弃信念。

27.通向崇高目标的道路,总是崎岖艰难的。

28.摔倒七次,第八次站起来。

29.山高不算高,人登山顶比山高。

30.刀在石上磨,人在世上练。

31.铁要打,人要练。

32.老天不负勤苦人。

33.艺高人胆大。

34.身经百战,浑身是胆。

35.钢不压不成材。

36.有苦干的精神,事情便成功了一半。

37.雨淋青松松更青,雪打红梅梅更红。

38.不经风雨不成材,不经高温不成钢。

39.铁是打出来的,马是骑出来的。

40.夜越黑珍珠越亮,天越冷梅花越香。

41.能力同肌肉一样,锻炼才能生长。

42.好马要是三年不骑,会比驴子还笨。

43.牡丹花好看,可没有菊花耐寒。

44.不经琢磨,宝石也不会发光。

45.一等二靠三落空,一想二干三成功。

46.一天不练手脚慢,两天不练丢一半,三天不练门外汉,四天不练瞪眼看。

47.十年练得好文秀才,十年练不成田秀才。

48.人行千里路,胜读十年书。

49.人心隔肚皮,看人看行为。

50.口说无凭,事实为证。

51.湖里游着大鲤鱼,不如桌上小鲫鱼。

52.口说不如身到,耳闻不如目睹。

53.山里孩子不怕狼,城里孩子不怕官。

54.万句言语吃不饱,一捧流水能解渴。

55.山是一步一步登上来的,船是一橹一橹摇出去的。

56.千学不如一看,千看不如一练。

57.不怕路长,只怕志短。

58.不怕百事不利,就怕灰心丧气。

59.不怕山高,就怕脚软。

60.不怕学不成,就怕心不诚。

61.不怕学问浅,就怕志气短。

62.不担三分险,难练一身胆。

63.不磨不炼,不成好汉。

64.木尺虽短,能量千丈。

65.天无一月雨,人无一世穷。

66.天不生无用之人,地不长无名之草。

67.见强不怕,遇弱不欺。

68.月缺不改光,箭折不改钢。

69.水深难见底,虎死不倒威。

70.水往下流,人争上游。

71.只要自己上进,不怕人家看轻。

72.只有上不去的天,没有过不去的山。

73.只怕不勤,不怕不精;只怕无恒,不怕无成。

74.只给君子看门,不给小人当家。

75.鸟贵有翼,人贵有志。

76.鸟往明处飞,人往高处去。

77.生人不生胆,力大也枉然。

78.宁可身冷,不可心冷;宁可人穷,不可志穷。

79.宁可身骨苦,不叫面皮羞。

80.宁做蚂蚁腿,不学麻雀嘴。

81.宁愿折断骨头,不愿低头受辱。

82.宁给好汉拉马,不给懒汉做爷。

83.宁吃开眉粥,不吃皱眉饭。

84.宁肯给君子提鞋,不肯和小人同财。

85.宁打金钟一下,不打破鼓千声。

86.宁叫钱吃亏,不叫人吃亏。

87.宁死不悖理,宁贫不堕志。

88.有上不去的天,没过不去的关。

89.有山必有路,有水必有渡。

90.百日连阴雨,总有一朝晴。

91.一日读书一日功,一日不读十日空。

92.一艺不精,误了终身。

93.一天学会一招,十天学会一套。

94.刀枪越使越亮,知识越积越多。

95.刀钝石上磨,人笨人前学。

96.刀快还要加钢,马壮还要料强。

97.刀不磨要生锈,人不学要落后。

98.三分靠教,七分靠学。

99.土地贵在耕种,知识贵在运用。

100.小时不教成浑虫,长大不学成懒龙。

101.不怕事情难,就怕不耐烦。

102.不读一家书,不识一家字。

103.天无边,智无限。

104.木不凿不通,人不学不懂。

105.井淘三遍好吃水,人从三师武艺高。

106.比赛必有一胜,苦学必有一成。

107.牛不训不会耕,马不练不能骑。

108.手指有长有短,知识有高有低。

109.心不可不用,地不可不种。

110.心专才能绣得花,心静才能织得麻。

111.水滴集多成大海,读书集多成学问。

112.玉不琢,不成器;木不雕,不成材;人不学,不知理。

113.世上无难事,只怕有心人。

114.东西越用越少,学问越学越多。

115. 只要功夫深,铁杵磨成针。

116. 鸟贵有翼,人贵有智。

117. 边学边问,才有学问。

118. 有子不教,不如不要。

119. 老要常讲,少要常问。

120. 吃饭不嚼不知味,读书不想不知意。

121. 师傅领进门,巧妙在各人。

122. 多从一家师,多懂一家艺。

123. 自在不成人,成人不自在。

124. 会说的不如会听的,会教的不如会学的。

125. 众人里面有圣贤,土石里面有金银。

126. 好铁要经三回炉,好书要经百回读。

127. 学在苦中求,艺在勤中练。

128. 话中有才,书中有智。

129. 河水不再倒流,人老不再黑头。

130. 细想出智慧,细嚼出滋味。

131. 细工出巧匠,细泥浇好瓦。

132. 要得会,天天累;要得精,用命拼。

133. 要得惊人艺,须下苦功夫。

134. 树靠人修,学靠自修。

135. 种田不离田头,读书不离案头。

136. 修树趁早,教子趁小。

137. 泉水挑不干,知识学不完。

138. 活到老学到老,学到八十仍嫌少。

139. 积钱不如教子,闲坐不如看书。

140. 爹娘养身,自己长心。

141. 一分耕耘,一分收获。

142. 一艺之成,当尽毕生之力。

143. 一个不想蹚过小河的人,自然不想远涉重洋。

144. 针越用越明,脑越用越灵。

145.书山有路勤为径,学海无涯苦作舟。

146.日日行,不怕千万里;时时学,不怕千万卷。

147.多练多乖,不练就呆。

148.只有努力攀登顶峰的人,才能把顶峰踩在脚下。

149.困难是人的教科书。

150.汗水和丰收是忠实的伙伴,勤学和知识是一对最美丽的情侣。

151.学习如钻探石油,钻得愈深,愈能找到知识的精髓。

152.先学爬,然后学走。

153.心坚石也穿。

154.好记性不如烂笔头。

155.勤勉是成功之母。

156.好高骛远的一无所得,埋头苦干的获得知识。

157.百艺通,不如一艺精。

158.一回生,二回熟,三回过来当师傅。

159.学如逆水行舟,不进则退。

160.学习如赶路,不能慢一步。

161.学问之根苦,学问之果甜。

162.学问勤中得,富裕俭中来。

163.拳不离手,曲不离口。

164.常说口里顺,常做手不笨。

165.搓绳不能松劲,前进不能停顿。

166.瞄准还不是射中,起跑还不算到达。

167.没有艰苦的学习,就没有最简单的发明。

168.谁要懂得多,就要睡得少。

169.知识好像沙石下面的泉水,越掘得深泉水越清。

(四)智慧、策略、工作方法

1.鸟靠翅膀,人靠智慧。

2.打虎要力,捉猴要智。

3.要捉狐狸,就要比狐狸更狡猾;想捉孙悟空,就得有比孙悟空更大的神通。

4.智慧好比登山,登山便可望远。

5.智慧是磨不烂的皮袄,知识是取之不尽的矿藏;

6.智慧是知识凝结的宝石,文化是智慧发出的异彩。

7.智者通权达变,愚者刚愎自用。

8.智慧里边有智慧,高山背后有高山。

9.聪明不在年岁上,智慧藏在脑子里。

10.什么钥匙开什么锁。

11.不见兔子不撒鹰。

12.放长线,钓大鱼。

13.淘净水捡鱼,打完蒿子捉狼。

14.笼牢犬不入。

15.扳倒树捉老鸹。

16.摸着石头过河。

17.看不准靶子不射箭。

18.就窝按兔。

19.棋不看三步不捏子。

20.猛虎不处劣势,劲鹰不立垂枝。

21.看准北斗星,就不会迷失方向。

22.后退一步,路子更宽广。

23.追逐双兔两落空。

24.巧干能捕雄狮,蛮干难捉蟋蟀。

25.事要三思。

26.吃饭先尝一尝,做事先想一想。

27.做事要巧,一是动手早,二是多动脑。

28.好处着手,坏处着想。

29.人无远虑,必有近忧。

30.三岁的孩子做了再想,六十岁的老人想了再做。

31.人到事中迷,就怕没人提。

32.鱼在水中不知水,人在风中不知风。

33.在你进去之前,先想想能不能出来。

34.矜夸并非智者,蛮干不是英雄。

35.宁可花一天好好思考,不要用一周蛮干徒劳。

36.熟能生巧,巧能生妙。

37.一样事儿百样做。

38.戏法人人会变,各有巧妙不同。

39.同样的米面,各人的手段。

40.豪猪打洞,另有办法。

41.会者不忙,忙者不会。

42.劈柴不照纹,累死劈柴人。

43.牛大自有破牛法。

44.好舵手能使八面风。

45.巧匠手里无弃物。

46.在平坦地方不会走,便不会爬梯子。

47.大力士不一定是摔跤的能手。

48.会挑水的不怕水荡,会走路的不怕路窄。

49.一个不敌两人计,三人合唱二台戏。

50.一人一双手,做事没帮手,十人十双手,拖着泰山走。

51.一个巴掌拍不响,一人难唱独板腔。

52.一个巧皮匠,没有好鞋样;两个笨皮匠,彼此有商量;三个臭皮匠,胜过诸葛亮。

53.一根草搓不成索,一根篾编不成箩。

54.一根木头难成排,一根稻草难捆柴。

55.一根线,容易断;千根线,能拉纤。

56.一根竹竿容易弯,三缕丝线扯断难。

57.一只脚难走路,一个人难成户。

58.一只蜂酿不成蜜,一颗米熬不成粥。

59.千树连根,十指连心。

60.风大就凉,人多就强。

61.平时肯帮人,急时有人帮。

62.兄弟同心金不换,妯娌齐心家不散。

63.兄弟协力山成玉,父子同心土变金。

64.鸟多不怕鹰,人多把山平。

65.团结一条心,黄土变成金。

66.会说难抵两口,会作难抵两手。

67.远亲不如近邻,近邻不如对门。

68.助人要及时,帮人要诚心。

69.邻居失火,不救自危。

70.兵不离队,鸟不离群。

71.弟兄不和邻里欺,将相不和邻国欺。

72.虎离山无威,鱼离水难活。

73.砖连砖成墙,瓦连瓦成房。

74.独柴难引火,蓬柴火焰高。

75.家和日子旺,国和万事兴。

76.一人难驾大帆船,双手难遮众人眼。

77.一人难顺百人意,一墙难挡八面风。

78.一针不补,十针难缝;有险不堵,成灾叫苦。

79.知识需要反复探索,土地需要辛勤耕耘。

80.一寸光阴一寸金,寸金难买寸光阴。

81.少而不学,老而无识。

82.少壮不努力,老大徒伤悲。

83.太阳落山了,人才感到阳光的可贵。

84.记得少年骑竹马,转身便是白头翁。

85.有钱难买少年时。

86.失落光阴无处寻。

87.节约时间就是延长寿命。

88.守财奴说金钱是命根,勤奋者看时间是生命。

89.时间是最宝贵的财富。

90.你和时间开玩笑,它却对你很认真。

91.补漏趁天晴,读书趁年轻。

92.把握一个今天,胜似两个明天。

93.清晨不起早,误一天的事;幼年不勤学,误一生的事。

94.等时间的人,就是浪费时间的人。

95.最珍贵的财富是时间,最大的浪费是虚度流年。

96.黑发不知勤学早,白头方悔读书迟。

97.挥霍金钱是败坏物,虚度年华是败坏人。

98.谁把一生的光阴虚度,便是抛下黄金未买一物。

99.珍宝丢失了还可以找到,时间丢失了永远找不到。

100.懒人嘴里明天多。

101.一日无二晨,时过不再临。

102.久住坡,不嫌陡。

103.不经冬寒,不知春暖。

104.不挑担子不知重,不走长路不知远。

105.不在被中睡,不知被儿宽。

106.不下水,一辈子不会游泳;不扬帆,一辈子不会撑船。

(五)哲理、法则、人的作用

1.青山长在,细水长流。

2.一波未平,一波又起。

3.刀不磨生锈,水不流发臭。

4.虫多木折,隙大墙塌。

5.物必先腐,而后虫生。

6.水不平则流。

7.山不转路转。

8.鲸吞鱼,鱼吞虾。

9.一物降一物,卤水点豆腐;蝎子怕公鸡,秧苗怕蝼蛄。

10.斧头吃凿子,凿子吃木头。

11.大鱼吃小鱼,小鱼吃麻虾,麻虾吃污泥。

12.肥猪躲不过屠户手。

13.孙悟空跳不出如来佛的手心。

14.胳膊拧不过大腿。

15.草怕寒霜,霜怕太阳。

16.跌水里碰上个救生圈。

17.久旱逢甘雨,他乡遇故知。

18.瞎猫碰上死耗子。

19.想磕头碰上个枕头。

20.不熟的果子不香;强扭的瓜不甜。

21.花到开时自然红。

22.有鸭子不愁赶不到河里。

23.多少只羊也能赶到山上。

24.来早不如来巧。

25.捉龟不在水深浅,只要遇到手跟前。

26.过了冬天就是春天。

特别提示:

　　本书在编写过程中,参阅和使用了一些报刊、著述和图片。由于联系上的困难,和部分作品的作者(或译者)未能取得联系,对此谨致深深的歉意。敬请原作者(或译者)见到本书后,及时与本书编者联系,以便我们按照国家有关规定支付稿酬并赠送样书。

　　联系电话:010-80776121　联系人:马老师

国学经典文库

说文解字

汉字汉语总汇

图文珍藏版